古代歷史文化研究輯刊

二三編

王明蓀 主編

第3冊

唐代航海史研究

周運中 著

國家圖書館出版品預行編目資料

唐代航海史研究／周運中 著 — 初版 — 新北市：花木蘭文化
事業有限公司，2020〔民 109〕
目 2+230 面；19×26 公分
（古代歷史文化研究輯刊 二三編：第 3 冊）
ISBN 978-986-518-028-7（精裝）
1. 航海 2. 歷史 3. 唐代
618   109000459

古代歷史文化研究輯刊
二三編 第三冊
ISBN：978-986-518-028-7

唐代航海史研究

作　　　者　周運中
主　　　編　王明蓀
總 編 輯　杜潔祥
副總編輯　楊嘉樂
編　　　輯　許郁翎、張雅淋　美術編輯　陳逸婷
出　　　版　花木蘭文化事業有限公司
發 行 人　高小娟
聯絡地址　235 新北市中和區中安街七二號十三樓
　　　　　電話：02-2923-1455／傳眞：02-2923-1452
網　　　址　http://www.huamulan.tw 信箱 hml810518@gmail.com
印　　　刷　普羅文化出版廣告事業
初　　　版　2020 年 3 月
全書字數　154501 字
定　　　價　二三編 21 冊（精裝）台幣 55,000 元

唐代航海史研究

周運中　著

作者簡介

周運中，男，1984 年生於江蘇濱海縣。南京大學海洋研究中心特約研究員。南京大學學士，復旦大學博士，中國海外交通史研究會理事、中國百越民族史研究會理事。曾任廈門大學歷史學系助理教授、中國南海研究協同創新中心兼職研究員。著有《鄭和下西洋新考》（中國社會科學出版社 2013 年）、《中國南洋古代交通史》（廈門大學出版社 2015 年）、《中國文明起源新考》（花木蘭文化事業有限公司 2015 年）、《正說臺灣古史》（廈門大學出版社 2016 年）、《濱海史考》（江蘇鳳凰科學技術出版社 2016 年）、《九州考源》（花木蘭文化事業有限公司 2019 年）、《秦漢歷史地理考辨》（花木蘭文化事業有限公司 2019 年）、《鄭和下西洋續考》（花木蘭文化事業有限公司 2019 年）等，發表論文百餘篇。

提　　要

　　本書研究唐代航海史及相關問題，包括隋唐五代中國近海港口和航線、唐代揚州道造船征高麗史、杜環記載的非洲地理、金代航海史、漢代揚州與嶺南海路貿易史、唐代揚州的波斯人和商品、長沙窯瓷器到揚州出口的航線、鑒真東渡航線、揚州與嶺南海運史、港口體系變遷與唐宋揚州興衰史、唐宋楚州漕運與海運史、唐代高麗人移民江淮史、南唐航海交通契丹史、唐代潮州海上貿易史、托勒密記載的東方地名、唐代天威徑開鑿史、唐代廣西沿海和南洋貿易史、唐代水仙從嶺南到內陸貿易史等。

目次

前　言

　　近來有人聲稱海上絲綢之路在唐代才正式開通，〔註1〕我認爲此說顯然不確，一般認爲海上絲綢之路最遲在漢代已經開通。《漢書·地理志》記載從中國到印度和斯里蘭卡的航路，據說始於漢武帝時代，王莽也曾使用，則是在西元前 2 世紀到 1 世紀已經開通。從漢武帝滅南越後的東方形勢與當時的西方形勢來看，很有可能此時已經開通海上絲綢之路。因爲希臘的亞歷山大大帝已經打到印度，回程多走印度洋海路，繼承亞歷山大帝國的托勒密等王國積極發展東方航海貿易。〔註2〕廣州南越王墓、揚州西漢江都王墓出土波斯銀盒，廣西合浦漢墓出土的西方珍品更是不計其數，證明海上絲綢之路很早就很繁榮。埃及的希臘人在 1 世紀所寫的《厄立特裡亞航海記》記載了從埃及到印度航路上的很多港口，托勒密（Ptolemy）在 2 世紀所寫的《地理志》記載的港口遠達漢朝的交趾郡（在今越南）。此時西方人已經熟練利用印度洋的季風，開通了固定的航路。東西方的航路在南亞得到緊密銜接，因此可以說海上絲綢之路在西元前已經開通。《後漢書》、《三國志》記載大秦（羅馬帝國）商人從海路來到中國，使得曹魏魚豢的《魏略》說前代記載中國和大秦之間僅有海路。六朝時期中國和南海各國的交往更加密切，中國史書記載十多個國家遣使來華，孫吳使者朱應、康泰的海外地理專著記載超過百國，現存的內容還有十多國。晉哀帝興寧元年（363 年）遣使來華的蒲林國很可能是拂菻（From），也即羅馬（Rom）。6 世紀埃及的希臘人科斯馬斯（Cosmas）曾到

〔註 1〕鄭學檬：《大千海路任風濤——海上絲綢之路文明交流史話》，《中國社會科學報》2019 年 9 月 2 日第 5 版。

〔註 2〕周運中：《中國南洋古代交通史》，廈門大學出版社，2015 年，第 76 頁。

印度和斯裡蘭卡，他的《基督教世界風土志》記載東西方商品彙聚在斯裡蘭卡，包括中國的絲綢和東方的香料。六朝時期中國和南亞的很多僧侶從海路來往于兩地，廣州、合浦、徐聞、高涼（今陽江）、建康（今南京）、鄮縣（今寧波）、泉州等海港已經繁榮。隋煬帝大業三年（607 年）遣使赤土國（在今馬來半島），都證明唐代海上絲綢之路是在前代的基礎上發展出來。

正是因為海路日益繁榮，所以才有伊斯蘭教 6 世紀在阿拉伯半島忽然興起，席捲三大洲。阿拉伯人崛起的經濟基礎，就是掌控東西方的商路。宮崎正勝認為阿拉伯人、突厥人、蒙古人主導第三次空間革命，馬、駱駝和船加強了舊大陸之間的聯繫，伊斯蘭帝國是由單峰駱駝孕育。〔註3〕其實阿拉伯半島的商路必須通過海船才能聯結東方，所以海船比駱駝和馬重要。阿拉伯帝國興起，阻隔歐洲和東方的交往，迫使歐洲人開闢新航路，使世界史進入全球化時代。

阿拉伯帝國崛起是世界史上的重要轉折，《新唐書》卷四十三記載了從廣州到巴格達的海路，這或許是有人提出唐代才正式開通海上絲綢之路說的論據。但是唐代的這條海路仍然是由多段接續而成，南宋周去非《嶺外代答》卷二故臨國說：「廣舶四十日到藍裡住冬，次年再發舶……中國舶商欲往大食，必自故臨易小舟而往，雖以一月南風至之，然往返經二年矣。」藍裡是蘇門答臘島西北角的藍無裡（Lambri），故臨是印度西南角的奎隆（Kulam／Quilon）。中國商船在冬季到達蘇門答臘島，要等次年的南風才能去印度，在印度西南部換乘阿拉伯的船去西亞。明代祝允明《前聞記》記載鄭和下西洋，在爪哇島從二月停到六月，主要原因也是等夏季的南風。《新唐書》的廣州通海夷道，從印度南部到西北部的航程不提時間，其實也是要等風和換船。《新唐書》的記載也是改編的資料，不能看成是一條直接的航路，因此我們不能根據這種資料就說海上絲綢之路在唐代才正式開通。

隋唐的都城在中國西北，所以隋唐史的研究向來重西北而輕東南。其實隋唐時期中國的經濟中心在加速向東南轉移，晚唐經濟主要依靠東南八道（淮南、浙西、浙東、宣歙、鄂岳、湖南、江西、江東）。唐初還很蠻荒的福建在唐代中期有一個州縣設置的高潮，新設漳州、汀州和 13 個縣，福建的縣數增加了兩倍，寧波、泉州等宋元時期數一數二的海港正是在晚唐飛速發展。

〔註 3〕〔日〕宮崎正勝著、顧曉琳譯：《人類文明史：8000 年來六大人類文明轉折》，海南出版社，2018 年，第 82～85 頁。

　　日本學者足立喜六統計義淨《大唐西域求法高僧傳》記載的唐初往印度求學的僧人來去路線，去路走海路有 40 條，陸路有 23 條，不明有 2 條，回路走海路有 9 條，陸路有 10 條，不明有 5 條，合計海路有 49 條，陸路有 33 條。季羨林據此認爲因爲航海技術的突飛猛進，唐初中印交通的海路已經出現超過陸路的大趨勢。〔註4〕因爲唐代海上絲綢之路的大發展，導致外國人在宋代之後仍然稱中國爲唐，至今海外華人仍然稱中國大陸的老家爲唐山，華人聚居地爲唐人街，宋代曾經在廣州生活的朱彧在《萍洲可談》中說：「北人過海外，是歲不還者，謂之住蕃。諸國人至廣州，是歲不歸者，謂之住唐。」

　　唐代海上絲綢之路還有一個特點，那就是揚州通過大運河和長江兩條內河航運大動脈，把西北、西南的陸上絲綢之路和東南、東北的海上絲綢之路緊密聯繫在一起。揚州是四條絲綢之路的交匯點，所以成爲晚唐的中國第一大城市，也是重要的政治中心，被時人譽爲揚一益二，是所謂宰相迴翔之地。唐末揚州在軍閥混戰中被摧毀，宋代已經不是重要的海港，南宋末年的長江口主要海港從江陰向上海轉移。清末鐵路取代大運河稱爲南北幹道，上海因爲是鐵路、長江和海洋的交匯點，成爲中國第一大城市。近現代的上海正是唐代揚州的化身，是長江三角洲向東擴展導致上海替代了揚州的地位。

　　晚唐崛起的寧波、泉州都遠離中原和長江，也遠離黃海航線。南宋初年因爲戰爭，導致中國南北航線也一度受阻。反觀唐代，就會發現揚州是唐代海上絲綢之路研究的重點。唐代揚州周圍的楚州（今淮安）、海州（今連雲港）等地也是連帶興旺的海港。淮安、海州有航路通往新羅和日本，中國人第一次聽說日本這個國號就是在楚州鹽城縣。淮安、海州還有一些新羅人聚居的新羅坊，所以本書特設揚州、淮海兩篇。

　　廣州從秦漢以來就是嶺南的中心，一直是重要的通商口岸，段成式的《酉陽雜俎》收集了很多極其珍貴的資料，包括大量來自廣州外國商船的重要域外地理知識。本書重新考證了此書記載的非洲國家孝億國、仍建國，另外考證了杜環《經行記》的非洲國家，杜環也是從阿拉伯坐船回到廣州。

　　海上絲綢之路史不是沿海史，必須要有全球視角。最近一個名爲「中國歷史上的濱海地域研究」的社會科學基金項目（編號 14ZDB026），因爲把研究視角侷限在中國的沿海地域，所以出現了很多聳人聽聞的錯誤結論。這個

〔註4〕季羨林：《玄奘與〈大唐西域記〉》，〔唐〕玄奘、辯機原著、季羨林等校注：《大唐西域記校注》，第 101、855 頁。

項目的一個結論是隋代臺灣島的流求國是一個印度化的王國,是扶南末代王子逃亡到臺灣建立,理由是流求人深目長鼻,流求國王名字老模是扶南國王留陀跋摩的省譯,流求王子島槌是眞臘國王質多斯那的省譯,波羅檀洞讀音接近《太平寰宇記》新會縣的海島譚波羅山,低沒檀洞讀音接近扶南都城特牧城。〔註5〕

　　這個滑稽的觀點已經成爲學界笑話,眾所周知,歷史上的東南亞有很多印度化王國,法國學者賽代斯(即戈岱司)有名著《東南亞的印度化國家》。〔註6〕所謂印度化,需要有來自印度的宗教、祭司、文字、建築、藝術等多種要素,隋代的臺灣顯然沒有這些要素。不僅《隋書》沒有記載這些要素,考古至今也沒有發現任何證據。《隋書》卷八一《流求傳》說流求:「俗無文字,望月虧盈以紀時節,候草藥枯以爲年歲……無君臣上下之節、拜伏之禮……俗事山海之神,祭以酒肴,鬥戰殺人,便將所殺人祭其神。或依茂樹起小屋,或懸髑髏於樹上,以箭射之,或累石繫幡以爲神主。」流求國沒有城市、文字,也不是印度教,沒有來自印度的移民和祭司,是比較原始的社會,顯然不可能是印度化王國。流求人深目長鼻不是新聞,清代人記載臺灣土著也有類似描述,這顯然不能證明他們來自印度。如果有來自印度的移民,可以通過分子人類學檢測基因發現。根據現在的研究,臺灣還沒有發現有古代來自印度的移民。譚波羅山在廣東沿海,讀音接近波羅檀,這是因爲二者都是南島語系地名,顯然和印度無關。老模和留陀跋摩的讀音相差太大,島槌和質多斯那的讀音相差太大,顯然不能勘同。扶南滅亡後,如果王族要逃亡,也不太可能到臺灣,因爲從湄公河口到臺灣距離太遠,也沒有直接航路。事實上,有扶南王族逃亡到東南亞海島的傳說。〔註7〕如果能到靠近扶南的地方,顯然不必來遙遠的臺灣。

　　這個「中國歷史上的濱海地域研究」項目另有兩篇文章,考證隋唐五代中國的沿海港口和近海航路,錯誤達五十處以上,幾乎把中國沿海每一個州的港口都考證錯了。而且竟然無視譚其驤《中國歷史地圖集》和嚴耕望《唐

〔註5〕魯西奇:《流求王歡斯渴剌兜:臺灣歷史上的「印度化時代」》,《華中師範大學學報(人文社會科學版)》2017年第5期。

〔註6〕〔法〕G. 賽代斯著、蔡華、楊保筠譯:《東南亞的印度化國家》,北京:商務印書館,2008年。

〔註7〕〔英〕羅伯特·尼科爾著、張清江譯:《汶萊古史的探討》,潘明智、張清江編譯:《東南亞歷史地理譯叢》,新加坡:南洋學會,1989年,第22頁。

代交通圖考》已有的一致結論，不合學術規範。因爲違背考證學基礎，所以
產生很多嚴重的笑話，比如因爲不知唐代的漳州遷移過三次，以爲唐代的漳
州一直在今漳州，所以誤以爲明代中期興起的月港在唐代就興起。因爲不知
海南文昌的七洲列島是古代航海者非常害怕的危險之地，說七洲列島也是海
港。王審知整修的甘棠港，前人的爭議很大，有長樂、連江、福安、琅岐等
多個說法，竟然不列出前人的爭議，就說甘棠港在今福安鎮。〔註8〕又說甘棠
港的前身是孫吳的溫麻船屯，〔註9〕其實孫吳的溫麻船屯在今霞浦縣古縣村，
而甘棠港在今長樂東北。學者的文章有錯是正常情況，但是錯誤如此之多、
如此嚴重，實屬史上罕見。

　　這個項目的以上幾篇文章，還反覆強調唐代在遠離州縣之地，官府控制
薄弱，有濱海人群的自立港口。理由是日本僧人圓仁想在牟平縣乳山浦新羅
村留住時，村勾當說：「如要住者，我專勾當，和尚更不用歸本國。」表現出
對官府的極大蔑視。大朱山駁馬浦距密州（治今諸城縣）一百八十餘里，載
炭前往楚州販賣的新羅人停泊其處，沒有官府巡察。由蘇州出海的婁江、松
江入海口，唐代還沒有設縣置鎮。鑒眞停泊在婁江浦（狼溝浦），未見有官府
巡察，說明官府對此種港口的控制相當疏鬆。

　　我認爲唐代自立港口之說不能成立，因爲陸龜蒙《新沙》詩云：「渤澥聲
中漲小堤，官家知後海鷗知。蓬萊有路教人到，應亦年年稅紫芝。」江南的
海中漲出了一個很小的沙洲，官府就急著來收稅，說明官府對沿海的控制非
常嚴格。鑒眞東渡多次失敗，都是因爲有人告發官府。狼溝浦不是婁江浦，
而在今天南通狼山附近，這一帶的沙洲剛剛漲出，人口稀少。唐代自然有很
多人在沿海走私，但是不能說存在自立港口。如果有這樣的港口，需要實例
證明。如果舉不出這樣的港口實例，這種臆測就不能成立。河口不設鎮是因
爲人口稀少，不能證明官府沒有管理。新羅村的村落留宿圓仁，不能證明唐
代存在自立港口。

　　其實中國古代的海上人群是中國和外國交往的重要媒介，所以不可能被
官府忽視。如果我們的研究有世界視角，就不可能產生這種錯誤。本書的文

〔註8〕魯西奇：《隋唐五代沿海港口與近海航路（下）》，《魏晉南北朝隋唐史資料》
　　　第三十輯，上海古籍出版社 2014 年，第 80～136 頁。魯西奇：《隋唐五代時
　　　期北方沿海港口與近海航路》，鄭永常主編《東亞海域網絡與港市社會》，臺
　　　北：里仁書局，2015 年，第 257～309 頁。
〔註9〕魯西奇：《中國漢唐時期的濱海區域》，《南國學術》2016 年第 4 期。

章首次發現，台州大陳島在唐代就是中國和朝鮮半島、日本列島重要的貿易港，南宋嘉定台州地方志《赤城志》記載武則天永昌元年（689 年），台州司馬孟詵詳細彙報大陳島的地形，可見唐代官府對島嶼的管理非常嚴格。

從漢代到唐代，官府對沿海的控制越來越強。比如漢代在今寧波鄞州設鄞縣，縣城地處今北侖港西的一個內陸山口，唐代已經在今舟山島上設翁山縣。漢代的舟山群島應該是疍民聚居地，官府控制薄弱。六朝時期，漢族移民大規模從山東、江蘇一帶南遷到浙東沿海。唐代的浙東海島已經基本漢化，所以對浙東海島的控制已經不是漢朝可比。

再比如漢代在福建沿海僅設一個縣，孫吳增加到四個縣，唐代中期增加到十個縣，王閩和南唐時期又新設三縣。可見唐代中期是福建沿海開發的高潮期，官府對沿海的管控加強。

唐代廣東沿海沒有出現福建那樣的設縣高潮，但是官府對沿海貿易的控制仍然很強，比如韋楚望墓誌記載潮州的官員利用還不起高利貸的人為奴隸，經營海外貿易。南朝時的嶺南官員就從海外貿易中獲得驚人財富，南齊時：「南土沃實，在任者常致巨富，世云：廣州刺史但經城門一過，便得三千萬也。」〔註10〕蕭梁時王僧孺：「尋出為南海太守，郡常有高涼生口及海舶每歲數至，外國賈人以通貨易。舊時州郡以半價就市，又買而即賣，其利數倍。」〔註11〕廣州刺史蕭勱時：「廣州邊海，舊饒，外國舶至，多為刺史所侵，每年舶至不過三數。及勱至，纖毫不犯，歲十餘至。」〔註12〕唐代廣州官員通過海外貿易獲得巨額財富的記載很多，前人已有詳細列舉，不需贅述。唐代官員在嶺南擁有奴隸，其實是南朝官員買賣奴隸的傳統延續。

如果唐代嶺南的官府不控制海港，很難獲得龐大的財富。韓愈《送鄭尚書赴南海》詩云：「衙時龍戶集，上日馬人來。」明清的史書稱疍民為龍戶，明代鄺露的《赤雅》卷上：「疍人神宮，畫蛇以祭，自雲龍種。浮家泛宅，或住水滸，或住水欄。捕魚而食，不事耕種，不與土人通婚。能辨水色，知龍所在，自稱龍神人。籍稱龍戶，莫登庸其產也。」可見官府和疍民的來往很密切。所以我認為即使唐代的嶺南官府對海岸的控制不及江浙和福建那樣嚴密，但也不會太鬆。到了元明時期，隨著嶺南的漢化，加上明朝嚴屬的海禁

〔註10〕《南齊書》卷三二《王琨傳》。
〔註11〕《梁書》卷三三《王僧孺傳》。
〔註12〕《南史》卷五一《梁宗室傳》。

政策，廣東更不可能產生自立港口。

　　事實上，直到宋代的中國也沒有任何一個自治城市，同時代的歐洲已經出現很多自治城市。所以著名歷史學家布羅代爾說，這是宋朝比起同時代歐洲的一個關鍵弱點。〔註 13〕英國學者羅伯茨也認爲，宋代之所以沒有像歐洲那樣發展出現代社會，因爲宋朝的城市沒有歐洲人享有的思想自由空間，沒有創造出引發歐洲文明革命的文化生活，沒有對傳統發出有力的質疑，不再有重大科技變革。〔註 14〕中國的資本主義生產和自由主義思想之所以在後來的幾百年中不能獲得歐洲那樣的長足發展，主要根源在此。所謂古代有自立港口的說法，不過是今人的一種美好想像，是拿歐洲的歷史來想像中國。

　　唐代海上絲綢之路的發展不僅是地域的擴展與規模的擴大，還有一個很重要的變化，就是因爲阿拉伯帝國在中東的迅速崛起，導致大量阿拉伯、波斯商人來到中國沿海貿易。這加強了中國和西方的聯繫，促進了科技和書籍的交流，因此唐代從廣州到巴格達的連貫航路記載在《新唐書》卷四十三，各種書籍記載了很多西亞的商人故事。《酉陽雜俎》卷十六記載了波斯商船用信鴿傳書的技術，這種技術應該在唐代就傳到中國。

　　唐代方干《送僧歸日本》詩云：「四極雖云共二儀，晦明前後即難知。西方尙在星辰下，東域已過寅卯時。大海浪中分國界，扶桑樹底是天涯。滿帆若有歸風便，到岸猶須隔歲期。」〔註 15〕說到從中國到日本，中國還在黑夜時，東方已經是寅時卯時，也即四點到七點。這說明唐代中國人已經發現了時差，因爲唐代海船航行很快，所以才能發現時差。劉得仁《送新羅人歸本國》詩云：「雞林隔巨浸，一住一年行。日近國先曙，風吹海不平。眼穿鄉井樹，頭白渺瀰程。到彼星霜換，唐家語卻生。」〔註 16〕說新羅因爲靠近太陽，所以天亮比中國早。原因解釋雖然錯了，但是所說現象卻是正確，東方確實天亮更早。

　　唐代引進了很多海外物產，《太平廣記》卷四百九：「新羅多海紅並海石榴，唐贊皇李德裕言，花名中帶海者，悉從海東來。」張籍的《送侯判官赴

〔註 13〕〔法〕費爾南・布羅代爾著、常紹民、馮棠、張文英、王明毅譯：《文明史：人類五千年文明的傳承與交流》，中信出版集團股份有限公司，2017 年，第212 頁。

〔註 14〕〔英〕J. M. 羅伯茨著、陳恒、黃公夏譯：《我們世界的歷史 2：文明的分化》，東方出版中心，2018 年，第 177 頁。

〔註 15〕《全唐詩》卷六百五十二。

〔註 16〕《全唐詩》卷五百四十四。

廣州從軍》詩雲：「海花蠻草連多有，行處無家不滿園。」此處的海花可能泛指從海外移植的花卉，而不是特指來自南海的花卉。名字帶海的植物，很多是來自南海而非東海，李德裕所說不確。東晉嵇含《南方草木狀》有嶺南的海梧子、海松子，唐代波斯人李珣的名著《海藥本草》木部引《南州記》南海的海紅豆、《廣志》南海的海桐。這種帶海字的引進物產名，在明清時期也有很多。比如廣西、湖南、四川、貴州等地的辣椒稱為海椒，湖南、湖北、貴州等地的番茄稱為海茄，明清時期引進物產名常見的洋字也是從海字衍生而來。

　　西方人從海路大量進入中國沿海城市經商並定居，始於唐代。他們帶動了整個中國沿海的經濟發展和文化交流，廣西沿海的吳葉限故事非常類似歐洲的灰姑娘故事，而且還涉及東南亞的歷史。本書研究了吳葉限故事，還研究了唐代輸入中國的寶石、水仙等商品。

　　因為揚州是唐代最重要的海港，所以本書也收入一篇漢代揚州航海史的文章。托勒密地圖的東方航路，因為在歐洲歷史上的很長時段內有重大價值，所以考證這段航路的文章也收入本書。遼金的航海建立在唐代渤海國航海的基礎上，所以本書收入一篇研究金代航海的文章。

第一篇　綜合篇

唐代東南近海長程航線與海港新考

　　已有的中國古代航海史包括唐代航海史的研究，集中在對外交通與海港兩大方面，我在《中國南洋古代交通史》中對這兩方面問題也有新考。〔註1〕但是前人對中國東南近海航線的研究不多，拙著關注海外交通，所以未曾詳述。

　　近來也有人撰文論述隋唐五代的沿海海港與近海航路，但是史料不夠豐富，基本未引唐代詩文，未引直接描述航線的史料，地域範圍也未包括安南，因此未能詳述唐代東南近海長程航線，而且此文把蘇州、秀州、越州、明州、台州、溫州、福州、漳州、潮州、恩州、高州、廉州、安南、崖州的諸多海港都考證錯了，誤考海虞與劉家港，誤狼溝浦在婁江，誤滬瀆在青龍鎮，誤青龍鎮在安亭，誤塗山為航塢山，誤石潭、邢浦在一地，誤句章、鄞縣、明州在一地，誤蒙山在蒙城，誤鋸門山、崛門山、海門山在一地，誤松門、青澳門在陡門，誤江口在龍港，誤原豐、閩安、馬尾在一地，誤甘棠港在福安，誤黃如江在月港，誤考西津、鹽亭，誤綏安在南澳，誤白嶼在白土，誤恩州江亭在海岸，誤唐代電白在海岸，誤安南海門、合浦海門在一地，錯誤太多。〔註2〕

　　其實長程航線的研究更加重要，因為鄰近海港之間的航行便利，往往無需多言，而長程航線的開闢較晚，需要考證。本文先考述江浙到福建、江浙到嶺南、嶺南到安南等長程航線，再分析南北近海長程航線之間的關係。附帶考證各港，雖然前人對海港的研究已有很多，但是錯誤的海港位置說法必須糾正。雖然唐代的史料不足以分析諸多海港的性質和規模，但是海港的位

〔註1〕周運中：《中國南洋古代交通史》，廈門大學出版社，2015年。
〔註2〕魯西奇：《隋唐五代沿海港口與近海航路（下）》，《魏晉南北朝隋唐史資料》第三十輯，上海古籍出版社，2014年，第80～136頁。

置絕不能考證錯誤。如果把海港的位置考錯，根本無從深入分析。

一、江浙到福建的航線

李頎《送人尉閩中》詩云：「可歎芳菲日，分爲萬里情。閶門折垂柳，御苑聽殘鶯。海戍通閩邑，江航過楚城。客心君莫問，春草是王程。」〔註3〕閶門是蘇州的西北門，楚地在長江中下游，此處是說從江淮開船到福建。

許棠《送從弟歸泉州》詩云：

> 問省歸南服，懸帆任北風。何山猶見雪，半路已無鴻。

> 瘴雜春雲重，星垂夜海空。往來如不住，亦是一年中。〔註4〕

許棠爲宣州人，但是詩中多有西北塞外事，此處說開船到福建，來往如果不停也要一年，應是指從中原經過運河，而不是指從江淮開船。從江淮到福建不需半年，但是運河是內河，航速不快。

浙江詩僧皎然《送簡棲上人之建州覲使君舅》詩云：「氎花新雨淨，帆葉好風輕（海人以木葉爲帆）。」〔註5〕氎花就是棉花，此處指棉布。棉花是從印度傳入中國，唐代還不多見。關於棉花的東傳，情況複雜，本文無法展開。

中國海船不用樹葉爲帆，外國船有用椰子、桄榔、橄欖等植物材料做船，劉恂《嶺表錄異》：「賈人船不用鐵釘，只使桄榔鬚繫縛，以橄欖糖泥之。糖乾甚堅，入水如漆也。」這種做法可能來自西方，馬可波羅說到忽魯謨斯（霍爾木茲）的海船用椰子皮繩連接，明代馬歡《瀛涯勝覽》說溜山國（馬爾代夫）的椰子皮繩賣到外國造船。〔註6〕雖然我們尚未看到外國人用樹葉做船帆的記載，但是此處可能是指外國船，或者是受到外國影響的中國華南海船開到江浙。

湖南詩僧齊己《送趙長史歸閩川》詩云：「荊門與閩越，關戍隔三千。風雪揚帆去，臺隍指海邊。」〔註7〕從湖北到福建，也有航路，經過江浙。

浙東到福建以海路最快，《舊唐書》卷十九下《懿宗紀》說：「黃巢之眾

〔註3〕《全唐詩》卷一三四，北京：中華書局，1960年，第1360頁。

〔註4〕《全唐詩》卷六百三，第6966頁。

〔註5〕《全唐詩》卷八一八，第9223頁。

〔註6〕何高濟：《線縫船》、《唐代的外來海舶》，何高濟、陸峻嶺：《域外集——元史、中外關係史論叢》，北京：中華書局，2013年，第165～174頁。

〔註7〕《全唐詩》卷八四一，第9492頁。

再攻江西，陷虔、吉、饒、信等州，自宣州渡江，由浙東欲趨福建，以無舟船，乃開山洞五百里，由陸趨建州，遂陷閩中諸州。」黃巢原想走海路入閩，不得已才走陸路。

二、江南到福建的海港

需要說明的是，有的史料不是航海史料，《舊唐書・李德裕傳》說唐敬宗寶曆二年（826 年），亳州言出聖水，李德裕奏曰：「昨點兩浙、福建百姓渡江者，日三五十人。臣於蒜山渡已加捉搦。」有人說這是福建人航海到鎮江蒜山，〔註 8〕其實原文明確說的是渡江，即渡過長江，不是渡海。其中福建人應該極少，因為同篇說李德裕奏：「王智興於所屬泗州置僧尼戒壇，自去冬於江、淮已南，所在懸榜招置……臣今於蒜山渡點其過者，一日一百餘人，勘問唯十四人是舊日沙彌，餘是蘇、常百姓。」可見渡江的多是江南蘇州、常州人。

有人說太倉的劉家港作為海港，可以追溯到西晉太康四年（283 年）海虞縣，又說鑒真經過的狼溝浦是婁江浦之訛，〔註 9〕此說大誤，劉家港在晉代還未成陸。《吳郡緣海記》：「海虞縣有穿山，下有洞穴，高十丈，廣十餘丈，山昔在海中，行侶舉帆從穴中過。」〔註 10〕穿山又名帆山，在今太倉帆山村，1952 年平毀。此處海岸變遷很大，劉家港在唐代尚在海中。

再看《唐大和上東征傳》：「天寶二載十二月，舉帆東下，到狼溝浦，被惡風漂浪擊，舟破，人總上岸。潮來，水至人腰，大和上在烏藍草上，餘人並在水中。冬寒，風急，甚太辛苦。更修理舟，下至大板山，泊舟不得，即至大嶼山。」天寶七年，鑒真第二次東渡：「至揚州新河，乘舟下至常州界狼山，風急浪高，旋轉三山。明日得風，至越州界三塔山。停住一月，得好風。」藤田元春認為狼溝浦近狼山，《嵊泗縣志》認為在嵊泗縣的狼崗山，安藤更生、汪向榮認為靠近太倉的狼港，郭振民認為在狼山附近。按應該在狼山附近，因為狼山在唐代還在海中，人煙稀少，不可能在江南的婁江。我

〔註 8〕魯西奇：《隋唐五代沿海港口與近海航路（下）》，《魏晉南北朝隋唐史資料》第三十輯，第 82 頁。

〔註 9〕魯西奇：《隋唐五代沿海港口與近海航路（下）》，《魏晉南北朝隋唐史資料》第三十輯，第 90 頁。

〔註 10〕〔宋〕李昉等編：《太平御覽》卷七七一帆，北京：中華書局，1960 年，第 9349 頁。

已有文詳考，〔註11〕本文不再贅述。

狼山在六朝時就是重要的航標，《文選・遊赤石詩》注引孫吳顧啓期《婁地記》：「浪山，海中南極之觀嶺，窮髮之人，舉帆揚越，以爲標的。」浪山即狼山，因爲突出在長江口而得名。唐代形成大片沙洲，所以有狼溝浦。

太倉瀏河鎮中津橋

〔註11〕 周運中：《鑒眞東渡行程新考》，上海海事大學、中國太平洋學會、岱山縣人民政府編：《中國民間海神信仰與祭海文化研究》，海洋出版社，2011 年，第227～228 頁。

　　有人說梁改海虞縣爲常熟縣，在崑山縣東一百三十里，〔註12〕此說大誤，《隋書・地理志下》吳郡：「常熟，舊曰南沙，梁置信義郡。平陳廢，並所領海陽、前京、信義、海虞、興國、南沙入焉。」此處說常熟舊曰南沙，不是改名，而是常熟縣並南沙縣，遷到南沙縣城。《舊唐書・地理志》：「常熟，晉分吳縣置海虞縣。梁改常熟縣。今崑山縣東一百三十里常熟故城是也。隋舊治南沙城，武德七年，移於今所治城。」此處說常熟縣城在崑山縣東一百三十里，隋代並南沙縣，遷到南沙縣城，唐代遷入今地。但是常熟縣不是海虞縣所改，因爲《隋書》說隋代常熟縣並海虞縣。古常熟在今崑山縣東一百三十里，則在今上海市。

　　有人說唐代的青龍港在今青浦區安亭鎮，又說滬瀆在青龍鎮附近，〔註13〕皆誤，安亭在今嘉定，不在今青浦，眾所周知青龍港在今青浦區白鶴鎮。安亭在吳淞江北，青龍港在吳淞江南，今有青龍塔，又有考古遺址，近來已有專著。〔註14〕因爲這一段吳淞江改道，故道在南岸。《初學記・州郡部》引滬瀆引《吳都記》：「松江東瀉海口，名曰滬瀆。」滬瀆是松江下游之名，不是一個海港。因爲海口在沙崗，而最外側的沙崗不經過青龍鎮。《吳郡圖經續記》卷中《水》報恩寺：「晉建興二年，滬瀆漁者見神光照水徹天，旦而觀之，乃二石像浮水上……時吳人牽僧尼輩迎於海濱……建興八年，漁者於滬瀆沙上，獲帝青石鉢。」說明滬瀆外側有海沙，又松江：「今觀松江正流下吳江縣，過甫里，逕華亭，入青龍鎮，海商之所湊集也。《圖經》云：松江東寫海，曰滬瀆，亦曰滬海。今青龍鎮旁有滬瀆村，是也。江流自湖至海，凡二百六十里。」青龍鎮旁的滬瀆村因爲滬瀆得名，但是滬瀆作爲一片水域，不止滬瀆村附近。同書卷下《往跡》滬瀆：

> 松江東寫海，曰滬瀆。陸龜蒙敘矢魚之具云：「列竹於海澨曰滬。」蓋以此得名。今其旁有青龍鎮，人莫知其得名之由，詢於老宿，或云因船得名。按庾信《哀江南賦》云：「排青龍之戰艦。」《南史》：楊素伐陳，以舟師至三峽。陳將戚欣，以青龍百餘艘屯兵守狼尾灘。楊素親率黃龍十艘，銜枚而下，擊敗之。則青龍者，

〔註12〕魯西奇：《隋唐五代沿海港口與近海航路（下）》，《魏晉南北朝隋唐史資料》第三十輯，第89頁。

〔註13〕魯西奇：《隋唐五代沿海港口與近海航路（下）》，《魏晉南北朝隋唐史資料》第三十輯，第91頁。

〔註14〕王輝：《青龍鎮：上海最早的貿易港》，上海人民出版社，2015年。

乃戰艦之名。或曰青龍舟孫權所造也，蓋昔時嘗置船於此地，因是
名之耳。

滬瀆不是海港，而是水體地名，海港是青龍鎮。東晉有海口有滬瀆壘，
在今上海市中心，所以不能把青龍鎮稱爲滬瀆，否則易混。

上海青浦區青龍江故道

《太平寰宇記》卷九六越州山陰縣：「塗山在縣西北四十三里。禹會萬國
之所。《郡國志》：有石船，長一丈，云禹所乘者……又《會稽記》云：東海
聖姑從海中乘船，張石帆至。」有人說塗山是航塢山，〔註15〕誤，因爲下文
說：「蘭亭在縣西南二十七里。」依次推算，航塢山遠超過四十二里。塗山應
在今紹興北部，不在蕭山。

《晉書·謝琰傳》：「恩後果復寇浹口，入餘姚，破上虞，進及邢浦，去
山陰北三十五里。」《宋書·孔覬傳》：「上虞令王晏起兵攻郡，覬以東西交逼，
憂遽不知所爲。其夕，率千餘人聲云東討，實趣石潯。先已具船海浦，值潮

〔註15〕魯西奇：《隋唐五代沿海港口與近海航路（下）》，《魏晉南北朝隋唐史資料》
　　　　第三十輯，第 98 頁。

涸不得去，眾叛都盡，門生載以小船，竄於脊山村。」有人說石潟是邢浦，〔註16〕大誤，因爲石潟在今斗門鎮石泗村，不足三十里。因爲孫恩從海上來，所以邢浦在海岸，但是石潟不在海邊，否則孔覬已走。

前人對唐代揚州研究較多，對明州關注不多。揚州的繁榮貫穿唐代，明州則是晚唐才勃興。漢滅東越時，橫海將軍韓說出句章，浮海從東方往。有人說句章在今明州，因爲《元和郡縣圖志》卷二六明州：「句章故城，在州西一里。」〔註17〕但是此句有誤，因爲《太平寰宇記》卷九八明州說：「句章故城，漢縣，廢城在縣西。」此處不提一里，而一里正是誤字，現在考古學者已經確定漢句章城在今寧波市江北區慈城鎮西南王家壩村附近。〔註18〕

句章城在內陸，所以漢代在沿海又興起鄮縣。有人說唐代鄮縣就是漢句章城，完全錯誤。〔註19〕關於寧波古代城址的複雜變遷，前人已有不少研究，本文簡述。《漢書・地理志》說王莽改鄮縣爲海治縣，說明此縣控制海口。〔註20〕南宋《乾道四明圖經》卷二《鄮縣・山》：「鄮山在縣東三十六里，高二百八十丈，東北峰上有佛左足跡，下瞰阿育王寺。按《十道四蕃志》云：以海人持貨貿易於此，故名。」縣城正在今寧波通往北侖港的山口，北侖一帶因爲特殊的環境自古就是良港。因爲此地是沿海要衝，所以僧人在此建阿育王寺傳教。唐開元二十六年（738 年），分越州置明州（今寧波市），治鄮縣，同年置所轄慈谿、奉化、翁山（今舟山）三縣，廣德二年（764 年），台州象山縣改屬明州。大曆六年（771），廢翁山縣，又移郡治鄮縣的縣治於三江口，即今寧波市區。三江口原來地勢低窪，所以不宜築城。現在寧波市區雖然通過考古發現了漢代居住遺址，但不是城址，文獻記載正確。

有人說侯景死前想去的蒙山在安徽蒙城縣，所以從長江口到淮河有航

〔註16〕 魯西奇：《隋唐五代沿海港口與近海航路（下）》，《魏晉南北朝隋唐史資料》第三十輯，第 99 頁。

〔註17〕 魯西奇：《隋唐五代沿海港口與近海航路（下）》，《魏晉南北朝隋唐史資料》第三十輯，第 101 頁。

〔註18〕 王結華：《句章故城考》，寧波市文物考古研究所、寧波市文物保護管理所編著：《寧波文物考古研究文集》，科學出版社，2008 年，第 116～124 頁。寧波市文物考古研究所編：《句章故城考古調查與勘探報告》，科學出版社，2014 年。

〔註19〕 魯西奇：《隋唐五代沿海港口與近海航路（下）》，《魏晉南北朝隋唐史資料》第三十輯，第 101 頁。

〔註20〕 陸雲《陸士龍集》說嬴政留居貿縣三十多日，不見史載，應是誤傳，爲宋代以來地方志誤引，又有人據之以爲秦代有貿縣，已爲學者辨明，見〔清〕董沛著、俞福海、方平點注：《明州繫年錄》，當代中國出版社，2001 年，第 20～21 頁。

路。〔註21〕今按《梁書》卷三九《羊鯤傳》說：「（侯）景於松江戰敗，惟餘三舸，下海欲向蒙山。會景倦晝寢，鶴語海師：此中何處有蒙山！汝但聽我處分。遂直向京口。至胡豆洲。」侯景叛魏入梁，自然不可能再回北齊，蒙城縣在淮北內陸，侯景不可能從長江口進入淮河，胡豆洲一般認為在今南通，蒙山應在舟山群島。

象山縣南部的石浦鎮是重要海港，有人說唐代台州、明州之間的鋸門山就是宋代的崛門山、東門山，即今石浦鎮東門島。〔註22〕

今按此說不確，這是三個山，不在一個地方，而且鋸門山和崛門山都不是重要海港。《通典》卷一八二《州郡十二》餘姚郡（明州）：「東南到海中鋸門山四百里，與臨海郡象山縣分界。」又說臨海郡（台州）：「東部至象山縣鋸門山四百六十里，極大海。」此時象山縣屬台州，鋸門山在明州、台州之間。寶慶《四明志》卷二一象山縣：「鋸門山，縣東南二十五里，其山中對如門。」雖然此地不在象山縣西北，但肯定不是象山縣南部的東門山。因為象山縣原屬台州，宋代早已改屬明州，所以東門山是宋代的台州、明州分界。有人不知象山改屬，才誤以為鋸門山是東門山。

崛門山在臨海縣，不在象山縣，《太平寰宇記》卷九八臨海縣引《郡國志》崛門山，而《元和郡縣圖志》說象山縣析自寧海縣，不是析置臨海縣，所以臨海縣的崛門山不是原屬寧海縣的鋸門山。而東門山在象山縣南部，顯然不是西北部的鋸門山。

天寶三載（744）二月，海賊吳令光等抄掠台州、明州，閏月，吳令光伏誅。吳令光首攻台州，很可能是台州人。代宗寶應元年（762）八月，台州人袁晁反，十月，陷明州。廣德元年（763），李光弼平袁晁。袁晁是台州人，但是攻陷明州，應是通過屬於台州的象山縣。象山縣是中宗神龍元年（705年）設，屬台州，但是在袁晁平定的次年就改屬明州，說明袁晁很可能是通過象山攻陷明州。明州為了防禦台州海盜，因此擁有象山縣。其實象山半島通過寧海縣與大陸相連，但是寧海縣一直屬台州，而象山與明州之間是海，來往不便。但是明州為了防盜，還要擁有象山。宣宗大中十三年（859），裘甫陷象山，咸通元年（860）陷剡縣，掠上虞，破慈谿，入奉化，抵寧海，八月平

〔註21〕魯西奇：《隋唐五代沿海港口與近海航路（下）》，《魏晉南北朝隋唐史資料》第三十輯，第92頁。

〔註22〕魯西奇：《隋唐五代沿海港口與近海航路（下）》，《魏晉南北朝隋唐史資料》第三十輯，第104頁。

定。台州海盜數次從台州攻打明州，都是經過象山縣南部。

台州的古港在今台州市椒江區椒江北岸的章安鎮，西漢名為回浦縣，東漢改名章安縣，《宋書・州郡志一》臨海郡章安縣引《晉太康記》：「本鄞縣南之回浦鄉，漢章帝章和中立。」《隋書・地理志》永嘉郡：「臨海，舊曰章安，置臨海郡。平陳，郡廢，縣改名焉。」

象山石浦鎮海面

有人說章安城在海門山下，又說就是牛頭山，〔註23〕皆誤。《嘉定赤城志》卷三十九《紀遺門》：「章安城，在臨海縣東〔南〕一百一十五里。」卷十九《山水門一》臨海縣下說：「金鰲山，在縣東南一百二十里。」金鰲山即今章安鎮東南的金鰲山，古今未變。而《太平寰宇記》臨海縣：「海門山，在縣東一百二十六里，在海北岸，東枕海。」海門山緊鄰大海，應是今前所鎮以東山地，距離章安還有六里。章安城不可能在海口，否則不好停船。而前所鎮是明初才設，興起很晚。而《赤城志》十九說臨海山：「在縣東北二百四十里，接海。本牛頭山……山下有二溪，一始豐，一樂安，至州北合流雲。」此話

〔註23〕魯西奇：《隋唐五代沿海港口與近海航路（下）》，《魏晉南北朝隋唐史資料》第三十輯，第105頁。

有誤，既然臨海，爲何又在州北？始豐、樂安二溪合流處在臨海城西北內陸，《太平寰宇記》臨海縣說：「臨海山，在縣北二百四十里，山有水合成，溪自臨海，一水是始豐溪，一水是樂安溪，至州北兩相合，即名臨海溪，山因溪名。」似乎臨海山在兩溪合流處爲臨海溪處，但是合流處靠近臨海城，不可能是二百四十里，所以仍有誤，但是臨海山肯定不是海門山。

台州與溫州之間有松門，王羲之《遊四郡記》說：「永寧縣界海中有松門，西岸及嶼上皆生松，故名松門。」〔註24〕有人看到永寧縣界，就誤以爲松門在甌江口，又說松門是青澳門，在今磐山鎮陡門村。〔註25〕其實這是三個地方。松門在今溫嶺市東部松門鎮，因爲溫嶺縣是明成化五年（1469年）才從溫州永嘉、台州黃岩二縣析出，所以東晉的松門自然在永寧縣界。松門原爲海峽，直到清代中期才變成陸地。

青澳在甌江口外的海中，《資治通鑑》卷二六六：「盧佶聞錢傳鐐等將至，將水軍拒之於青澳。」胡三省注：「青澳在溫州東北海中，俗謂之青澳門，由青澳門而進舟，則入溫州，其外則大洋也。」

今按磐山鎮應是樂清磐石鎮，此鎮陡門村靠近琯頭，肯定不是青澳所在。《宋史》卷一九二《兵志六》有溫州青奧寨，在館頭寨（在今樂清琯頭）、鹿西寨（在今鹿西島）之間，應在甌江口外。卷四七《二王傳》說陳宜中居清澳，有學者否定了七都島、龍灣茅竹橋、後崗等說，又據龍灣青山村陳宜中家族《青山陳氏宗譜》記載青奧即青山，認爲清澳在今青山村。〔註26〕

我認爲，青山村不在甌江口，不是盧佶守衛之地。《建炎以來繫年要錄》卷三一建炎四年（1130年）正月：「癸亥，泊青澳門。甲子，泊溫州港口。《日曆》甲子御舟至溫州館頭，今從李正民《乘桴記》。」青澳在溫州港口外一日，不應在龍灣，龍灣青山在南宋早已成陸。明代鄭若曾《籌海圖編》卷五《溫州府境圖》，青澳是甌江口外海中的一個大島，東北是鹿西島。清初《永嘉縣圖》在靈崑山（今靈昆島）西北畫出青嶨山，東南畫出中界山，有學者指出青嶨山是大門島，中界山是洞頭島。〔註27〕唐代張又新的溫州詩歌中有《青

〔註24〕〔唐〕歐陽詢等編：《藝文類聚》卷八八《木部上》松，北京：中華書局，1965年，第1512頁。

〔註25〕魯西奇：《隋唐五代沿海港口與近海航路（下）》，《魏晉南北朝隋唐史資料》第三十輯，第107頁。

〔註26〕潘猛補：《陳宜中遁歸的清澳在何處？》，《溫州日報》2015年1月28日第15版。收入《龍灣史譚》第14期《陳宜中研究專輯》，2016年，第34～35頁。

〔註27〕鍾翀編：《溫州古舊地圖集》，上海書店出版社，2014年，第91頁。

嶴山》、《中界山》兩詩，應是兩個大島。嘉靖《永嘉縣志》卷一《海中諸山》：「青嶴山、中界山、黃大嶴山（二山故有人居，內多田地可墾）。」黃大嶴山是今大門島，今大門鎮原名黃嶴鎮，則青嶴山似乎不是大門島。大門島之南有青菱嶼，再南是青山島，扼守甌江口外的主航道，但是古代地圖上稱青山島為重山，而且青山島太小，似乎不是青嶴山。

嘉靖《浙江通志》卷十二：「青奧山，在縣東二百里，兩山崎於海中，如門，今名青奧門。宋永明中，顏守延〔之〕立觀海亭。又一百里，曰中界山。」青奧在永嘉縣東二百里，似乎是大門島，兩山如門即大門島、小門島。吳越進軍溫州，必經大門島、小門島之間。今大門島東北有寨樓，或即宋代青奧寨所在。嘉靖《永嘉縣志》誤以為青嶴、黃大嶴為兩島。因為經過明初遷海，海島地名出現混亂。黃大嶴在大門島西南，青嶴在大門島東北，不在一條海路，使人誤以為黃大嶴、青嶴在兩個島。

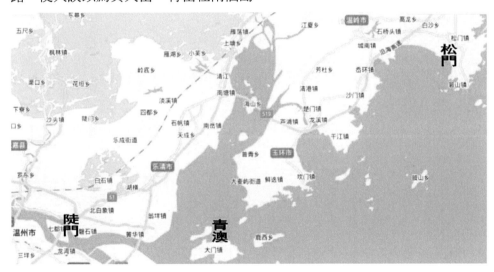

陡門、青澳、松門位置圖

嘉靖《永嘉縣志》卷一《江》：「次崎頭，舟行至此，始出江口。入大海，分南北行，謂之轉岐，至青嶴山，而永嘉之境盡……江北岸則自羅浮、華嚴、楠溪、港口、強嶴、掛彩、象浦口、館頭、青嶴、鹿西、鹿東，抵樂清縣界。」崎頭即今樂清東南角的岐頭山，轉過岐頭入海，首先到達大門島，即青嶴山，向東就是鹿西島。

日本僧人圓珍在大中七年從福建入溫州：「十月中旬入溫州，過江口鎮，

至橫陽縣。」〔註28〕有人說江口鎮在龍港鎮，〔註29〕但是已有學者指出端平三年（1236）的江口斗門，建於明正統五年的江口城，均在北岸，鼇江鎮還在海中，所以江口鎮在其東北。〔註30〕

有人說原豐縣近閩安鎮，又說閩安鎮在今馬尾鎮，〔註31〕大誤，閩安鎮在今馬尾鎮東北的閩安村，不在馬尾鎮。《宋書·州郡志二》：「原豐令，晉武帝太康三年，省建安典船校尉立。」船場未必在海邊，淳熙《三山志》卷二候官縣：「西太平鄉，縣西北百二十里，舊原豐。」則原豐縣在今閩侯縣西北，靠近山地，伐木造船。

有人說王審知整修的甘棠港在福安，不提前人對甘棠港所在的爭議。〔註32〕其實前人還提出在今連江黃岐港、〔註33〕長樂。〔註34〕甘棠港應在閩江口的長樂東北部，本文無法展開，我已有另文詳考。〔註35〕

三、江浙到嶺南的航線

劉眘虛《越中問海客》詩云：「風雨滄洲暮，一帆今始歸。自云發南海，萬里速如飛。」〔註36〕從南海到浙江，萬里如飛。

元稹《和樂天送客遊嶺南二十韻》詩云：「貢兼蛟女絹，俗重語兒巾。」自注說：「南方去京華絕遠，冠冕不到，唯海路稍通吳中，商肆多牓云：此有語兒巾。」中華書局點校本斷句為：「唯海路稍通。吳中商肆多牓云。」〔註37〕這完全不通，從中原去嶺南，如果走海路，必經江浙，所以原文說的是從吳中通往南方，京都不可能有海路通往嶺南。而且「語兒」本來就是指今浙

〔註28〕白話文、李鼎霞校注：《行歷抄校注》，花山文藝出版社，2004年，第132頁。

〔註29〕魯西奇：《隋唐五代沿海港口與近海航路（下）》，《魏晉南北朝隋唐史資料》第三十輯，第108頁。

〔註30〕陳崇華：《日本智證大師來溫記》，《溫州日報》2014年5月15日。

〔註31〕魯西奇：《隋唐五代沿海港口與近海航路（下）》，《魏晉南北朝隋唐史資料》第三十輯，第110頁。

〔註32〕魯西奇：《隋唐五代沿海港口與近海航路（下）》，《魏晉南北朝隋唐史資料》第三十輯，第111頁。

〔註33〕韓振華：《五代福建對外貿易港口甘棠港考》，韓振華：《航海交通貿易研究》，香港大學亞洲研究中心2002年，第398～405頁。

〔註34〕高宇彤、林廉：《從長樂黃岐澳考閩國甘棠港》，《開閩文化研究》第2期，2014年。

〔註35〕周運中：《王閩甘棠港在閩江口考》，2014年8月福州市博物館學術會議發表。

〔註36〕《全唐詩》卷二五六，第2870頁。

〔註37〕《全唐詩》卷四百七，第4533頁。

江桐鄉,《越絕書・記地傳》:「語兒鄉,故越界,名曰就李。吳疆,越地以爲戰地……句踐勝吳……更就李爲語兒鄉。」所以不是吳中的商店標榜賣語兒巾,而是嶺南的商店標榜賣語兒巾。浙北是中國最重要的絲織品產地,直到明清時代仍然通過華南外銷。

《太平寰宇記》卷一五八恩州說:

> 天寶元年改爲恩平郡,乾元元年復爲恩州,州內有清海軍,管戍兵三千人。按《投荒錄》云:「恩州爲恩平郡,涉海最爲蒸濕,當海南五郡泛海路,凡自廣至勤、春、高、潘等七州,舊置傳舍。此路自廣州泛海,行數日方登陸,前所謂行人憚海波,不由傳舍,故多由新州陸去。今此路惟健步出使與遞符牒者經過耳。既當〔海〕中五州要路,由是頗有廣陵、會稽賈人船循海東南而至,故吳越所產之物,不乏於斯。」〔註38〕

房千里《投荒錄》作於唐文宗時(826～840年),恩州在今廣東陽江,有很多來自揚州、越州的商船,因爲地當去海南五州要道,所以設置清海軍,這就印證了元稹所說江浙商品通過海路銷往華南。

陽江海陵島的漁港

〔註38〕 〔宋〕樂史撰、王文楚等點校:《太平寰宇記》,北京:中華書局,2006年,第3037～3038頁。

　　中唐時代的恩州還主要走陸路，晚唐的陸路唯有官軍行走。張鷟《朝野僉載》卷二：「周恩州刺史陳承親，嶺南大首領也，專使子弟兵劫江。有一縣令從安南來，承親憑買二婢，令有難色。承親每日重設邀屈，甚殷勤。送別江亭，即遣子弟兵尋復劫殺，盡取財物。將其妻及女至州，妻叩頭求作婢，不許，亦縊殺之。取其女。前後官人家過親，禮遇厚者，必隨後劫殺，無人得免。」〔註39〕有人說此處的劫江是劫海，江亭在海邊，〔註40〕此說大誤，武周時代的恩州仍然以陸路為主，所以江亭在陽江的漠陽江邊，北經新州，入西江。

　　揚州、鎮江開闢了到嶺南的航線，《舊唐書》卷十九說唐懿宗咸通三年（862年）南蠻陷交趾，徵兵赴嶺南，湘、漓溯運，功役艱難，軍屯廣州乏食。潤州（鎮江）人陳磻石詣闕上書：「臣弟聽思曾任雷州刺史，家人隨海船至福建，往來大船一隻，可致千石，自福建裝船，不一月至廣州。得船數十艘，便可致三萬石至廣府矣。」於是以磻石為鹽鐵巡官，往揚州楊子院專督海運。於是康承訓之軍皆不闕供。咸通五年下詔：「淮南、兩浙海運，虜隔舟船，訪聞商徒，失業頗甚，所由縱舍，為弊實深。亦有搬貨財委於水次，無人看守，多至散亡，嗟怨之聲，盈於道路。宜令三道據所搬米石數，牒報所在鹽鐵巡院，令和雇入海〔舟同〕船，分付所司。通計載米數足外，輒不更有隔奪，妄稱貯備。其小舸短船到江口，使司自有船，不在更取商人舟船之限。」

　　光啟元年（885年）唐僖宗《車駕還京師德音》：「自蠻寇侵擾，連歲用兵，耗蠹生靈，海運為甚。驅我赤子，深入滄波，睹駭浪而魂飛，泛洪濤而心死。繼有覆溺，多不上聞，仍遣賠填，急於風火。哀其已死之眾，不可復追，念茲將斃之徒，用延餘息。應江淮四道運糧，所有沈覆米損船綱官所由船戶及元發州縣合賠填者，並從放免，更不得校料追徵，應關海運留繫勘者，並一時釋放。唯造船官吏須有勘覆者，不在此限。」〔註41〕

　　《冊府元龜》卷一八一：「嚴懷志以涇原裨將，隨渾瑊會吐蕃背盟，懷志等會沒，居吐蕃中十餘年，逃入吐蕃以西諸國，為所掠賣，又脫走經十餘國，至天竺占波國，泛海而歸，貞元十四年始至溫州，徵詣京師。」他應是乘坐來自嶺南的商船到溫州，占波即法顯、玄奘所到的瞻波國，在今巴加爾普爾

〔註39〕　〔唐〕張鷟撰、趙守儼點校：《朝野僉載》，北京：中華書局年，1979年，第29頁。

〔註40〕　魯西奇：《隋唐五代沿海港口與近海航路（下）》，《魏晉南北朝隋唐史資料》第三十輯，第120頁。

〔註41〕　〔清〕董誥等編：《全唐文》卷八九，北京：中華書局，1983年，第926頁。

附近，靠近恒河口。〔註42〕

郎士元《送陸員外赴潮州》詩云：「楚地多歸信，閩溪足亂流。今朝永嘉興，重見謝公遊。」〔註43〕似乎是指先到福建，再到潮州，或走海路。

四、珠江口以東的海港

唐代廣東的東部沿海縣治極少，潮州潮陽縣與廣州寶安縣之間僅有一個海豐縣，初見於《宋書‧州郡志四》，《舊唐書‧地理志四》循州：「南海在海豐縣南五十里，即漲海，渺漫無際。」

海豐向東原來還有一個海寧縣，《宋書‧州郡志四》義安郡海寧縣：「《晉地記》，故屬東官。」在東官、義安二郡之間，《南齊書‧州郡志上》有此縣。《太平寰宇記》卷一五八潮州潮陽縣：「有海寧縣，在郡之東六里，西接東官縣界，龍首山、龍溪山，龍蛇水，自此山而出焉。」其中有誤字、脫字，應是在郡西南，也不是六里。西接東官郡界，不是東官縣界。龍溪即今龍江，唐代廢海寧縣，《元和郡縣圖志》卷三四潮州潮陽縣：「龍溪山，今名海寧嶺，在縣西南一百七十里。」則海寧縣在今惠來縣，另外《南齊書‧州郡志》的陸安縣不見於《隋書‧地理志》，也在隋代廢除，這一帶海岸的政區的減少說明隋唐廣東的東部航海發展停滯。

值得注意的是，海豐縣的海港環境在廣東的東部沿海毫無特殊之處，為何恰好是在此地出現唯一的縣治呢？海豐縣城恰好在潮州與廣州的海岸中點，說明這個縣就是作為潮州與廣州的航海中轉站而設置。

潮州治海陽縣，西南有潮陽縣，《元和郡縣圖志》潮州海陽縣：「大海，在縣東南一百一十三里。西津驛，在縣西六里。鹽亭驛，近海。百姓煮海水為鹽，遠近取給。」西津驛在潮州城西六里的韓江上，遠離大海，鹽亭驛才近海，但是有人居然說西津驛是海港，又說鹽亭驛在今汕頭市，〔註44〕都是毫無根據的說法。海陽縣城之南一百一十三里才是大海，真正靠海的是潮陽縣城。汕頭是清代興起，原來不屬海陽縣，所以鹽亭驛不可能在今汕頭。

〔註42〕〔晉〕法顯撰、章巽校注：《法顯傳校注》，北京：中華書局2008年，第123頁。〔唐〕玄奘、辯機著、季羨林等校注：《大唐西域記校注》，北京：中華書局，2000年，第786頁。

〔註43〕《全唐詩》卷二四八，第2782頁。

〔註44〕魯西奇：《隋唐五代沿海港口與近海航路（下）》，《魏晉南北朝隋唐史資料》第三十輯，第116頁。

　　潮陽有白嶼,《太平寰宇記》潮陽縣:「白嶼洲,《郡國志》:潮陽白嶼洲,亦自海浮來,後會稽人姓丁識之,云曾藏銅熨斗於洲上,往取,果得。」會稽郡是南朝人口之地,或有人來到潮州。但是有人說白嶼在今潮陽海門鎮白土、白嶺一帶,〔註45〕此說大誤,白土、白嶺在海門鎮北,有兩個白嶼,一個在今海門鎮東南,一個在今西臚鎮,距離都較遠。

白嶼、白土、白嶺位置圖

　　潮州之北有海路通往漳州,《太平寰宇記》潮陽縣引《南越志》說:「又綏安縣,在郡之東一千里,海道也。東接泉州晉安縣界,北連山數千,日月蔽藏。昔建德伐木以為舟船之處。又云綏安縣北有連山,昔越王建德伐木為船,其大千石,以童男女三百人牽之,既而船俱墜於潭,時聞附船者有唱喚督進之聲,往往有青牛馳回船側。」海陽縣向東一千里的綏安縣(在今漳州市),接壤泉州,則在今漳州境內。〔註46〕因為最初漳泉陸路難行,所以漳州

〔註45〕魯西奇:《隋唐五代沿海港口與近海航路(下)》,《魏晉南北朝隋唐史資料》第三十輯,第117頁。
〔註46〕譚其驤主編《中國歷史地圖集》第四冊,中國地圖出版社,1982年,第32頁。

最初的縣屬潮州。直到唐代，陳元光還是從潮州進兵，才設漳州。有人說綏安縣在南澳島，〔註47〕毫無根據。南澳島現在連南宋之前的文獻和政和癸巳（1113年）石刻也找不到，〔註48〕不可能在南朝就設縣。南澳島緊鄰潮汕，何來千里之說？也不可能接壤泉州。

綏安縣必在漳州境內，因爲《隋書·地理志》建安郡龍溪縣說：「梁置，開皇十二年並蘭水、綏安二縣入焉。」《元和郡縣圖志》卷二九漳州：「垂拱二年析龍溪縣南界置，因漳水爲名。初置於今漳浦縣西八十里，開元四年改移就李澳川，即今漳浦縣東二百步舊城是。十二年，自州管內割屬福州，二十二年又改屬廣州，二十八年又改屬福州。乾元二年緣李澳川有瘴，遂權移州於龍溪縣置，即今州理是也。」又龍溪縣：「陳分南安縣置，屬南安郡，後屬閩州，開元二十九年割屬漳州。縣東十五里至山，險絕無路，西二十里至山，南三里至山，北十六里至山。」今漳州城雖然四周也有小山，但是東面就是海，絕非險絕無路。所以原來的龍溪縣不在今漳州城，很可能是併入綏安，移到綏安縣城。

因爲綏安城原來在今漳州，所以才能距離潮州一千里，其北正是群山。如果是在漳州南部諸縣，北部不是群山。漳州最大的平原就在漳州城附近，所以最早設立的綏安縣最有可能在此。漳州南部各縣平原較小，唐代漳州由南而北是因爲陳元光從南向北進軍的特殊原因。

因爲從潮州到漳州的陸路是東北走向，所以漳州最早設在漳浦縣西八十里，不是漳浦縣城正西，正西八十里是山地，應是西南，也即今雲霄縣，正是八十里。雲霄縣城至今仍在漳江岸邊，即漳州由來。

漳州在唐代遷移三次，本來是福建地方史的常識，察看今人所編《福建省歷史地圖集》也可一目了然，此地圖集標出唐代三個不同時期的漳州治所。〔註49〕

漳州在開元四年（716年）移到今漳浦縣東，所以《通典》卷一八二說漳浦郡（漳州）：「東至大海一百五十里，南至大海一百六十里，西至潮陽郡五百六十里……東南到黃如江一百里。西南到廢懷恩縣界一百里。西北到石埕

〔註47〕魯西奇：《隋唐五代沿海港口與近海航路（下）》，《魏晉南北朝隋唐史資料》第三十輯，第117頁。

〔註48〕黃迎濤：《南澳縣金石考略》，廣東省地圖出版社，2008年，第11頁。吳榕青、李國平：《早期南澳史事鉤稽》，《國家航海》第九輯，上海古籍出版社，2015年。

〔註49〕福建省地方志編纂委員會編：《福建省歷史地圖集》，福建省地圖出版社2004年，第25～29頁。

溪一百五十里。東北到清源郡六百里。」有人誤以爲此處的漳州在今漳州，
竟又說黃如江很可能就是明代興起的月港。〔註50〕此說大謬，如果在今漳州，
不可能距離潮州更近，今漳州更近泉州。因爲在漳浦縣，所以東到大海、南
到大海的距離相近，如果在今漳州則不可能。黃如江，應在今六鼇半島與古
雷半島之間。月港：「唐以前則洪荒未闢之境也，宋則蘆荻中一二聚落。」〔註
51〕月港是明代中期才興起，所以不可能是唐代海港。關於月港在明代興起，
相關研究很多，本文不再贅述。

福建雲霄縣漳江

五、廣東到安南的航線

　　張說曾流放欽州（今廣西欽州），他的《入海》詩云：「乘桴入南海，海
曠不可臨。茫茫失方面，混混如凝陰。雲山相出沒，天地互浮沉。萬里無涯
際，云何測廣深。潮波自盈縮，安得會虛心。」〔註52〕說明他到欽州是從海

〔註50〕　魯西奇：《隋唐五代沿海港口與近海航路（下）》，《魏晉南北朝隋唐史資料》
　　　　　第三十輯，第114頁。
〔註51〕　崇禎《海澄縣志》卷首王志道《初修海澄縣志序》，《日本藏中國罕見地方志
　　　　　叢刊》，書目文獻出版社，1992年。
〔註52〕　《全唐詩》卷八六，第931頁。

路而非陸路，欽州尚且如此，安南更要通過海路。

杜審言《南海亂石山作》詩云：「漲海積稽天，群山高棗地。相傳稱亂石，圖典失其事。懸危悉可驚，大小都不類。乍將雲島極，還與星河次。上聳忽如飛，下臨仍欲墜。」〔註53〕安南海上的亂石山，其實就是今天越南西北海上著名的景區下龍灣，有3000多個海上石島，是中國與越南的海路必經之處。

新羅人崔致遠《補安南錄異圖記》：「曾無亭堠，莫審途程，跂履者計日指期，沉浮者占風定信。」〔註54〕此話半真半假，渡海不假，無亭不真。安海縣就是重要的中轉站，沈佺期《度安海入龍編》詩云：「我來交趾郡，南與貫胸連……北斗崇山掛，南風漲海牽。」〔註55〕他到安南是從安海乘船，安海是陸州安海縣，在今越南芒街，緊鄰中國廣西東興，龍編縣在交州，在今河內東北。

安海縣屬陸州，《元和郡縣圖志》卷三八陸州：「州在窮海，不生粟，又無絲帛，惟捕海物以易衣食，蓋島夷卉服之類也。」此州無農無工，居然設州，正是因為地當安南渡海要津。因為安海位置非常重要，所以陸州治所華清縣及所轄烏雷縣在大曆三年（768年）移到此縣。至德二載，安海縣更名寧海縣。《元和郡縣圖志》烏雷縣：「總章元年置在海島中，因烏雷州為名。」烏雷縣在烏雷州，應是烏雷洲，即烏雷島，其實是半島，即今欽州東南的烏雷村。因為陸路不通，所以說在海中。烏雷縣在廉州、陸州之間，也是因為航海中轉站而設置。烏雷縣是重要海港，《大唐西域求法高僧傳》卷上義朗律師去印度：「既至烏雷，同附商舶。掛百丈，陵萬波。越舸扶南，綴纜郎迦戍。」〔註56〕

烏雷縣的廢除，說明主要航路不再經過此地，或因航路改走烏雷縣東南的潿洲島，《太平寰宇記》雷州：「西至海六十里，至圍洲，通連安南諸蕃國路。」說明從雷州到潿洲再到安南，有條航線，這條航線比走烏雷更近。唐末陸州及安海縣均廢，因為安南獨立，作為安南航海中轉站的安海縣也就隨之消失。

因為陸州消失，所以原來不在邊界的欽州、廉州到了宋代，居然成了天涯海角，《嶺外代答》卷一《天涯海角》：「欽州有天涯亭，廉州有海角亭，二郡蓋南轅窮途也。」宋與交趾的貿易也以欽州一口為主，《嶺外代答》卷五《欽州博易場》：「凡交趾生生之具，悉仰于欽，舟楫往來不絕也。博易場在城外

〔註53〕《全唐詩》卷六二，第731頁。

〔註54〕〔新羅〕崔致遠：《桂苑筆耕集》卷十六，北京：中華書局，2007年，第544頁。

〔註55〕《全唐詩》卷九七，第1052頁。

〔註56〕〔唐〕義淨撰、王邦維校注：《大唐西域求法高僧傳》，北京：中華書局，1988年，第72頁。

江東驛。其以魚蚌來易斗米尺布者，謂之交阯蜑。其國富商來博易者，必自其邊永安州移牒于欽，謂之小綱。其國遣使來欽，因以博易，謂之大綱。」

南宋周去非《嶺外代答》卷一《象鼻砂》：

> 欽廉海中有砂磧，長數百里，在欽境烏雷廟前，直入大海，形若象鼻，故以得名。是砂也，隱在波中，深不數尺，海舶遇之輒碎。去岸數里，其磧乃闊數丈，以通風帆。不然，欽殆不得而水運矣。嘗聞之舶商曰：「自廣州而東，其海易行。自廣州而西，其海難行。自欽、廉而西，則尤爲難行。」蓋福建、兩浙濱海多港，忽遇惡風，則急投近港。若廣西海岸皆砂土，無多港澳，暴風卒起，無所逃匿。至于欽、廉之西南，海多巨石，尤爲難行，觀欽之象鼻，其端倪已見矣。

周去非說烏雷南面海中有象鼻砂，阻礙航行。海商說廣東向東，海道好走，廣州向西，則不好走，欽州、廉州向西最難。周去非說福建、江浙沿海多山岸海港，廣西沿海是沙岸，無處避風，欽州、廉州西南的海中多巨石，最難航行。漢代的合浦是中國最大的對外貿易港，六朝時期已經讓位廣州，所以此時廣西海岸對航運的負面作用更加突出。

欽州烏雷伏波廟

張鷟《朝野僉載》卷三：「安南都獲崔玄信，命女婿裴惟岳攝愛州刺史，貪暴，取金銀財物向萬貫……裴即領物至揚州。安南及問至，擒之，物並納官，裴亦鎖項至安南，以謝百姓。及海口，會赦而免。」〔註57〕他從安南到揚州是走海路，海口是紅河海口，應指海門鎮，即今越南的第三大城市海防市。《舊唐書·懿宗紀》說南詔攻佔安南時，其安南將吏官健走至海門者人數不少，說明海門靠近交州。關於唐在安南的用兵路線，本文無法展開。

但是有人誤以為這個海門是廣西合浦的海門，〔註58〕今按《太平寰宇記》卷一六九太平軍說：「理海門，本廉州……至太平興國八年廢廉州，移就海門三十里建太平軍，其廉州併入石康一縣。」所謂海門，就是大海之門，本是地名通名，中國各地叫海門的地名極多。〔註59〕此處說廉州就海門三十里，即距海口三十里處。此處海門在今廣西合浦的海口，不是越南的海門鎮。

光緒二十一年（1895年），廣西容縣出土《唐容管經略押衙安子遠墓誌銘》說：「屬地連溪洞，境接交、邕……乃命公充海門防戍軍都知兵馬使。」乾符二年（875年），終於海門軍營官舍。王承文認為，這個海門是南流江入海口的海門鎮，但是又誤以為這個海門高駢進軍安南的海門鎮。〔註60〕其實這個海門是容管的海門，因為容管唯有廉州臨海，所以應即廣西合浦縣的海門。

還有很多詩歌記載走海路到安南，楊衡《送王秀才往安南》詩云：「君為蹈海客，客路誰諳悉。鯨度乍疑山，雞鳴先見日。」〔註61〕熊孺登《寄安南馬中丞》詩云：「蕃客不須愁海路，波神今伏馬將軍。」〔註62〕陸龜蒙《奉和襲美吳中言懷寄南海二同年》詩云：「城連虎踞山圖麗，路入龍編海

〔註57〕〔唐〕張鷟撰、趙守儼點校：《朝野僉載》，第77頁。

〔註58〕魯西奇：《隋唐五代沿海港口與近海航路（下）》，《魏晉南北朝隋唐史資料》第三十輯，第122頁。

〔註59〕今江蘇有海門市，漳州有海門島，浙江台州市中心原名海門鎮，凡是海口都可稱海門。南漢的珠江口也有海門鎮，《續資治通鑑長編》卷一三開寶五年五月丙寅：「先是劉鋹於海門鎮募兵能採珠者二千人，號媚川都。」《嶺外代答》卷七《珠池》：「東廣海中亦有珠池，偽劉置軍採之，名媚川都。死者甚多，太祖皇帝平嶺南，廢其都為靜江軍。」方信孺《南海百詠》媚川都：「至今東莞縣瀕海處往往猶有遺珠。」周去非前文介紹合浦，下文說在廣東。方信孺也說在東莞，則媚川都在珠江口。有人以為媚川都在合浦的海門，其實合浦自古產珠，不需招募士兵採珠。而且媚川都旋廢，所以不會在合浦。

〔註60〕王承文：《晚唐高駢開鑿安南天威遙運河事蹟釋證——以裴鉶所撰天威遙碑為中心的考察》，《歷史研究所集刊》第81本第3分，2010年，第624頁。

〔註61〕《全唐詩》卷四六五，第5282頁。

〔註62〕《全唐詩》卷四七六，第5421頁。

舶遙。」〔註63〕李洞《送雲卿上人遊安南》詩云：「春往海南邊，秋聞半夜
蟬。鯨吞洗缽水，犀觸點燈船。」〔註64〕浙江詩僧貫休《送僧之安南》詩
云：「安南千萬里，師去趣何長。鬢有炎州雪，心爲異國香。退牙山象惡，
過海布帆荒。」〔註65〕

六、廣東西南海港興衰

  南朝時期，控制海上貿易的是高涼郡冼氏，《隋書》卷四五《譙國夫人傳》
說：「（冼）夫人兄南梁州刺史挺，恃其富強，侵掠傍郡，嶺表苦之。夫人多
所規諫，由是怨隙止息，海南、儋耳歸附者千餘洞。梁大同初，羅州刺史馮
融聞夫人有志行，爲其子高涼太守寶娉以爲妻。」冼氏原來僅有高涼一郡，
居然能夠使得遙遠的海南島歸附，正是因爲開通了海上航路。蕭梁時王僧孺：
「尋出爲南海太守，郡常有高涼生口及海舶每歲數至，外國賈人以通貨易。
舊時州郡以半價就市，又買而即賣，其利數倍。」〔註66〕所謂高涼生口與海
舶，正是因爲高涼冼氏控制商路，販賣奴隸。

  因爲高涼郡最重要，所以最先分立的是高州，《隋書・地理志下》合浦郡
海康縣：「梁大通中，割番州合浦立高州，尋又分立合州。」當時無番州，番
州是番禺之誤，應是割番禺、合浦兩郡立高州，但是早在劉宋之前，番禺、
合浦兩郡早已不接壤，爲何說割此兩郡立高州？其實是因爲兩郡之間雖然增
設數郡，但是這些增設的郡全是土著，所以說割番禺、合浦兩郡，其實是按
照漢地古郡而言。高州設在高涼郡，又分高州置合州，再分置羅州，說明從
陽江到雷州半島全是冼氏勢力範圍。

  南朝時期尚未開闢從珠江口直航海南島東部的航路，所以劉宋征討海南
島與林邑，都是從雷州半島出發，甚至不從高涼郡出發。《隋書》卷八二《赤
土傳》說：「（常）駿等自南海郡乘舟，晝夜二旬，每值便風。至焦石山而過，
東南泊陵伽缽拔多洲，西與林邑相對，上有神祠焉。」《新唐書》卷四三下《地
理志七下》賈耽所記的廣州通海夷道：「廣州東南海行，二百里至屯門山，乃
帆風西行，二日至九州石。又南二日至象石。又西南三日行，至占不勞山，
山在環王國東二百里海中。」常駿從南海郡到林邑走了20天，而唐代從珠江

〔註63〕《全唐詩》卷六二五，第7186頁。
〔註64〕《全唐詩》卷七二一，第8271頁。
〔註65〕《全唐詩》卷八三三，第9393頁。
〔註66〕《梁書》卷三三《王僧孺傳》。

口的屯門到林邑僅需 5 天，說明常駿仍然是走雷州半島老路，唐代直接從屯門開往文昌的七洲列島，也即九州石。

　　珠江口的東部，東晉立寶安縣，《宋書・州郡志》東官郡：「何志故司鹽都尉，晉成帝立爲郡。《廣州記》，晉成帝咸和六年，分南海立。」首縣爲寶安縣，正是因爲此處產鹽，而《南齊書・州郡志》東官郡首縣改爲懷安縣，因爲此郡原來還有五縣，全在東江流域，增加的陸安、齊昌遠在東部，所以郡治東移到懷安縣。東官郡還有一個海安縣，原屬高興郡，有人以爲此縣在今恩平南部，但是不能確定。可以確定的是，今中山、珠海、澳門當時是一大片群島，原來都屬東官郡寶安縣。《太平寰宇記》廣州東莞縣：「珊瑚洲，在縣南五百里。昔有人於海中捕魚得珊瑚。香山，在縣南，隔海三百里。地多神仙花卉，故曰香山。」紹興二十二年（1152 年），在這片群島置香山縣，即今中山、珠海、澳門。這片群島緊鄰新會，爲何不屬新會郡而隔海歸屬東官郡呢？

深圳南頭古城出土六朝寶安縣城文物

　　原來東官、新會的立郡原因不同，東官郡是改司鹽都尉而設，首縣寶安縣的原有居民是海上煮鹽捕魚的土著，而新會郡是在山中設置，《宋書・州郡志》新會郡：「晉恭帝元熙二年，分南海立。《廣州記》云：永初元年，分新

寧立，治盆允。未詳孰是。」《宋書‧州郡志》新會郡首縣宋元縣：「文帝元嘉九年，割南海、新會、新寧三郡界上新民立宋安、新熙、永昌、始成、招集五縣。二十七年，改宋安為宋元。」南海、新會、新寧三郡交界處新近歸附的土著，置宋安縣，改為首縣，說明此郡的重點是山夷。新會郡有新夷、封平、初賓、封樂、義寧、新熙、永昌、始康、招集、始成等縣，從地名來看，主要是山夷。

皇甫湜《韓文公神道碑》說潮州：「洞夷海獠，陶然遂生。」〔註67〕山洞夷人與海上獠人是兩種民族，唐代新會縣的土著主要是山夷，而寶安縣的土著主要就是海獠。直到清代，萬山群島上仍是盧亭，嘉慶《新安縣志》卷四《山川》：「南亭竹沒山，在老萬山南，周數十里。內有盧亭，俗傳為盧循之後，能入水捕魚鮮食。」盧亭即馬來語的海 luat 的漢譯，即海上居民。南亭即盧亭的音訛，其實也即伶仃島、伶仃洋的由來，伶仃島並不伶仃，此名不是漢語，音近南亭、盧亭，很可能源自就是盧亭。

唐代在珠江口疍民聚居的這一片群島未有海港記載，說明唐代南方海上貿易的主體早已不是越人，因為漢人政權在華南已有近千年，更有西方商人到來，漢人與西方人才是南方海上貿易的主體。華南沿海生產的香料等商品遠遠不及西方商人從熱帶運來的同類物品，現在有人誇大唐代南方土著越人在海上貿易的重要性，〔註68〕不合史實。南方土著的越人，一般在本地販賣魚鹽土產，既非長程也非大宗貿易，根本不可能佔有貿易主流。上古時代的航海確實以越人為主體，但是到了唐代早已退居次要地位。唐代日本僧人圓仁在長江口沙洲遇到白水郎，但是唐代的長江口未見海港記載。《太平寰宇記》說明州海島有白水郎，或許來自宋代之前的地志，宋代日本僧人成尋從舟山群島進入中國，經過大七山、徐翁山、黃石山、小均山、岱山、東茄山等地，各島人家很多，也見到福州商人，但是不提白水郎。〔註69〕

南方海上越人也到大陸來經商，張籍《送海南客歸舊島》詩云：「海上去應遠，蠻家雲島孤。竹船來桂浦，山市賣魚須。入國自獻寶，逢人多贈珠。

〔註67〕〔宋〕祝穆撰、祝洙增訂、施和金點校：《方輿勝覽》，北京：中華書局，2003年，第644頁。

〔註68〕魯西奇：《隋唐五代沿海港口與近海航路（下）》，《魏晉南北朝隋唐史資料》第三十輯，第134頁。

〔註69〕〔日〕成尋著、王麗萍校點：《新校參天台五臺山記》，上海古籍出版社，2009年，第1～16頁。

85596

89

卻歸春洞口，斬象祭天吳。」〔註70〕馬戴《蠻家》詩云：「領得賣珠錢，還歸銅柱邊。看兒調小象，打鼓放新船。醉後眠神樹，耕時語瘴煙。」〔註71〕桂浦或指廣西桂江，可見未曾遠離華南。他們賣的是土產珍珠、海味，不是海外奇珍。

同樣，徐聞、海康、吳川、南巴、保寧、陽江等縣城在海岸帶構成一個連續的城市帶，但是從陽江向東的海岸可能僅有一個義寧縣，《元和郡縣圖志》說此縣東北至州五百里，新會縣東北至州三百里，則義寧在新會西南二百里，有人以爲在今恩平之北，〔註72〕《太平寰宇記》說太平興國二年改名信安縣，東北到廣州水路七百三十里，新會東北到廣州二百三十里，宋代信安縣遷理東溪。此縣疑在今台山西南，待考。

爲何至今台山、恩平兩縣南部沿海不設縣治呢？原因是台山、恩平兩縣沿海是山地，而向西則多是平原，自古以來，進入華南的漢人政權首先在平原立足，山地多是土著，所以台山、恩平南部原來不設縣治。《太平寰宇記》卷一六九瓊州：「北十五里極大海，泛大船，使西風帆，三日三夜到地名崖門，從崖山門入小江，一日至新會縣，從新會縣入，或便風十日到廣州。」說明從海南島到新會縣，直接入崖門，不在新會縣西南海岸停留。因爲這一帶是山地，唐代可能還是土著越人的聚居地。但是山石海岸的海水更深，山體可以避風，更易形成海港，可是這一帶不見海港記載，也說明土著越人不是海上貿易的主體。

從新會縣到廣州要經過岡州島，《太平寰宇記》卷一五七信安縣：「本宋元嘉二十七年（450年）置岡州縣……廢岡州，今縣理也……金臺岡，在縣東北九十里，在海中。形如覆船，因號覆船山，行人惡之，改爲金臺岡。」前人已指出宋無岡州縣，所以岡州縣三字是衍。〔註73〕不但此處有誤，廢岡州也不在信安縣，岡州原在新會縣，新會縣：「開元二十三年（735年），州廢，縣入廣州，遂移縣於廢州城。」新會新城即原岡州城。所以下文是樂史抄錄古代地志岡州條目，信安縣東北不是海，岡州東北九十里即新會東北九十里，即今順德城所在的山地，原爲海中山島。

貞觀二十三年（649年），洗夫人之孫馮盎卒。永徽元年，分高州爲高州、

〔註70〕《全唐詩》卷三百八十四，第4312頁。
〔註71〕《全唐詩》卷五百五十五，第6408頁。
〔註72〕譚其驤主編：《中國歷史地圖集》第五冊，中國地圖出版社，1982年，第70頁。
〔註73〕〔宋〕樂史撰、王文楚等點校：《太平寰宇記》，第3031頁。

恩州、潘州三州，但是高州治所移到西北內陸的良德縣，開元元年移到保寧縣，又移到良德縣，《太平寰宇記》卷一六一高州：「大曆十一年（776年）以良德縣川原險狹，不通舟楫，移州於電白縣。」有人以為電白縣臨海，〔註74〕其實此處指的是內河航運，唐代電白縣在今茂名東北，不在海邊。因為唐代高州有良德、電白、保寧三縣，《太平寰宇記》卷一六一電白縣說：「海水，在保寧縣界南十里，接恩州。」廢保定縣下又有巨海條說：「《南越志》：平定縣界東有巨海。」平定縣不見於史書，應是保定縣之訛，或是保定縣的古名。《舊唐書‧地理志四》高州：「保定，舊保安縣。至德二年（757年），改為保定。」《新唐書‧地理志七上》高州：「保寧。下。本連江，開元五年（717年）曰保安，至德二載更名。」這兩則說明保寧縣在海邊，東接恩州。高州臨海的境域極小，不可能在海邊還有一個電白縣。《隋書‧地理志下》高涼郡連江縣：「梁置連江郡。平陳，郡廢。梁又置梁封縣，開皇十八年改為義封。梁置南巴郡，平陳，郡廢為南巴縣。大業初，二縣並廢入。」說明南巴、連江緊鄰，《太平寰宇記》高州茂名縣：「廢南巴縣，在縣東一百里。」說明南巴縣在今電白縣，則連江縣即保寧縣也在附近，應在今電白縣東南，其東南是海。電白縣與陽西縣之間的儒洞河，很可能就是連江。因為這一帶海岸淤積，所以原來說海在保寧縣東，唐代說海已在縣南。

高州因為海上貿易而興，但是居然移到內陸，而且居於高州故地的恩州治所也遷往內陸。這無疑是唐朝為了分割馮盎三個兒子的權力，又把長子首州移到西北內陸，弱化馮氏的地位。不過唐代中期恩州的海上貿易仍然非常繁榮，州治也在唐昭宗大順二年（891年）遷回高涼故地。宋代的恩州仍然非常繁榮，今有宋代沉船南海一號出水，瓷器數萬件。開寶六年廢恩州恩平縣、杜陵縣，開寶五年廢潘州沿海的潘水、南巴縣，說明這一帶海岸衰落。

陽江近海，《太平寰宇記》陽江縣：「羅洲，在海口，迴環三百里，在縣西……此洲乃百姓魚鹽之地也……望海岡，在州南二里，其上見海。」有人據此說羅洲、望海岡是港口，〔註75〕毫無根據，原文不提港口。

劉恂《嶺表錄異》卷下：「每歲廣州常發銅船，過安南貿易，路經調黎（原注：地名，海心有山，阻東海濤險而急，亦黃河之西門也）深闊處或見十餘山，

〔註74〕魯西奇：《隋唐五代沿海港口與近海航路（下）》，《魏晉南北朝隋唐史資料》
　　　　第三十輯，第120頁。
〔註75〕魯西奇：《隋唐五代沿海港口與近海航路（下）》，《魏晉南北朝隋唐史資料》
　　　　第三十輯，第120頁。

－36－

或出或沒，篙工曰：非山島，鰍魚背也……交趾回人，多捨舟，取雷州緣岸而歸，不憚苦辛，蓋避海鰍之難也。」〔註76〕很多人在雷州登岸，因為徐聞縣東部海域比較危險，南宋吳自牧《夢粱錄》卷十二《江海船艦》說：「自古舟人云：去怕七洲，回怕崑崙。」七洲是今文昌東北的七洲列島，至今仍是無人居住的礁石。古代更是海船害怕的危險地帶，但是有人竟誤說此地是海港。〔註77〕《嶺外代答》卷一《三合流》：「海南四郡之西南，其大海曰交趾洋。中有三合流……南舶往來，必衝三流之中，得風一息，可濟。苟入險無風，舟不可出，必瓦解於三流之中。」〔註78〕徐聞縣東部的調黎一帶是全日潮、半日潮交界地，瓊州海峽從西向東的海流在七洲列島與南海的海流匯合，所以水流湍急。因為徐聞縣的航路日益衰落，所以徐聞縣竟在開寶五年（972年）廢縣，《輿地紀勝》卷一一八說南宋乾道六年（1170年）才復置徐聞縣。

徐聞縣博物館的石龜

〔註76〕〔唐〕劉恂著、魯迅校勘：《嶺表錄異》，第28～29頁。
〔註77〕魯西奇：《隋唐五代沿海港口與近海航路（下）》，《魏晉南北朝隋唐史資料》第三十輯，第128頁。
〔註78〕〔宋〕周去非著、楊武泉校注：《嶺外代答校注》，第36頁。

雷州西北海岸的椹川縣也在唐宋之際廢除，其北的羅州在北宋太平興國五年廢入化州，羅州西部石城、零綠、幹水三縣併入吳川縣，《太平寰宇記》卷一六七化州吳川縣廢羅州：「宋元嘉三年（426年），鎮南將軍檀道濟巡撫於陵羅江口築造此城，因置羅州。」幹水縣原名招義縣，又招義山：「在廢縣西北二里。《圖經》云：昔有譚氏招義，於此山聚會，以討儋耳，因此為名。」其實譚氏、檀道濟都是檀和之的訛誤，《宋書‧夷蠻傳》說元嘉二十三年（446年），使龍驤將軍、交州刺史檀和之攻陷林邑，《宋書‧文帝紀》說：「（元嘉）八年（431年）春正月庚寅，於交州復立珠崖郡。」漢代在海南島設珠崖、儋耳兩郡，但是漢元帝初元三年（前46年）罷廢，劉宋短暫恢復，說明羅州西海岸的招義縣是進軍海南島與林邑的航海要津。北宋廢除羅州與招義縣，因為其航海地位的衰落。

唐代海南島北部有瓊州、崖州，宋代合為瓊州，崖州在北部沿海，《太平寰宇記》卷一六九廢舊崖州：「去雷州徐聞縣隔一小海，相望見崖，春秋便風，一日早過。」崖州原治舍城縣：「北渡海，揚帆一日一夜，至雷州。」瓊州四至八到說：「如無西南風，無由渡海，卻回船，本州石鑊水口駐泊，侯次年中夏西南風至，方可行船。東南至大海一百七十一里。西北至舊崖州二百六十里。西南至舊振州四百五十里。」有人說石鑊是舍城之訛，〔註79〕其實字形不近，所以石鑊應是具體的港口小地名。

七、結論

綜上所述，唐代從江淮到福建、從江南到嶺南的航線非常通暢，但是很少看到從江淮到安南的直接航線。安南主要通過海路與嶺南往來，可能因為安南更加遙遠，氣候差異更大，陸路更加難行，漢人更少，所以要通過嶺南轉接。這是唐代廣州等地繁榮的原因之一，此時閩南尚未崛起，宋代泉州興起，取代了廣州的不少職能。交通對國家的統一至關重要，眾所周知，安南在唐宋之際從中國獨立出去。宋朝能統一南方，為何唯有安南不能統一呢？如果我們看到唐代安南與中原交通就不及嶺南與福建密切，就不難理解其歷史根源了。

另外，唐代華南與北方海域的航線較少，可能因為北方沿海經濟不太發

〔註79〕魯西奇：《隋唐五代沿海港口與近海航路（下）》，《魏晉南北朝隋唐史資料》第三十輯，第123頁。

達，而且來自南方的商船可以從海口直接進入揚州，再通過運河到中原，不必再走危險的海路。而且唐代的黃海的航線主要在近海，江蘇沿海多沙洲，所以用平底沙船，但是南方的福船是尖底，在江蘇近海沙洲極易擱淺，這也是唐代華南海船很少去山東的重要原因。顧況《蘇方》詩序：「蘇方，諷商胡舶舟運蘇方，歲發扶南、林邑，至齊國立盡。」此處齊國不知是否有誤，或釋爲山東，但是山東距離太遠，上一句還在說扶南、林邑，下一句忽然說到山東，甚爲突兀，所以只能存疑。因爲華南海船很少去江浙以北，所以唐代阿拉伯人記載的四大海港有三個在華南，最北的一個是揚州。

不過還要說明的是，唐代因爲揚州的崛起導致南北航線在揚州轉接，不能說明此前不存在南北海域的航線。東晉孫恩部眾往來山東與浙東，盧循又率餘部佔領嶺南，說明南北海域早有航線。有人說後梁才開闢南北海域之間的航路，理由是《舊五代史・司馬鄴傳》說後梁開平三年（909年）遣司馬鄴使吳越，從番禺到吳越，再到山東，因爲要避開楊吳，所以：「過者不敢循岸，必高帆遠引海中，謂之入陽，以故多損敗。鄴在海逾年，漂至耽羅國，一行俱溺。」入陽應是入洋之訛，耽羅國即今濟州島。其實這是戰爭時期的特殊狀態，而且是在吳越停留很久再換船北行，也不是直航。我已有文章考證，南唐和契丹往來，是從最北部的鷹遊山（今連雲港市東西連島）出發。〔註80〕

其實直到南宋，還不存在從北方到南海的直航，因爲《建炎以來繫年要錄》卷六八紹興三年（1133年）九月乙卯記：

> 初僞齊侍御史盧載揚上議，陳結南蠻、擾川廣之策，大略謂：今宋朝播遷，假息吳越，西失關陝之重兵，東絕齊魯之徭賦，荊湖屯大寇，江浙防勁敵，固已顛沛矣。然而川廣交通，寶貨雜沓，有金銀茶馬之貢，香鬱繒錦之利，資其雄富，未易殞越，爲今之計，莫若列其利害，表於大金，大具海舶，各遣一介之使，南通交址，結連溪洞，講智高之舊策，約二廣以分王，侵掠其地，俾財賦不入於二浙，將窮且迫，雖不加討，亦必魚爛而亡矣。（劉）豫大悅，是日遣通判齊州傅維永及募進士宋囦等五十餘人，自登州泛海入交址，冊交址郡王李陽煥爲廣王，且結連諸溪洞首長，金主遣使毛覲祿等二十餘人偕行。此據張孝純書增入，計未必達

〔註80〕周運中：《南唐北通契丹之墨油港考》，《國家航海》第 17 輯，上海古籍出版社，2016 年。

也，姑附見。〔註81〕

　　僞齊劉豫想從登州入海，直航交趾，但是李心傳說不可能到達，因爲航程太遠，不可能繞過南宋。南宋尚且不能從北洋直航南洋，五代更不可能。

　　所以唐代中國東南的近海長程航線，以江浙與福建、廣東之間的航線最爲繁盛，是主要的航線。而廣東與安南的航線、江浙與北方的航線是次要航線，是東南主航線再向南北兩端的延伸。國內主航線與海外航線也有關係，唐代前期中國與日本的交通經過朝鮮半島與山東半島，中晚唐則轉而從江浙、福建直航。所以江浙、福建逐漸成爲中國乃至東亞的航運樞紐，爲宋代的經濟重心轉移到江浙、福建奠定了基礎。

山東蓬萊的小海

〔註81〕〔宋〕李心傳撰、胡坤點校：《建炎以來繫年要錄》，北京：中華書局，2013年，第1324～1325頁。

隋唐五代北方海港與近海航路新考

　　過去對中國海港史的研究側重於中國南方，關於中國北方海港史的研究較少。隋唐五代中國海港史的研究中，出現了不少問題。比如魯西奇把蘇州、秀州、越州、明州、台州、溫州、福州、漳州、潮州、恩州、高州、廉州、安南、崖州的諸多海港的位置都考證錯了，〔註1〕我已發表文章糾正。〔註2〕魯西奇另一篇考證隋唐五代北方海港的文章（以下魯文），〔註3〕錯誤的地方也很多，考錯的地方包括龜欽島、末島、沙門島、大人城、福島、卑沙城、南蘇城、蓋牟城、葫蘆島、桃花島、烏骨江、三會海口、白潮鎮、白水、漣水等，本文一一予以糾正。並補充考證前人未曾注意或未能考出的一些港口，比如軍糧城、章武、千童、橋籠鎮等。

一、廟島群島和山東半島海港

　　中國北方兩大半島山東半島與遼東半島之間有廟島群島聯結，所以上古聯繫就很密切。從遼東半島沿海可到朝鮮半島，《新唐書·地理志七》首次詳細記載此路：

> 登州東北海行，過大謝島、龜、歆島、末島、烏湖島三百里。
> 北渡烏湖海，至馬石山，東之都里鎮二百里。東傍海壖，過青泥浦、

〔註1〕魯西奇：《隋唐五代沿海港口與近海航路（下）》，《魏晉南北朝隋唐史資料》第三十輯，上海古籍出版社2014年，第80～136頁。

〔註2〕周運中：《唐代東南近海長程航線與海港新考》，《絲路文化研究》第二輯，北京：商務印書館，2017年，第83～100頁。

〔註3〕魯西奇：《隋唐五代時期北方沿海港口與近海航路》，鄭永常主編《東亞海域網絡與港市社會》，臺北：里仁書局，2015年，第257～309頁。

桃花浦、杏花浦、石人汪、橐駝灣、烏骨江八百里。乃南傍海壖，
過烏牧島、貝江口、椒島，得新羅西北之長口鎮。又過秦王石橋、
麻田島、古寺島、得物島，千里至鴨淥江唐恩浦口。乃東南陸行，
七百里至新羅王城。自鴨淥江口舟行百餘里，乃小舫溯流東北三十
里至泊汋口，得渤海之境。

魯文說龜歆島是今大欽、小欽島，末島是今廟島，又說宋代的沙門島是
今大黑山島。今按此三說完全錯誤，而且無視前人的很多研究成果。龜島、
歆島顯然不是一個島，而是兩個島，嚴耕望早已指出龜島在宋代稱爲黿磯島，
即今砣磯島，黿和砣同音，龜是黿之形訛。歆島是其北的大欽島，歆、欽讀
音接近。末島是小欽島，即明代人所說的木島，末、木讀音接近。烏湖島是
今南隍城島，唐代置烏湖戍，《太平寰宇記》蓬萊縣：「烏湖戍在縣北二百六
十里，置烏湖島上。貞觀二十年，爲伐東夷，當要路，遂置爲鎮，至永徽元
年廢。」〔註4〕

譚其驤主編《中國歷史地圖集》第五冊唐代圖幅的廟島群島的地名標注
和嚴耕望的觀點一致，〔註5〕我認爲這兩種觀點正確，而魯文錯誤。砣磯島和
大小欽島顯然不可能是一個島，因爲砣磯島和大欽島之間是寬闊的渤海海
峽，不可能合稱爲一個島。

因爲末、木的古音都是入聲 mok，所以末島是木島，而廟的古音不是入
聲，所以末島不可能是廟島。膠東因爲地處半島，又多丘陵，交通不便，歷
史上的戰爭較少，所以至今膠東方言比中原話保留了很多古老的發音，末島
的名字以木島而在明清時期長期留存。廟島在廟島群島的南部，而末島顯然
在北部，位置也完全不符合。

沙門島也不是大黑山島，因爲《太平寰宇記》卷二十登州蓬萊縣說：「沙
門島，在縣北海中五十里……大謝戍在縣北海中三十里，周回百二十步。亦
唐太宗征高麗時，與烏湖戍同時置。」趙良嗣《燕雲奉使錄》：「三月二十六
日自登州泛海，由小謝、駝基、末島、棋子灘、東城會口、皮囤島，四月十
四日抵蘇州關下。」魯文也承認大謝島是今南長山島，小謝島是今北長山島，

〔註4〕 嚴耕望：《唐代交通圖考》第六冊，上海古籍出版社，2007 年，第 2030～
2033 頁。

〔註5〕 譚其驤主編：《中國歷史地圖集》第五冊，中國地圖出版社，1982 年，第
45 頁。

則沙門島顯然是今廟島而非大黑山島。從地圖可以看出，蓬萊縣城到廟島的距離正是五十里，如果是到大黑山島則有七十里。沙門即僧人，廟島的名字就是源自沙門島。廟島靠近主航路，而大黑山島偏離航路。

金代王寂《鴨江行部志》說：「遼之蘇州，今改爲化成縣。相傳隋唐之伐高麗，兵糧戰艦，亦自此來。南去百里，有山曰鐵山，常屯甲七千人，以防海路。每夕平安火報，自此始焉。西南水行五百餘里，有山曰紅娘子島，島上夜聞雞犬之聲，乃登萊沿海之居民也。」前人已指出，紅娘子島在長山群島（廟島群島）中。〔註6〕紅娘子島在鐵山（大連老鐵山）西南五百多里，靠近登州（今蓬萊），很可能是廟島。當時的廟島供奉的還是本地的女海神紅娘子，而不是後世從南方北傳的媽祖。

唐代黃縣（今龍口市）大人城是重要海港，《冊府元龜》卷四九八：「太宗貞觀十七年，時征遼東，先遣太常卿韋挺於河北諸州，徵軍糧，貯於營州。又令太僕少卿蕭銳，於河南道諸州，轉糧入海。至十八年八月，銳奏稱，海中古大人城，西去黃縣二十三里，北至高麗四百七十里。地多甜水，山島接連。貯納軍糧此，爲尤便。詔從之，於是自河南道運轉米糧，水陸相繼，渡海軍糧，皆貯此。」大人城向西到黃縣二十三里，則是在黃縣東北二十三里，而魯文誤以爲在黃縣之西二十三里的龍口港。

其實魯文沒有引用唐代李吉甫《元和郡縣圖志》，此書卷十一登州黃縣明確說：「大人故城，在縣北二十里，司馬宣王伐遼東，造此城，運糧船從此入，今新羅、百濟往還常由於此……海濱祠，在縣北二十四里大人城上。」顯然大人城在黃縣的東北，《新唐書·地理志》記載蓬萊縣城到馬石山東的都里鎮（在今大連）有五百里，而大人城到高麗界僅有四百七十里，則大人城不會離蓬萊縣城太遠。大人城東北不遠就是蓬萊縣城，貞觀八年（634年）在今蓬萊縣城設蓬萊鎮，神龍三年（707年）升爲蓬萊縣，所以大人城和蓬萊縣是在海運軍糧的過程中整體興起。

萊州有芙蓉島，唐代李吉甫《元和郡縣圖志》掖縣的浮游島，魯文認爲是南宋的福島，《建炎以來繫年要錄》記載南宋初年：「有滄州人李齊，聚衆沙門島，密州人徐文，聚衆靈山寺，萊州人范溫，聚衆福島，會河北忠義人，護送宗室士幹，泛海南歸。」我認爲魯文之說不確，這個福島在古代的萊州

〔註6〕賈敬顏：《五代宋金元人邊疆行記十三種疏證稿》，北京：中華書局，2004年，第206～208頁。

以南海域而非萊州的西北，在今青島的東南，今仍名大福島。靈山寺即今青島西南的靈山島，寺是嶼的訛寫，今中國東南諸多方言的嶼讀音仍然接近寺。今蘇州文廟保存的南宋碑刻《地理圖》，在牢山（嶗山）的東南畫出佛島，即福島。我曾經考證《海道經》記載元明時期江南漕糧北運航路，雖然在明代最終成書，但祖本是元代的航海圖書，〔註7〕《海道經》說：「經過膠州、海門、浮山、牢山、福島等處。」這個福島就是牢山（嶗山）東南的大福島，明代朝鮮人根據元代中國地圖繪製的《混一疆里歷代國都之圖》也標出了福島。

南宋《地理圖》、明代《混一疆里歷代國都之圖》的福島附近

二、遼寧海港

遼東的卑沙城（卑奢、卑涉）是隋、唐東征高麗的海路要衝，《隋書》卷六四《來護兒傳》記隋煬帝征高麗，大業十年（614年）：「又帥師度海，至卑奢城，高麗舉國來戰，護兒大破之，斬首千餘級，將趣平壤。高元震懼，遣使執叛臣斛斯政，詣遼東城下，上表請降。帝許之，遣人持節詔護兒旋師。」《舊唐書》卷六九《張亮傳》記唐太宗貞觀十九年（645年）征高麗：「以亮爲滄海道行軍大總管，管率舟師。自東萊渡海，襲沙卑城，破之，俘男女數

〔註7〕周運中：《〈海道經〉源流考》，《海交史研究》2007年第1期。

千口，進兵頓於建安城下。」《冊府元龜》卷四二〇記載：「張亮爲滄海道行軍大總管，從太宗征高麗，與亞將程名振拔卑沙城。其城四面懸絕，惟西門有攻取之勢。名振督軍夜襲之，副總管王文度先登，士卒繼進，城中潰散，虜其男女八千口。」

魯文以爲卑沙城在今大石橋市西北的耀州村，理由是《遼史》卷三八《地理志二》海州：「南海軍，節度。本沃沮國地。高麗爲沙卑城，唐李世勣嘗攻焉。渤海號南京南海府……太平中，大延琳叛，南海城堅守，經歲不下，別部酋長皆被擒乃降。因盡徙其人於上京，置遷遼縣。」我以爲耀州說不確，渤海國的南海府在今朝鮮東部的咸興，沙卑是卑沙之誤。《遼史》敘述有歧義，如果《遼史》指卑沙在今朝鮮咸興，顯然不可能。如果指卑沙城在海州，則在今遼寧海城而非耀州村，遼朝的耀州在今耀州村。但海州（今海城）、耀州都在建安城（今蓋州）之北，而卑沙城在建安城之南，可見《遼史‧地理志》所說不確，《遼史》誤寫卑沙爲沙卑，可見其追溯沿革也未必可信。

譚其驤主編《中國歷史地圖集》定卑沙城在金縣（今金州）大黑山山城，理由是《遼東志》卷一：「金州城東十五里，山頂有古城，在鳳凰山之左。方約二里，內有二井，四面懸絕，惟南一門可上。不知何代壘砌，唐張亮帥舟師渡海，攻沙卑城……意即此。」〔註8〕此城在蓋州之南，又在海路，確實很有可能是卑沙城。但是此說也不是很確定，因爲唐代人說卑沙城唯有西門可上，而此城唯有南門可上。而且此處距離平壤似乎太遠，不能使高麗國王想要投降。或許卑沙城在大連以東，位置難以確定。如果解釋爲西南門，則也有可能是金州的大黑山城。或許向東到平壤，缺乏城防，所以高麗國王害怕。

遼朝在今大連設蘇州，《遼史‧地理志》：「本高麗南蘇，興宗置州。」魯文眞以爲蘇州是高麗的南蘇城，其實前人已經考明南蘇城在今撫順。〔註9〕大概因爲契丹人遷徙原南蘇城人到此，所以《遼史》所述沿革不可輕信。

遼在今蓋州設辰州，《遼史‧地理志》：「本高麗蓋牟城。唐太宗會李世勣攻破蓋牟城，即此。渤海改爲蓋州，又改辰州，以辰韓得名。」魯文眞以爲

〔註8〕 張錫彤、王鍾翰、賈敬顏、郭毅生、陳連開等：《〈中國歷史地圖集〉釋文匯編‧東北卷》，中央民族學院出版社，1988 年，第 64 頁。

〔註9〕 張錫彤、王鍾翰、賈敬顏、郭毅生、陳連開等：《〈中國歷史地圖集〉釋文匯編‧東北卷》，第 24 頁。

是高麗的蓋牟城，其實前人已經考明蓋牟城在今撫順。〔註10〕由此可見，《遼史》追溯各地多有錯誤，不能輕信。《中國歷史地圖集》東北部分的編繪者們早已發現《遼史》不可信，並有新的考釋，今人不能無視這些研究成果而仍然輕信《遼史》的錯誤說法。

今遼寧葫蘆島，魯文說即《遼史·地理志》錦州的淘河島，魯文說淘河島之名源自漢代在今錦州的徒河縣，葫蘆島之名源自漢代在今北鎮的無慮縣。我認為此說不確，錦州、北鎮距離太遠，而且徒河、無慮兩縣在魏晉南北朝時期已經裁撤，隋唐五代時期早已不用這兩個地名，不可能影響到葫蘆島的命名。其實淘河是鵜鶘的別名，淘河島的名字或許源自鵜鶘。因為鵜鶘的嘴很大，到水中捕魚像在淘河，故名淘河。鵜鶘是根據淘河近似讀音造出的形聲字，鵜鶘在中國原來分布很廣，《莊子·外物》：「魚不畏網而畏鵜鶘。」說明中國古人很早就熟悉鵜鶘。葫蘆島的名字源自其形狀類似葫蘆，從今天的地圖上可以看出葫蘆島最東部的海岬確實類似葫蘆形，兩頭大，中間細。

興城海岸有桃花島，《金史·地理志》興中府興城縣：「有桃花島。」魯文說桃花島就是菊花島，我以為不確，因為魯文引《遼東志·地理志》寧遠衛說桃花島：「在海岸，城東十五里，登萊海運船灣泊於此。」則桃花島距離寧遠（今興城）僅有十五里，不可能是菊花島，菊花島超過二十里，《遼東志·地理志》寧遠衛明確說：「覺華島，城東南二十里海中。」覺華島即今菊花島，又說葫蘆島在四十里外。南宋蘇州文廟《地理圖》的淘河山在龍宮寺所在海島之北，不畫桃花島。桃花、淘河讀音接近，但是淘河島不是桃花島，因為《金史》說興城縣改屬錦州，遼東興城不屬錦州，所以遼代錦州的淘河島不是金代興城的桃花島，二者距離三十多里。

北宋《武經總要》建州：「嗣王繼位（契丹號穆宗），三關之地復為周世宗所取，時江南諸國欲牽制中原，遣使齎金幣泛海至契丹國，乞出師南牧，卒不能用其謀。入蕃人使舟楫水師，悉留之建州、雙州、霸州並置營居之，號通吳軍。」魯文認為錦州城外的淘河島、覺華島等處或即江南水師靠岸之所，我認為此說不確，因為建州、霸州在今大凌河上游，西北通往契丹都城。江南水師來契丹，可以直接從遼東灣東岸向北進入錦州港，再到大凌河上游，

〔註10〕張錫彤、王鍾翰、賈敬顏、郭毅生、陳連開等：《〈中國歷史地圖集〉釋文匯編·東北卷》，第67頁。

不必再向西去淘河島、覺華島。淘河島（葫蘆島）在早期不是重要港口，明清時期仍然比較荒涼，近代才正式建港。陸游《南唐書》卷一八記載南唐的使者六月乘船離開南唐境內的礐油港（今連雲港東西連島），七月到契丹的鎮東關，因為遼河口的沼澤不通，次年正月才到幽州（今北京）。〔註11〕鎮東關應在遼東，說明南唐的海船先到遼東，甚至根本不必到錦州。

從山東到高麗的航路中，烏骨江口是一個關鍵地名，因為從此開始轉向南行，而且烏骨江之名與唐代征高麗所經的烏骨城有關。前人說烏骨江是靉河，烏骨城是今鳳城市東南十里的鳳凰山古城，〔註12〕魯文認為是今東港的大東港，我以為此二說都不確，理由有以下五點：

1. 唐代記載從登州到都里鎮（今旅順）五百里，再到烏骨江八百里，而從旅順到鴨綠江的距離是登州到旅順距離的三倍，所以烏骨江不可能遠到鴨綠江之北的靉河。

2. 靉河是鴨綠江的支流，要到此地，必須先進入鴨綠江，而進入鴨綠江的行程是去渤海的行程。《新唐書》先說到新羅的路程，再說到渤海的路程，不可能混亂，所以烏骨江不可能是靉河。

3. 《新唐書》在登州海行入高麗、渤海道之前的營州入安東道下說遼東都護府：「府，故漢襄平城也。東南至平壤城八百里。」襄平、遼東在今遼陽，而唐代張楚金《翰苑》雍公叡注引《高麗記》說：「焉骨山在國西北，夷言屋山，在平壤西北七百里。」焉骨山，前人一般認為即烏骨山。如果烏骨城在鳳凰山，則遼陽到平壤必經鳳凰山城，但是從遼陽到鳳凰山城已有三分之一路程，所以烏骨城如在此處，不可能到平壤還有七百里。

4. 前引《高麗記》又說：「東西二嶺，壁立千仞，自足至巔，皆是蒼石，遠望巉岩，狀類荊門三峽。其上別無草木，唯生青松，擢干雲表。高麗於南北峽口，斷築為城，此即夷藩樞要之所也。」今鳳凰山突兀在平原上，不在高山峽谷，所以烏骨城不在此處。

5. 張亮在卑沙城（在今金州），唐軍想會合在安市，再攻打烏骨城，則烏骨城距離卑沙城不遠。如果烏骨城在今鳳凰山，則張亮應從遼東沿海直接進

〔註11〕周運中：《南唐北通契丹之礐油港考》，《國家航海》第十七輯，上海古籍出版社，2016年，第184～191頁。

〔註12〕張錫彤、王鍾翰、賈敬顏、郭毅生、陳連開等著：《〈中國歷史地圖集〉釋文匯編·東北卷》，第70頁。

攻烏骨城，而不必先到安市，再到烏骨，那樣繞道太遠。貞觀二十二年（648年），唐朝再攻高麗，從登州出發的海軍就是直接從遼東海岸攻入鴨綠江。

綜合以上五點，烏骨江不可能是鴨綠江的支流靉河，烏骨城不可能是今鳳凰山古城。烏骨江要靠烏骨城確定，《新唐書‧東夷傳》說唐太宗想先攻建安（在今蓋州東北青石關古城），李勣說：「不然，積糧遼東，而西擊建安，賊將梗我歸路，不如先攻安市。」唐軍攻安市城（今海城）不下，群臣建議唐太宗直接進攻烏骨城，度過鴨綠江，又說張亮的軍隊從登州海路到遼東，正在卑沙城（在今金州），可以一夕會合。但是長孫無忌說：「安市眾十萬在吾後，不如先破之，乃驅而南，萬全勢也。」

建安在遼東（今遼陽）西南，但是古人說在西。長孫無忌說先攻下安市，再往南進，說明烏骨在安市之南，實際在東南。從海城到鴨綠江，必須先經過岫岩縣，烏骨城應在岫岩縣。烏骨城在今岫岩，則在大洋河流域，則烏骨江是大洋河，從旅順到大洋河口的距離，按照登州到旅順的五百里推算，正是八百里。從烏骨城到平壤有七百里，從遼東城（今遼陽）到平壤有八百里，則烏骨城必須在今岫岩縣，才能吻合。如果烏骨城在今鳳城，則遼東城（今遼陽）到烏骨城遠遠超過一百里。

岫岩縣北部多山，烏骨城建在山頂峽谷，應在岫岩縣北部。因為岫岩靠近金州，所以張亮可以先到安市，再攻烏骨。岫岩縣北有遼寧四大名山之一的藥山，恰好在大洋河的源頭。我以為藥山正是烏骨山，因為藥的中古音是iak，接近烏骨的讀音 o-ku 和屋的讀音 ok。藥山有四頂，其中之一是古城頂，山頂有古城，很可能是烏骨城。

此處在岫岩、遼陽、鳳城交界高山，扼守要道。如果攻下烏骨城，則從岫岩東南可以直通鴨綠江口，不必再走鳳凰山，所以烏骨城在藥山古城頂，烏骨江是大洋河。航路經過大洋河口，不久即轉向東南，古人稱為南方。烏骨江（大洋河）的入海口在今東港的西部，入海口有大孤山等丘陵，適合停船。烏骨江（大洋河）是遼寧省南部除鴨綠江以外的最大河流，上游通往遼東山地，其入海口自然非常成為重要的貿易港。

馬石山即今旅順的鐵山，都里鎮在今旅順，今旅順黃金山有唐開元二年（714年）鴻臚井石刻：「敕持節宣勞靺鞨使、鴻臚卿崔忻井兩口，開元二年五月十八日造。」原石刻在清末即被日本人掠奪到日本宮內省，現在旅順博物館所藏的石刻是複製品。

旅順博物館複製唐代鴻臚井石刻

三、海河口的海港

　　魯文說幽州、薊州的海港是《通典》卷一七八漁陽郡（治今薊縣）南一百八十里的三會海口，在金代的直沽寨（今天津市）或其上游，是鮑丘水（潞水）、桑乾水、巨馬水的交會處，也即三合鎮，《新唐書》卷四三下《地理志七下》昌州：「貞觀二年，以松漠部落置。僑置營州之靜蕃戍，七年徙於三合鎮，後治安次之故常道城。」故常道城在今安次縣西。

　　我以為此說不確，薊縣之南一百八十里，在地圖上可以測量出是今寧河縣西的七里海，七里海原來是潟湖，現在成為內陸湖。此處雖然可以稱為海口，但未必是海港，因為泥沙淤積，其外有多條貝殼堤，海船未必能開進來。七里海既不在直沽寨（今天津市）附近，也不是鮑丘水（潞水）、桑乾水、巨馬水交會處，更不是三合鎮，因為《太平寰宇記》卷七一說昌州：「萬歲通天

二年，遷於青州安置，神龍初還隸幽州。」又說昌州唯一的龍山縣：「七年移治於三合鎮，營州陷契丹，乃遷於安次縣古常道城。」說明昌州治三合鎮時，很可能是在營州陷入契丹之前，則三合鎮很可能在營州，也即在今遼寧朝陽一帶，距離太遠。三合鎮是常見的地名通名，未必是在鮑丘水（潞水）、桑乾水、巨馬水交會處。這三條河的交匯處在今天津市區，金代設直沽寨，如果唐代在這裡曾經設過一個三合鎮，為何後世天津的地方志都不提此事？

我認為唐代海河口的真正海港在今天津市東麗區的軍糧城，據考古資料，這個古城東距貝殼堤 500 米，建在土臺上，南北長 320 米，東西寬 250米，現存三面城垣。遺址採集到具有唐初特徵的青瓷碗 7 件，還有三彩缽、青瓷盤等。發掘簡報認為和唐代前期的海上漕運有關，緊鄰軍糧城的劉臺村有唐墓，還有唐代遺址，面積 1500 平方米。其南不遠的務本村有漢代城址，東西長 300 米，南北寬 170 米。採集到雲紋瓦當、筒瓦、板瓦與諸多陶器，前人認為很可能是《水經注》記載的漂榆邑。務本村還有漢代遺址，其東的西南蛪村建在貝殼堤上，有漢代千秋萬世銘文雲紋瓦當、王門大吉銘文瓦當，還有魏晉青瓷罐、青瓷勺、唐代早期白釉瓷碗等。〔註13〕

我認為軍糧城很可能是征高麗運糧的海港，唐代征高麗的規模很大，需要很多海港運糧。務本城很可能是漂榆邑，《水經注》卷九《清水》：「清河又東，逕漂榆邑故城南，俗謂之角飛城。《趙記》云：石勒使王述煮鹽於角飛，即城異名矣。《魏土地記》曰：高城縣東北一百里，北盡漂榆，東臨巨海，民咸煮海水，藉鹽為業。即此城也。清河自是入於海。」有人懷疑漂榆邑的規模不大，我認為其實漂榆邑可以看作一個鹽官城，規模未必很大。唐代的軍糧城在漢代的務本城之北不遠，這是因為魏晉時期的海平面普遍上升，所以魏晉時期的聚落轉移到貝殼堤上的西南蛪村。漢代的漂榆邑主要是鹽業城市，或許也有海港的功能，隋唐才轉變為重要海港。

魏晉時期海平面普遍上升的證據很多，前人已有一些研究，本文不再贅述。在今天津境內，還有一個證據。即漢代的泉州縣城，隋唐時期不再是縣治。泉州縣城在今武清縣西南的城上村，〔註14〕其北緊鄰茨洲村，茨洲和泉州讀音接近，或許有關，都是表示沙洲。漢代在泉州縣之北有雍奴縣，雍奴

〔註13〕天津歷史博物館考古部：《天津軍糧城海口漢唐遺跡調查》，《考古》1993年第2期。國家文物局主編：《中國文物地圖集‧天津分冊》，中國大百科全書出版社，2002年，圖第76～77頁、文字第75～76頁。

〔註14〕國家文物局主編：《中國文物地圖集‧天津分冊》，圖第89頁、文字第97頁。

縣城在今武清縣西北的蘭城村，發現有千秋萬歲、大樂昌富瓦當，有的陶片上有七年、廿五年等戳印，發現漢代水井兩口。〔註15〕唐代仍有雍奴縣，天寶初改名武清縣。雍奴城東南是一個巨大的潟湖，《水經注》卷十四《鮑丘水》末尾說巨梁河：「亂流入於鮑邱水。自是水之南，南極滹沱，西至泉州、雍奴，東極於海，謂之雍奴藪。其澤野有九十九澱，枝流條分，往往逕通，非惟梁河，鮑邱歸海者也。」可見泉州縣城在沙洲上，因為海平面上升而衰亡。或說武清縣的大樏子東漢古城、大宮城古城是雍奴縣城，〔註16〕我以為位置偏南，而且太靠近泉州縣城，不像是雍奴縣城。

從《中國文物地圖集》可以看出，天津市的津南區有很多戰國時期遺址，漢代就消失了，無疑也是因為西漢時期的海侵。這些遺址的面積不大，可能是戰國時期的製鹽聚落。如果不是因為西漢的海侵，隨著西漢人口的增長，這些聚落不會普遍消失。

四、章武、千童

魯文不提章武，其實章武在戰國時期已經是重要沿海城市，《山海經·海內東經》附錄的一篇上古《水經》說：「虖沱水出晉陽城南，而西至陽曲北，而東注渤海，入越章武北。漳水出山陽東，東注渤海，入章武南。」周振鶴師認為此篇是秦代的《水經》，我認為源自戰國，我別有文論證。越是趙之形訛，說明章武屬趙。其北是滹沱河口，其南是漳河口。

漢代有章武縣，西晉立章武郡，《水經注》卷九《清水》：「浮瀆又東北，逕漢武帝望海臺，又東注於海……清河又東，分為二水，枝津右出焉。東逕漢武帝故臺北。《魏土地記》曰：章武縣東一百里，有武帝臺。南北有二臺。相去六十里，基高六十丈，俗云，漢武帝東巡海上所築。又東注於海。」

今黃驊西南常郭鎮故縣村有漢代到宋元時期的城址，東西 285 米，南北 220 米，前人推測是章武古城。〔註17〕我認為漢武帝北臺，應在今天津大港區南部的太平鎮，南臺在今黃驊東南，相距正是六十里。譚其驤主編《中國歷史地圖集》的漢武帝望海北臺、南臺距離太近，〔註18〕不足六十里，而且兩

〔註15〕國家文物局主編：《中國文物地圖集·天津分冊》，圖第88頁、文字第96頁。
〔註16〕國家文物局主編：《中國文物地圖集·天津分冊》，文字第97～98頁。
〔註17〕國家文物局主編：《中國文物地圖集·河北分冊》，文物出版社，2013年，上冊第352頁、下冊第654頁。
〔註18〕譚其驤主編：《中國歷史地圖集》第四冊，中國地圖出版社，1982年，第51頁。

個臺的位置都偏南了，應該更靠北。漢武帝也模仿秦始皇，派很多方士出海尋仙，所以望海臺很可能也是沿海重要海港。太平鎮東北部有三個戰國遺址和一個戰國墓群，西南部的翟莊子遺址從戰國延續到漢代，竇莊子有漢、隋墓群，出土了北魏青銅佛像 12 尊，刻有延興、永平年號和章武地名。說明在西漢海侵時，太平鎮東北部塌陷，而西南部的聚落延續到隋代。太平鎮兩個遺址群中間的空地，很可能是酈道元所說的清河支流，也即上古的滹沱河下游泛濫故道。河道之南的漢武帝望海北臺很可能在今竇莊、翟莊一帶，未被海侵沖毀。

漢武帝望海南臺很可能在今黃驊東南，黃驊沿海的漢代遺址以黃驊東南部最密集，〔註 19〕恰好在章武城的正東。黃驊東南部的漢代遺址中，大馬莊有漢代古城，前人推測是漢代柳侯國。其中海豐鎮遺址面積 50 萬平方米，不僅最大，而且位居沿海的三個遺址中間，我認為很可能是望海南臺所在。海豐鎮之名，一般認為始於金代，但其前身很可能是從漢代延續下來的海港，只不過是在金代又有較多記載。這一片遺址還應包括在今海興縣東部的小山北遺址、小山西遺址，附近有多座漢墓。〔註 20〕

章武曾經是海港，《晉書》卷一二五《馮跋載記》：

> 河間人諸匡言於跋曰：「陛下至德應期，龍飛東夏，舊邦宗族，傾首朝陽，以日為歲。若聽臣往迎，致之不遠。」跋曰：「隔絕殊域，阻回數千，將何可致也？」匡曰：「章武郡臨海，船路甚通，出於遼西臨渝，不為難也。」跋許之，署匡游擊將軍、中書侍郎，厚加資遣。匡尋與跋從兄買、從弟睹自長樂率五千餘戶來奔，署買為衛尉，封城陽伯，睹為太常、高城伯。

馮跋是長樂信都縣人，他的宗族從章武向北航海到臨渝縣（今秦皇島），說明此前章武的海路就很通暢。

章武縣在北朝衰落，《魏書》卷一百六《地形志上》瀛洲章武郡平舒縣有章武城，又有西章武縣：「正光中，分滄州章武置，有章武城。」滄州浮陽郡又有章武縣：「二漢屬渤海，晉屬章武，後屬，治章武城。有漢武帝臺，漳水入海。」西章武縣，北齊省，隋代置魯城縣。唐代李吉甫《元和郡縣圖志》

〔註 19〕 國家文物局主編：《中國文物地圖集·河北分冊》，上冊第 353 頁、下冊第 654 頁。

〔註 20〕 國家文物局主編：《中國文物地圖集·河北分冊》，上冊第 347 頁、下冊第 646 ～647 頁。

卷十八滄州魯城縣：「本漢章武縣……高齊省，隋開皇十六年於此置魯城縣。」《太平寰宇記》清池縣下的廢乾符縣說：「本漢章武縣地……隋開皇十六年又於西章武縣故城置魯城縣……乾符元年，縣東北有野稻、水穀，連接二千餘頃，東西七十里，南北五十里，北至燕、南及魏，悉來掃拾，俗稱聖米，甚救濟民，至二年敕改爲乾符縣。周顯德二年，併入清池縣。」乾符縣（魯城縣）在今黃驊之北的乾符村，原章武縣城也在北朝省併，應在其東南。

章武衰落的原因主要是因爲曹操開鑿平虜渠，使原來東流到章武南北的漳水、滹沱河北流到天津，章武缺乏淡水，容易受到海侵。唐代晚期，章武東北部即今大港區的海平面下降，出現很多野稻，正說明唐代前期是鹽鹼地。這種野稻或許耐鹽鹼，總之不是人爲開墾的稻田。因爲此地鹽鹼化，人口減少，所以後周省併了乾符縣。

西漢千童縣在今鹽山縣南，《太平寰宇記》卷六五滄州無棣縣：「千童城，秦始皇遣徐福將童男女千人入海，求蓬萊不死之藥，置此城以居，漢曾爲縣。」此城未必是徐福出海港，但之所以有此傳說，因爲地處無棣溝口，正是黃河原來入海口，《山海經‧西次三經》崑崙山說：「河水出焉，而南流東注於無達。」我已論證，無達即無棣，達、棣的上古音都是定母月部，雙聲疊韻，無棣恰好在黃河口。漳河在章武之南入海，則黃河在其更南的無棣溝入海。〔註21〕

千童附近還有饒安城，戰國時期在齊國、趙國之交，《史記‧趙世家》記載趙悼襄王二年，趙取齊之饒安。《元和郡縣圖志》卷十八滄州饒安縣：「本漢千童縣，即秦千童城，始皇遣徐福將童男女千人入海求蓬萊，置此城以居之，故名。漢以爲縣，屬渤海郡。靈帝置饒安縣，以其地豐饒，可以安人。」《太平寰宇記》滄州饒安縣：「本漢千童縣，屬渤海郡。後漢改爲饒安縣，隋因之。唐武德元年移治故千童城，仍移州治於此。六年，州移胡蘇。貞觀十二年，縣治故浮水城，即今理。」東漢不設千童城，漢靈帝重設饒安縣，唐代一度移到千童城。饒安原是齊地，可以證明其北的章武屬趙。趙國是東遷到河北，所以章武是趙國攻佔燕、齊之間所得地。趙國攻佔此地，主要是爲了產鹽。

戰國末年，今靜海、大港區的北部是一片潟湖，至今未發現戰國秦漢遺址，所以《史記‧秦始皇本紀》說：「二十六年，齊王建與其相后勝發兵守其西界，不通秦。秦使將軍王賁從燕南攻齊，得齊王建。」秦軍能迅速從燕國

〔註21〕周運中：《〈山海經〉崑崙山位置新考》，《中國歷史地理論叢》2008年第2期。

南部海岸攻入齊國，就是經過這片荒無人煙的潟湖地帶。因為這裡遍布泥濘，所以齊國竟然不派兵駐守。

千童城南的無棣溝，也是在唐代淤塞，魯文引《舊唐書》卷四九《食貨志下》說：「永徽元年，薛大鼎為滄州刺史，界內有無棣河，隋末壇廢。大鼎奏開之，引魚鹽於海。百姓歌之曰，新河得通舟楫利，直達滄海魚鹽至。」魯文據此認為無棣縣也是海港，我認為這條記載正說明從隋代到唐高宗時期的無棣溝長期淤塞，這次開鑿可能也不解決泥沙淤積的根本問題，無棣縣在唐代長期遠離海洋，海運衰落。

唐代滄州的海港雖然衰落，但仍然有一定影響，《新唐書》卷八六《高開道傳》說滄州人高開道：「與其黨百餘人亡海曲，後出剽滄州，眾稍附，因北掠戍保，自臨渝至懷遠皆破有之。」臨渝關在今秦皇島，懷遠鎮在今遼寧遼中縣，高開道是沿海擴展，或許有海軍。《舊唐書》卷三七《五行志》開元十四年（726年）：「滄州大風，海運船沒者十一二，失平盧軍糧五千餘石，舟人皆死。」說明滄州海運到平盧軍（今朝陽）的糧食很多，十之一二的海船就有五千多石的糧食。唐末滄州衰落的重要原因是河北戰亂，《新唐書》卷一六四《殷侑傳》說唐文宗時的滄州因為戰亂：「痍荒之餘，骸骨蔽野，墟里生荊棘。」

黃河口因為有充足的泥沙來源，三角洲迅速擴展，所以不僅新設贍國軍，而且在後周顯德三年（957年）升為濱州（在今濱州北），這和滄州的衰落形成鮮明對比。濱州的治所渤海縣是唐代垂拱四年（688年）從蒲臺縣分出，這個在唐代才設的縣到了北宋時期，據《元豐九域志》卷二濱州記載，竟有九個鎮，在當時排在前列。北宋慶曆二年（1042年），濱州又新設招安縣（治今沾化縣古城鎮），渤海、招安在北宋時都是望縣，望縣是第三等縣，說明人口很多。渤海縣有寧海鎮，說明海邊經濟繁榮，或許海洋貿易也有一定規模。北宋濱州經濟的大幅發展也有五代時期的基礎，而北宋時期滄州市鎮的稀少和濱州形成鮮明對比，無棣縣、鹽山縣各僅有三個鎮。五代到北宋時期的滄州因為靠近宋遼邊境，又遭受黃河水災，所以經濟發展不及濱州。

五、江淮海港

唐文宗開成三年（838年）日本僧人圓仁乘坐遣唐使的船到中國，據其《入唐求法巡禮行記》記載：「午時到江口，未時到揚州海陵縣白潮鎮桑田鄉東梁

豐村……三日丑時，潮生，知路之船引前而赴掘庭港。巳時，到白湖口。」
掘港庭即今江蘇如東縣的掘港鎮，魯文以爲白潮即白水，即圓仁在到長江口
之前所經過的白水，圓仁說：「至白水，其色如黃泥……未時，海水亦白。」

我認爲此說不確，白潮鎮是一個鎮，白水是一片海域，二者不能混淆。
白潮鎮在掘港東南的長江口，很可能是今南通、如皋之間的白蒲鎮。今南通
多數地方在唐代還是大海或沙洲，白蒲鎮古代在長江口，白蒲鎮在東晉時期
已經是戰略要地，《宋書》卷四十九《虞丘進傳》記載晉將虞丘進「於蒲濤口
與孫恩水戰」，據同書《武帝紀》此事在東晉隆安五年（401 年），蒲濤口是一
個重要水道口，孫恩之亂平定不久就設蒲濤縣。《宋書・州郡志》南兗州海陵
郡記載蒲濤縣是晉安帝義熙年間（405～418 年）設立，據白蒲鎮清代出土古
磚銘文上的蒲濤縣，可知蒲濤縣就在今白蒲鎮。〔註 22〕白蒲鎮的歷史悠久，
所以很可能是白潮鎮，因爲字形接近而誤寫。

白水是一片海域，在長江口的東北，不是白潮鎮。古人航海根據海水不
同而命名不同海域，比如黃海可以分爲白水洋、黑水洋、綠水洋等海域，在
元明清的記載非常詳細，前人已有很多論述，我也有考證。〔註 23〕白水洋正
是在長江口的東北部，元明時期成書的《海道經》說：「江北有瞭角嘴，瞭角
嘴開洋……戳水約半日，可過長灘，便是白水洋。望東北行使，見官綠水，
一日便見黑綠水。循黑綠水望正北行使，好風兩日一夜到黑水洋。」瞭角嘴
（料角嘴）在今啓東呂四鎮，從這裡向東北進入白水洋，再往北是綠水洋、
黑水洋。

開成四年（839 年），圓仁從漣水縣城（今江蘇漣水）出發，出淮河口，
途中在橋籠鎮停泊。魯文認爲橋籠鎮屬漣水縣，未見他處記載。我認爲，橋
籠鎮不在漣水縣，而在漣水縣對岸的楚州，即今茭陵村，讀音接近橋籠。圓
仁是日本人，可能記載了近似的讀音，應以茭陵爲準。茭陵顧名思義，地勢
較高，地處淮河岸邊，距離海口不遠，適合停船，因而成爲市鎮。茭陵西北
不遠是青蓮崗，有著名的新石器時代遺址，這一帶在古代非常重要。

古代淮河口在漣水縣，所以唐末漣水縣竟出了一支著名海軍，北宋路振

〔註 22〕　（清）姚鵬春：《白蒲鎮志》卷一，上海圖書館藏抄本。江蘇古籍出版社 1992
　　　　年出版《中國地方志集成・鄉鎮志專輯》第 16 冊影印的抄本《白蒲鎮志》錯
　　　　漏太多，故不用。

〔註 23〕　周運中：《清代最好的沙船航海全圖》，《海洋文明研究》第 2 輯，中西書局，
　　　　2017 年，第 200～209 頁。

《九國志》卷二《馮宏鐸傳》：「宏鐸，漣水人，少與張雄友善。雄以事爲吏所抑，因與其徒亡人海爲盜，宏鐸隨之，聚眾千人，自號天成軍，遂據上元。雄卒，宏鐸繼其位，聚水軍於金陵。樓艦之盛，聞於天下。大順元年，詔復以上元爲昇州，命宏鐸刺史，遂增版築，大其城爲戰守之備。行密定淮浙，因請歸附。」《新唐書》卷一九〇《張雄傳》：「取蘇州據之，稍稍嘯會戰艦千餘，兵五萬，乃自號天成軍。鎮海節度使周寶之敗，奔常州，聞高駢將徐約兵銳甚，誘之使擊雄，與之蘇州。雄匿眾海中，使別將趙暉據上元，資以舟械。寶兵散，多降暉，眾數萬。雄即以上元爲西州。」張雄、馮宏鐸靠海軍佔據蘇州、上元（今南京），又建爲昇州，不僅有上好的戰船，而且爲南唐定都在此奠定了重要基礎。說明漣水縣人原來擅長航海，漣水縣原來有海港。南宋以後，黃河南流，奪淮入海，造成淮河口的泥沙淤積，這裡的海港才逐漸荒廢。

至於漣水縣的海港，應該不是漣水縣城而在其東境。《隋書‧地理志》東海郡漣水縣：「舊曰襄賁，置東海郡，東魏改爲海安，開皇初郡廢，縣又改焉。」魯文說北朝到隋代的漣水因爲叫海安，所以還在海邊。我以爲此說不確，今漣水縣原名漣口，《南齊書》卷十四《州郡志上》冀州的北東海郡治連口即漣口，而襄賁縣城在今漣水縣城之北，《太平寰宇記》卷十七漣水軍：「宋泰始五年於此置東海郡，仍於此城北三十里東海王城別置襄賁縣以屬焉。」而《魏書》卷一百六《地形志中》海州襄賁縣屬海西郡，不是海安郡。或許北朝海安郡治北移到襄賁縣城，不在今漣水縣城。雖然我們對北朝後期的漣水縣政區未必能徹底考證清楚，但是可以肯定漣水縣城不在海邊。

南宋人吳曾《能改齋漫錄》卷一八說：「淮楚多水患，而漣泗尤被其酷。泗鍾淮汴下流，二川率眾水而東至泗，蓋千里而合，複道漣而入於海，納潮吐潦，漣當其咽。」魯文據此認爲漣水縣城有海潮，所以漣水是海港，我認爲此說不確，納潮吐潦指漣水縣境的諸多河道而非單指漣水縣城。唐詩數次提到楚州的潮水，比如李端《送吉中孚拜官歸楚州》：「潮頭來始歇，浦口爭喧發。」劉長卿《赴楚州次白田途中阻淺問張南史》：「水淺舟且遲，淮潮至何處。」李嘉祐《白田西憶楚州使君弟》：「山陽郭裏無潮，野水自向新橋。」楚州在漣水縣城上游，但僅憑這幾句詩不能確定海潮是否眞能到楚州內陸，所以我們還是不把漣水城定爲海港爲妥。

六、結論

綜上所述，中國北方古代海港的位置考證比南方難，因為中國北方多泥沙海岸，容易淤積，所以很多海港被湮沒，導致考證難度較大。遼寧在古代長期人口稀少，十六國到隋代的遼東長期不屬中原王朝直接統治，歷史文獻一直較少，也導致這裡的海港考證難度較大。山東半島多基岩海岸，所以這裡的海港較少被遺忘，而河北省多泥沙海岸，很多古代海港如章武、千童等就被遺忘。北方早期特別重要的碣石港在今秦皇島和綏中縣一帶，我另有專文詳考。前人因為誤考碣石山在今昌黎縣，所以魯文也誤以為今昌黎縣城是古代的海港。其實昌黎城在古代並不靠海，碣石也不在昌黎城旁，所以自然不能說昌黎是海港。

唐代中國北方海港的史料主要出自東征高麗、圓仁入唐等相關記載，前者側重在遼東，恰好補充圓仁記載的不足。但是前人對唐代東征高麗過程中的海軍重要性的認識仍然不夠，限於本文篇幅，我有另文考證。杜甫《昔遊》詩云：「幽燕盛用武，供給亦勞哉。吳門轉粟帛，泛海陵蓬萊。」《後出塞》詩云：「雲帆轉遼海，粳米來東吳。」此處的吳門、東吳，魯文引用前人的觀點解釋為揚州，又說很少看到揚州出發到北方的證據。我認為吳門、東吳不可能指揚州，我此前指出，唐代人把揚州歸入楚地，江南才是吳地，所以吳門、東吳應該都是指蘇州，唐代的蘇州包括今蘇州、上海、嘉興等地。

唐代從蘇州海運到北方完全可能，因為唐太宗為征高麗，在貞觀二十二年，敕越州（今紹興）等造海船及雙舫千一百艘。《新唐書·高麗傳》：「故詔陝州刺史孫伏伽、萊州刺史李道裕儲糧械於三山浦、烏胡島，越州都督治大艭偶舫以待。」既然此時的越州的海船就能到膠遼，中唐蘇州糧食海運到北方也很正常。

但是隋唐海運軍糧可能只是戰爭時期的特殊情況，未必代表整個隋唐五代時期的海運情況。東征高麗的海軍規模並不為後人熟知，正反映唐代中後期北方海運的規模越來越不如南方。雖然如此，古代北方海域之間的航運史仍然值得我們大力發掘。

唐遜墓誌揚州道造船征高麗探析

　　陝西省涇陽縣王永安先生 2012 年捐贈給西安碑林博物館的墓誌中，有一方唐代人唐遜的墓誌，提到唐太宗貞觀二十一年（647 年），因爲征高麗而任唐遜揚州道造船大使。楊州即揚州，因爲唐遜造船之事爲傳世文獻失載，所以 2015 年公布這方墓誌時，受到新聞的廣泛關注。此前在河南洛陽出土的唐代強偉墓誌，也提到唐代征高麗時閻立德、唐遜、王波利造船之事，不過未提到造船地點。唐遜墓誌印證了強偉墓誌的事件和時間，又補充了具體地點，說的還是唐代的重要港城揚州，因此很有價值。

　　唐遜墓誌，已有學者作詳細考釋。墓誌說唐遜是北海人，曾祖在西魏任官，祖父兩代在北周、隋任官。唐遜在唐代任犍州司參軍、兵曹參軍、魏王府主簿、少府監丞、虞部員外郎、揚州道造船大使、簡州長史，卒於龍朔三年（663 年），萬歲通天二年（699 年）與後夫人合葬於長安東南的鳳棲原。〔註1〕唐遜的生平，本文不再贅述。但是關於這兩方唐代墓誌所見的揚州道造船事，仍有很多問題需要再作分析。

一、揚州道參與造船的戰略原因

　　貞觀二十一年（647 年），唐遜任揚州道造船大使，是在唐代第二次征高麗時。此前的唐代第一次征高麗時，曾在洪州（治今南昌）、饒州（治今鄱陽）、江州（治今九江）造船，不提揚州。爲何第二次要加入揚州道呢？我認爲，要分析這個原因，必須要考察隋唐征高麗戰略的轉變。

〔註 1〕馬志祥、張安興：《新見唐〈唐遜墓誌〉考釋》，《文博》2015 年第 1 期。

　　據《資治通鑑》卷一七八，隋文帝楊堅開皇十八年（598 年）二月，高麗王高元曾率騎兵萬餘人進攻隋的遼西郡（治今遼寧朝陽），隋以漢王楊諒爲行軍元帥，水陸三十萬伐高麗。水軍總管周羅睺，自東萊郡（治今山東萊州）泛海趣平壤城，遭風，船多飄沒。陸軍遇到遼河水災，饋運不繼，軍中乏食，復遇疾疫。九月己丑回師，死者十八九。

　　據《資治通鑑》卷一八一、一八二，隋煬帝楊廣大業七年（611 年）二月，詔討高麗。敕幽州總管元弘嗣，往東萊郡海口，造船三百艘，官吏督役，晝夜立水中，略不敢息，自腰以下皆生蛆死者十之三四。四月庚午，車駕至涿郡（今北京），發江淮以南水手一萬人、弩手三萬人、嶺南排鑹手三萬人。五月，敕河南、淮南、江南造戎車五萬乘送高陽（在今河北高陽），發河南、河北民夫以供軍需。七月，發江淮以南民夫及船，運黎陽（在今河南浚縣）及洛口（在今鞏義）諸倉米至涿郡，載兵甲及攻取之具往還在道常數十萬人，死者相枕，天下騷動。

　　大業八年（612 年）正月，詔十二軍出，駱驛引途，總集平壤，凡一百一十三萬三千八百人，號二百萬，饋運者倍之。三月，上始御師，進至遼水，造浮橋，大戰東岸，高麗大敗。圍遼東城（今遼陽），久攻不下。

　　右翊衛大將軍來護兒，帥江淮水軍，舳艫數百里，浮海先進，入自浿水（今大同江），去平壤六十里，大破之。簡精甲四萬，直造城下。伏兵發，護兒大敗，僅而獲免。護兒引兵還屯海浦，不敢復留，應接諸軍。

　　宇文述、于仲文、荊元恒、薛世雄、辛世雄、張瑾、趙孝才、崔弘昇、衛文昇九路大軍，去平壤三十里安營。高麗鈔擊，隋軍撤退。七月，辛世雄戰死，諸軍俱潰，一日一夜退至鴨綠水（今鴨綠江）。九軍渡遼，凡三十萬五千，還至遼東城，唯二千七百人，資儲器械鉅萬計，失亡蕩盡。楊廣首次出征大敗，唯於遼水西拔高麗武歷邏，置遼東郡及通定鎮（在今遼寧新民）而已。

　　大業九年（613 年）四月，楊廣再次進攻高麗。遣宇文述與楊義臣趣平壤，王仁恭出扶餘道，高麗固守遼東城。來護兒以舟師自東萊，將入海趣平壤，在黎陽督運軍糧的楊玄感詐稱來護兒反，進攻洛陽，楊廣再次退兵。

　　大業十年（614 年）第三次進攻高麗，來護兒破畢奢城，將趣平壤，高麗王乞降。楊廣遣使持節召護兒還，自懷遠鎮班師。

　　隋朝每次進攻高麗，陸上都不能突破遼東城，只有海路戰果稍多。但是

楊廣不知改變策略，始終以陸路爲主攻方向。

據《資治通鑑》卷一九七到一九九，唐太宗李世民貞觀十八年（644 年）七月，敕將作大監閻立德等人，詣洪州（治今南昌）、饒州（治今鄱陽）、江州（治今九江）三州，造船四百艘以載軍糧。以太常卿韋挺爲饋運使，自河北諸州皆受挺節度，又命太僕卿蕭銳運河南諸州糧入海。以刑部尚書張亮爲平壤道行軍大總管，帥江、淮、嶺、峽兵四萬，長安、洛陽募士三千，戰艦五百艘，自萊州（治今萊州）泛海趨平壤。又以太子詹事、左衛率李世勣，爲遼東道行軍大總管，帥步騎六萬及蘭州（治今蘭州）、河州（治今臨夏）二州降胡趣遼東，兩軍合勢並進。此次征高麗，陸路遠遠不及隋代征高麗陸軍數量，但是海船則超過隋代數量，說明唐代已經看出海戰的重要性。

陸路渡遼水，拔高麗蓋牟城（在今撫順勞動公園古城）、遼東城、白岩城（在今燈塔鏵子鎮燕州城）。安市城（在今海城營城子）久攻不下，以遼左早寒，糧食將盡，班師。

海路有張亮帥舟師自東萊渡海，拔卑沙城。分遣總管丘孝忠等，曜兵於鴨綠水，不久退兵。

貞觀二十一年（647 年），再攻高麗。三月，以左武衛大將軍牛進達爲青丘道行軍大總管，右武候將軍李海岸副之，發兵萬人，乘樓船自萊州泛海而入。又以太子詹事李世勣爲遼東道行軍大總管，右武衛將軍孫貳朗等副之，將兵三千人，因營州（治今遼寧朝陽）都督府兵自新城道入，兩軍皆選習水善戰者配之。李世勣軍渡遼，歷南蘇等數城，高麗多背城拒戰。

七月，牛進達、李海岸入高麗境，凡百餘戰，無不捷。拔石城，進至積利城下，高麗兵萬人出戰，海岸擊破之，斬首二千級。

八月，敕宋州（治今商丘）刺史王波利等，發江南十二州工人，造大船數百艘，欲以征高麗。

二十二年（648 年）正月，詔以右武衛大將軍薛萬徹爲青丘道行軍大總管，右衛將軍裴行方副之，將兵三萬餘人及樓船戰艦，自萊州泛海，以擊高麗。六月，議以明年發三十萬眾，或以爲大軍東征，須備經歲之糧，宜具舟艦爲水運。隋末劍南（在今川滇黔），獨無寇盜，百姓富庶，宜使之造舟艦。七月，遣右領左右府長史強偉，於劍南道伐木，造舟艦，大者或長百尺，其廣半之。別遣使行水道，自巫峽抵江州、揚州，趣萊州。八月，敕越州都督府（治今紹興）及婺州（治今金華）、洪州等州，造海船及雙舫千一百艘。九月，薛萬

徹等伐高麗還。次年五月，因李世民死而撤軍。

此次征高麗與前次比，有很大不同，改以海路為主。因為前四次海路的戰績更大，所以此次海軍萬人首先出發，次年又增加海軍三萬人，海路的軍隊數量超過陸路。

所以唐代第二次征高麗，揚州道、江南十二州、劍南道都參與造船，是因為改變戰略，以海軍為主。

唐高宗李治第五年，永徽五年（654年）二月，遣營州都督程名振、左衛中郎將蘇定方發兵擊高麗。五月，渡遼水，殺獲千人。顯慶三年（660年）六月，營州都督兼東夷都護程名振、右領軍中郎將薛仁貴，拔高麗赤烽鎮，拔之，斬首四百餘級，捕虜百餘人。高麗遣其大將帥眾三萬拒之，大破之，斬首二千五百級。

據《資治通鑑》卷二百、二百一，顯慶五年（660年）八月，百濟恃高麗，侵新羅，新羅王求救。以左武衛大將軍蘇定方為神丘道行軍大總管，帥左驍衛將軍劉伯英等，水陸十萬，伐百濟。蘇定方引軍，自成山（今成山頭）濟海，百濟據熊津江口拒之。擊破之，百濟死者數千人，餘皆潰走。定方水陸齊進其都城，百濟傾國來戰，大破之，殺萬餘人。百濟王義慈及太子隆逃於北境，進圍其城。隆子文思來降，百姓皆從，義慈、隆及諸城主皆降。百濟故有五部，分統三十七郡、二百城、七十六萬戶，詔以其地置熊津等五都督府。

十二月，以左驍衛大將軍契苾何力為浿江道行軍大總管，左武衛大將軍蘇定方為遼東道行軍大總管，左驍衛將軍劉伯英為平壤道行軍大總管，蒲州刺史程名振為鏤方道總管，將兵分道擊高麗。青州刺史劉仁軌，坐督海運覆船，以白衣從軍自效。

龍朔元年（661年），蘇定方留劉仁願鎮守百濟府城，又以左衛中郎將王文度為熊津都督。文度濟海而卒，百濟僧道琛、故將福信，聚眾據周留城，迎故王子豐於倭國而立之，引兵圍仁願於府城。詔起劉仁軌檢校帶方州刺史，將王文度之眾，便道發新羅兵以救仁願，所向皆下。百濟立兩柵於熊津江口，仁軌與新羅兵合，擊破之，殺溺死者萬餘人。道琛等乃釋府城之圍，退保任存城。新羅糧盡，引還。

四月，以任雅相為浿江道行軍總管，契苾何力為遼東道行軍總管，蘇定方為平壤道行軍總管，與蕭嗣業及諸胡兵凡三十五軍，水陸分道並進。七月，

甲戌，蘇定方破高麗於浿江，屢戰皆捷，遂圍平壤城。高麗蓋蘇文遣其子男生以精兵數萬守鴨綠水，諸軍不得渡。契苾何力至，值冰大合，何力引眾乘冰渡水，鼓譟而進，高麗大潰，追奔數十里，斬首三萬級，餘眾悉降，男生僅以身免。會有詔班師，乃還。

二年（662年）二年，戊寅，左驍衛將軍白州刺史沃沮道總管龐孝泰，與高麗戰於蛇水之上，軍敗戰死。蘇定方圍平壤久不下，會大雪，解圍而還。

七月，劉仁願、劉仁軌大破百濟於熊津之東，拔眞峴城，遂通新羅運糧之路，詔發淄、青、萊、海之兵七千人以赴熊津。

三年（663年）九月，孫仁師、仁願與新羅王法敏將陸軍以進，仁軌將水軍及糧船自熊津入白江，以會陸軍，同趣周留城。遇倭兵於白江口，四戰皆捷，焚其舟四百艘，煙炎灼天，海水皆赤。百濟王豐脫身奔高麗，王子忠勝、忠志等帥眾降，百濟盡平。

這一時期，唐朝最大的戰果是直接從海路滅百濟，打敗了日本的海軍，海路的地位更加重要。海軍出發有十萬人，中國歷史上前所未有，首次在海外滅國，首次在海外會戰，首次在海上打敗倭人。

乾封元年（666年），六月，以右驍衛大將軍契苾何力爲遼東道安撫大使，以右金吾衛將軍龐同善、營州都督高侃爲行軍總管，同討高麗。九月，龐同善大破高麗兵。十二月，以李世勣爲遼東道行軍大總管兼安撫大使，其水陸諸軍總管並運糧使竇義積、獨孤卿雲、郭待封等，受勣調遣。

二年（667年）九月，李世勣拔高麗之新城，使契苾何力守之。左武衛將軍薛仁貴大破高麗，斬首五萬餘級，拔南蘇、木底、蒼岩三城。郭待封以水軍自別道趣平壤，勣遣別將馮師本，載糧仗以資之。師本船破，失期，勣乃更遣糧仗赴之。待封缺糧，勣乃更遣糧仗赴之。

總章元年（668年）正月，以右相劉仁軌爲遼東道副大總管。二月，李世勣等拔高麗扶餘城，扶餘川中四十餘城皆望風請服。泉男建復遣兵五萬人救扶餘城，李世勣遇於薛賀水，大破之，斬獲三萬餘人，拔大行城。九月，諸軍皆會，進至鴨綠柵，高麗發兵拒戰，勣等奮擊，大破之，追奔二百餘里，拔辰夷城。至平壤城下，圍月餘，高麗王降，高麗悉平。

陳寅恪說：「若由海道以取高麗，則其鄰國百濟、新羅爲形勢所關之地，於不善長海戰之華夏民族尤非先得百濟，以爲根據，難以經略高麗……觀於同一李世勣之人，在太宗貞觀時不能克高麗，而在高宗總章時能滅其國者，

固由敵人有內亂可乘，而百濟先已取得，要爲其主因之一也……然既得其國，而終不能有，則以吐蕃熾盛，西北危急，更無餘力經營東北。」〔註2〕陳寅恪指出，唐朝滅高麗的最主要原因是改以海路爲突破口。

韓昇說：「由於南方戰線的開闢，自隋朝以來半個多世紀的平高句麗戰爭取得了決定性的優勢地位。」〔註3〕其實從隋開皇十八年（598 年）開始征高麗到唐總章元年（668 年）滅高麗，花了 70 年！其間經過兩朝四帝的直接主持，因爲戰爭的重負導致全國反抗，葬送了隋朝。唐最終能滅高麗，根本原因是逐漸認識到海路的重要性，改以海路爲突破口，先用海軍滅了高麗在南方的同盟國百濟，過了八年才滅高麗。如果唐朝不改變策略，仍然以陸路爲主，不知何年才能滅高麗。因爲陸路有遼澤和山城重重難關，所以唐軍總是難以獲得突破。

唐朝能滅百濟，說明唐朝的海軍已經非常強大，能運送充足的士兵和糧食。至於唐朝未能在朝鮮半島長期據守的原因，陳寅恪已指出是因爲西北吃緊。唐朝都城在西北，兩相比較，寧願放棄東線。唐朝放棄東線，不能說明唐朝的海軍不強。唐朝在東線據守時間不長，轉而以應付西北戰局爲主，致使很多人忘記了唐朝海軍的重要性。

二、選擇揚州道造船的原因

唐代戰船不僅能大到百尺，還有雙舫，也即聯結在一起的兩條船。揚州道缺乏山林，造船原料的條件不及長江中上游，但是優點是靠近海岸，適合造大海船，便於出海，迅速開往戰場。大海船在長江中航行不便，容易擱淺，不便在長江中上游造。所以第二次征高麗，選擇在揚州道造船，正是爲了造大海船。至於巨大的木材，可以從長江中上游運到揚州道。

江淮中游歷史上主要仰賴揚州運去的海鹽，所以揚州和長江中游諸多傳統造船地點，一直有便捷的水運聯繫。唐朝首次征高麗，主要在洪州（治今南昌）、饒州（治今鄱陽）、江州（治今九江）三州造船，因爲這一帶在歷史上是重要的造船地。《史記・淮南衡山列傳》說淮南王劉安謀反，伍被建議：「南收衡山以擊廬江，有尋陽之船。」他建議劉安掌控尋陽縣（治今湖北武穴市東）的造船基地，這是漢代重要造船基地。

〔註 2〕陳寅恪：《唐代政治史述論稿》，河北教育出版社，2002 年，第 295、301 頁。
〔註 3〕韓昇：《白江之戰的唐朝兵力》，《海東集——古代東亞史實考論》，上海人民出版社，2009 年，第 150 頁。

　　高郵天山鎮神居山漢墓，一般認爲是廣陵王劉胥的墓，又巨型棺槨，背面有隸書：「廣陵船板。」說明原來是大船所用木材，經過鑒定是槙楠，〔註4〕產自華南。即使木材來自長江上游內陸，也證明揚州在西漢可以建造大船。

　　唐代道世《法苑珠林》卷十八引《冥報記》：「陳揚州嚴恭者，本是泉州人。家富於財，而無兄弟。父母愛慕，言無所違。陳太建初，恭年弱冠，請於父母。願得五萬錢，往揚州市易。父母從之，恭船載物而下。去揚州數十里，江中逢一船載黿，將詣市賣之。恭念黿當死，因請贖之……父子驚歎，因共往揚州起精舍，專寫《法華經》。遂徙家向揚州，其家轉富……又有商人至宮亭湖，於神廟所祭酒食並上物，其夜，夢神送物還之，謂曰：『倩君爲我持此錢，奉嚴法華以供經用。』旦而所上神物，皆在其前。於是商人歎異，送達恭處，而倍加厚施。其後恭至市買經紙，少錢，忽見一人持錢三千，授恭曰：『助君買紙。』言畢不見而錢在。其怪異如此非一。開皇末，恭死，子孫傳其業。隋季，盜賊至江都，皆相與約，勿入嚴法華里。里人賴之，獲全其家。至今寫經不已，州邑共見，京師人士並悉知委。」福建人嚴恭到揚州經商，是順長江而下，很可能是經過江西、安徽。宮亭湖也在今鄱陽湖，說明南朝末年的江西和揚州就有頻繁的商業往來。

　　唐遜墓誌說：「乃命君爲揚州道造船大使，由是水陸二軌，舳艫千計。」說明揚州道造船分爲外海和內河兩大類，不全是海船。內河船是通過大運河，把南方的糧食運到北方。此次在江南造的船，或許也有很多內河船，所以強偉墓誌說他輔佐王波利在江南造船，又運糧到遼東。

　　前人論述揚州造船史時，曾引用《資治通鑒》一八二：「楊玄感之亂，龍舟水殿皆爲所焚，詔江都更造，凡數千艘，制度仍大於舊者。」此處的水殿龍舟，雖然都是運河船，不是海船。但是內河船和海船的很多技術相通，所以這一條也能說明揚州造船技術高超。

　　唐朝之前，揚州的造船業已有很好基礎，這也是唐朝在揚州道造船的原因之一。《舊唐書》卷五九《李襲譽傳》說：「轉揚州大都督府長史，爲江南道巡察大使，多所黜陟。江都俗好商賈，不事農桑。」卷三《太宗紀》說貞觀八年（634年）正月，命揚州大都督府長史李襲譽等人使於四方，觀省風俗，說明李襲譽在揚州任官，早在唐朝征高麗之前。可見揚州很早就形成了喜好

〔註4〕吳達期、徐永吉、鄒厚本：《高郵神居山二號漢墓的木材鑒定》，《南京林業大學學報（自然科學版）》1985年第3期。

經商風俗，水運也相應發達。

據《隋書》卷六四《來護兒傳》，隋煬帝時三次出海征高麗的海軍統帥來護兒是江都（今揚州）人，參加渡江平陳之戰，又參加楊素渡浙江（今錢塘江）破高智慧之戰，率海軍追擊到泉州（治今福建南安豐州鎮），降服收容高智慧的泉州土豪王國慶，任泉州刺史。來護兒的手下有來自江淮和浙東、福建的水手，是隋朝最好的海軍。所以來護兒連續三次任征高麗的海軍統帥，而且戰功超過陸軍。來護兒的海軍實力很強，所以楊玄感詐稱來護兒謀反。來護兒手下的揚州水軍有征高麗的經驗，這可能也是唐朝在揚州造船的原因之一。《舊唐書》卷八十《來濟傳》說，來護兒全家被宇文化及殺死，幼子來濟逃出，唐代舉進士，貞觀中任通事舍人、考功員外郎。貞觀十八年（644年），任太子司議郎兼崇賢館直學士。遷中書舍人，與令狐德棻等撰《晉書》。唐太宗或許熟悉來護兒率海軍征高麗的歷史，所以選擇在揚州道造船。

唐咸亨二年（671年）的唐軍主帥薛仁貴致書新羅說：「吳楚棹歌，幽并惡少，四面雲合，方舟而下。」〔註5〕說明海軍主力是吳楚人，唐代的揚州正是在吳楚之交。所以唐朝的海軍不可能和揚州無關，也不可能和隋代的海軍主帥揚州人來護兒無關。

三、爲何正史不提唐遜在揚州道造船？

唐代強偉墓誌說：「至十八年，將作大匠閻立德江南造船，召爲佐判。〔二〕十一年，副虞部員外郎唐遜造海一千艘。其年，敕差副宋州刺史王波利，更造戰船。事（異）〔已〕畢，副兵部員外郎裴明禮運糧遼碣。」〔註6〕

此處說到閻立德、王波利造船，《資治通鑒》也說到，但是《資治通鑒》唯獨不提唐遜造船。唐遜造船在王波利之前，又有一千艘的成果，爲何《資治通鑒》不提揚州道造船呢？

我以爲，很可能是因爲在揚州道造船不久，就發現從長江中上游運送木材也很麻煩。爲了加快進度，於是改變策略，選擇在江南的越州（治今紹興）等地造船，既靠近海岸，又有很多山林。

所以強偉墓誌說：「〔二〕十一年，副虞部員外郎唐遜造海一千艘。其年，

〔註5〕〔高麗〕金富軾著、孫文範等校勘：《三國史記》，吉林文史出版社，2003年，第92頁。
〔註6〕周紹良主編：《唐代墓誌彙編》，上海古籍出版社，1992年，第413頁。

敕差副宋州刺史王波利，更造戰船。」揚州道的一千艘船不可能在當年很快造出，所以此處的一千艘或許是計劃數字。不久又派王波利去江南等地造船，減少了在揚州道造船的數量。強偉先輔佐唐遜，再輔佐王波利，說明造船改以江南為主。或許因為東部造船的重心從揚州南移到江南，江南造船規模更大，所以史書失載揚州道造船。

貞觀二十二年（648年）正月，出發的海軍僅有三萬人，不需要一千艘船，此時揚州道不可能造出一千艘船。不過，因為計劃在貞觀二十三年（649年），要出兵多達三十萬，所以此時揚州道和江南等州的造船應仍在進行。

強偉在劍南道造船，引發劍南多地山獠造反，《資治通鑑》卷一九九有明確記載，但是強偉的墓誌不僅不提此事，連強偉去劍南造船也不提。有學者認為，因為強偉在劍南道造船失敗，所以強偉的墓誌竟然不提他有造船之事。〔註7〕我認為此說合理，由此也可以想到，唐遜在揚州道造船或許比較成功，所以墓誌才有詳細論述。揚州道以漢人為主，經濟富庶，一馬平川，所以在揚州造船未引發民眾造反。

四、揚州道不等於揚州

唐遜墓誌說：「（貞觀）廿一年，遷授虞部員外郎……於時聖皇問罪，有事遼川。將申廟堂之策，先急樓船之務。乃命君為揚州道造船大使，由是水陸二軌，舳艫千計。大人憑於利檝，汝濟巨川。將軍美於造舟，我浮於海。」

唐遜墓誌公布時，很多新聞宣傳誤把揚州道等同揚州，其實唐代的揚州道不等於揚州。關於唐代的揚州道也即揚州大都督府，李廷先先生已有詳細考釋。揚州道除了揚州，還有楚州（治今淮安淮安區）、和州（治今安徽和縣）、滁州（治今安徽滁州）、舒州（治今安徽潛山）、壽州（治今安徽壽縣）等州，大體上相當於今江蘇、安徽的江淮之間，範圍廣大。〔註8〕

我們之所以應強調揚州道不等於揚州，因為揚州道所轄的其他州，也有更早的造船記載。比如楚州（治今淮安淮安區），《隋書》卷六三《元壽傳》：「開皇初，議伐陳，以壽有思理，奉使於淮浦，監修船艦，以強濟見稱。」此處的淮浦無疑在淮河沿岸，很可能是漢晉以來的淮浦縣，縣治在今淮安市東北。即使泛指淮河沿岸，也應在今淮安。揚州的船要去高麗，必經楚州，

〔註7〕李豪：《唐貞觀二十二年劍南道造船考》，《文史雜誌》2010年第1期。
〔註8〕李廷先：《唐代揚州史考》，江蘇古籍出版社，2002年，第27頁。

楚州原來就有造戰船的經驗，所以唐代楚州很可能也在此次戰爭中造船。

淮安等地的地方志也有唐朝征高麗的遺跡傳說，萬曆《淮安府志》卷三《古蹟》山陽縣（治今淮安淮安區）：「西遼城，治東二里，俗傳唐太宗征遼，駐兵於此。」〔註9〕光緒《阜寧縣志》卷二三《古蹟》：「土城，在治西北四十里北沙鎮。順治時，猶有城跡。四面相去各八九十丈，至今掘地，猶挖得鐵炮長二三尺，鐵刀長四五尺，重數十斤，均剝落不適於用。相傳爲唐王征遼兵營壘……如唐家營、北沙土城皆當臨水要隘，古老流傳，當有所本。」北沙土城、唐家營在古代淮河口，阜寧縣原屬淮安府山陽縣、鹽城縣，雍正九年（1731年）建阜寧縣。雖然這些內容出自晚近方志，但是元代漕糧海運就經過淮河口的北沙鎮（在今阜寧羊寨鎮北沙村），光緒《阜寧縣志》收錄忽必烈至元二十八年（1291年）的《北沙龍神顯祐廟碑記》就是頌揚北沙龍神保祐海運的。〔註10〕唐代海運很可能也經過淮河口，所以淮河口的征高麗傳說未必不可信。

揚州、楚州上游的地方，山林更多，也有可能參與造船。唐遜在揚州道受命造船千艘，不太可能分布在揚州一地。而且把揚州道等同揚州，會使人誤以爲唐代揚州就是今天的揚州，其實唐代揚州還包括今天泰州和南通等地，所以不能把揚州道造船等同揚州造船。

五、揚州道造船的影響

前人著作已經詳細研究了唐代揚州造船業的史料，唐代張鷟有《五月五日洛水競渡船十隻請差使於揚州修造須錢五千貫請速分付》說：「創修十隻之舟，費直五千餘貫……造數計則無多，用錢如何太廣？」說明揚州造的船很精美，所以費錢太多。盛唐揚州可以造大海船，天寶二載（743年）鑒眞首次東渡之前，就在揚州東河造船。《舊唐書》卷九《玄宗紀下》天寶十載（751年）：「秋八月乙卯，廣陵郡大風，潮水覆船數千艘。」一次強颮風就沉沒揚州數千艘船，說明揚州的船很多。晚唐揚州的造船業仍很興盛，《資治通鑒》卷二二六記載劉晏：「於揚子置十場造船，每艘給錢千緡。」姚合《揚州春詞》：「車馬少於船……鄰里漾船過。」〔註11〕

〔註9〕〔明〕郭大綸修、陳文燭纂：《萬曆淮安府志》，《天一閣藏明代方志選刊續編》第八冊，上海書店，1990年，第363頁。

〔註10〕〔清〕阮本焱等修、陳肇祁、殷自芳纂：光緒《阜寧縣志》卷二，復旦大學圖書館藏。

〔註11〕李廷先：《唐代揚州史考》，江蘇古籍出版社，2002年，第381～382頁。

　　揚州及附近地區發現的諸多唐代古船，證明了唐代揚州造船技術的先進。1960年，揚州施橋出土了一艘唐代大木船和一艘獨木舟，大船殘長18.4米，原長約24米，分爲多個船艙，發現青釉陶缽、薄釉陶罐、鐵刀、鐵鏟、竹器等。〔註12〕獨木舟長13.65米，是用一棵楠木的樹幹挖空製成，現在陳列於揚州市博物館。1973年如皋出土了一艘古船，根據船上的瓷器和開元通寶錢幣可以判斷是唐代古船，分爲九個船艙。〔註13〕1978年，揚州發現了兩艘唐代古船，分別長7.1米、6.3米，均有隔艙，發現漆器、瓷器、開元通寶錢幣等。〔註14〕1979年，揚州石塔西路古河道出土一艘唐代獨木舟，殘長5.72米，有隔艙板，現在陳列於唐城博物館。1999年，揚州時代廣場工地又發現一艘唐代獨木舟，殘長5米，也有隔艙板。說明唐代揚州船上普遍採用水密隔艙技術，這種技術保證船體有一處漏水不會蔓延到全船，這項中國人發明的技術在當時已屬先進。中國現在發現的唐代古船，以揚州最爲密集，這正是晚唐揚州爲中國第一大港城的最好證明。

　　雖然六朝時期已有百濟、新羅使者到建康（今南京），但是史書未記載是走哪一條航路。所以我們不能肯定今揚州在六朝時期和朝鮮半島有海路直接聯繫，而且似乎有證據表明六朝時期中國和朝鮮半島之間的航路經過江南，《高僧傳》卷十一《杯度傳》說：「時吳郡民朱靈期，使高驪還，值風，舶飄經九日，至一洲邊，洲上有山，山甚高大……經三日至石頭淮而住。」朱靈期是吳人，他出使高驪（高麗），回來經過的海島有高山，到建康（今南京）不遠，這個海島似在今浙江舟山群島。

　　所以唐代才首次有明確記載表明揚州有航路到高麗，《新唐書》卷九三《李勣傳》附《徐敬業傳》說徐敬業起兵反抗武則天失敗：「將入海逃高麗，抵海陵，阻風。」海陵縣（治今泰州）在揚州之東，揚州到高麗的直航線路不見於前代，或許也是因爲隋唐多次從江淮走海路出征高麗，形成了穩定的航路。關於唐代和朝鮮半島、日本列島等地的交流，前人已有很多研究，本文不再贅述。

〔註12〕江蘇省文物工作隊：《揚州施橋發現了古代木船》，《南京博物院集刊》第3期，1981年。

〔註13〕南京博物院：《如皋發現的唐代木船》，《文物》1974年第5期。收入羅宗眞：《羅宗眞文集‧歷史文化卷》，文物出版社，2013年，第162～166頁。

〔註14〕羅宗眞：《揚州唐代古河道等的發現和有關問題的探討》，《文物》1980年第3期。收入羅宗眞：《羅宗眞文集‧歷史考古卷》，文物出版社，2013年，第167～176頁。

　　雖然揚州道在唐代征高麗戰爭中造船不是最早，規模也未必超過江南、劍南，但是劍南、江南造的船去北方都要經過揚州道，無疑促進了揚州航運業發展，提高了揚州在唐代水運體系中的地位，爲唐代中後期揚州成爲重要海港和中國南方最大城市奠定了一定基礎。也加強了揚州和海外的聯繫，促進了唐代揚州海上絲綢之路的發展。

杜環《經行記》的非洲國家

　　唐玄宗天寶十載（751 年），唐朝和大食（阿拉伯）在怛羅斯大戰，唐敗，大食俘虜唐軍兩萬多人，包括宰相杜佑的族人杜環。杜佑《通典》卷一九一《邊防典七》說：「族子環，隨鎮西節度使高仙芝西征。天寶十載，至西海。寶應初，因賈商船舶自廣州而回，著《經行記》。」杜佑略去杜環戰敗被俘的事，杜環的《經行記》散佚，今人通過《通典》的引用看到一些內容。此書是杜環根據在阿拉伯帝國的親身經歷所寫，價值極高。

　　《通典》卷一九三引杜環《經行記》說：「摩鄰國，在秋薩羅國西南，渡大磧，行二千里，至其國。其人黑，其俗獷。少米麥，無草木，馬食乾魚，人餐鶻莽。鶻莽，即波斯棗也。瘴癘特甚。」

　　秋薩羅，《太平寰宇記》卷一八六作麾鄰、勃薩羅，《新唐書》卷二二一下《西域傳》說：「自拂菻西南度磧二千里，有國曰摩鄰，曰老勃薩。」《通志》卷三三九作秋薩羅，卷一九六作勃薩羅。我認為，秋薩羅應是勃薩羅，因為老、羅音近，歐陽修誤為老勃薩。摩鄰在勃薩羅西南，經過沙漠兩千里，而不是大食西南兩千里，歐陽修轉抄致誤。

　　夏德認為摩鄰、老勃薩在紅海附近，秋薩羅是秧薩羅，即耶路撒冷。洛佛認為摩鄰是馬林迪 Malindi。張星烺說老勃薩是脫勒姆森 Tlemssen，秋薩羅是西班牙的古名 Castille，摩鄰是馬格里布 Maghrib。楊志玖認為勃薩羅是伊拉克的巴士拉 Basra。〔註 1〕孫毓棠認為摩鄰是馬林迪，〔註 2〕有人提出摩鄰是摩洛哥，〔註 3〕有人提出是阿克蘇姆。〔註 4〕

〔註 1〕〔唐〕杜環著、張一純箋注：《經行記箋注》，北京：中華書局，2000 年，第 20 頁。

〔註 2〕孫毓棠：《隋唐時期的中非交通關係》，《孫毓棠學術論文集》，北京：中華書局，1995 年，第 377 頁。

〔註 3〕張俊彥：《古代中國與西亞、非洲的海上往來》，海洋出版社，1986 年。

〔註 4〕沈福偉：《中國與非洲：中非關係二千年》，北京：商務印書館，1990 年。

宋峴誤以爲摩鄰是馬格里布，老勃薩是 Habshah，〔註5〕今按讀音不合。王頲雖然考出摩鄰是馬里，但是仍然誤信宋峴考證的老勃薩，又以爲秋薩羅是馬格里布的首領庫塞拉（Koseila），〔註6〕今按庫塞拉讀音不合，因爲秋的古音聲母是齒音，不是牙音。

以上諸說皆誤，老勃薩、秋薩羅都是誤字，馬格里布在西班牙，中間也不是沙漠。巴士拉在海邊，這是因爲《新唐書》的錯誤，誤以爲在大食。

我認爲，勃薩羅即埃及，古代稱爲勿斯離 Misr，《諸蕃志》大食國都在密徐籬，即開羅，阿拉伯語稱福斯塔特爲故開羅（Misr Al-Qahirah），法帖梅王朝在 969 年遷都到開羅今地。

段成式《酉陽雜俎》續集卷十：「大食勿斯離國石榴重五六斤。」周去非《嶺外代答》卷三《大食諸國》：

> 有勿斯離國。其地多名山。秋露既降，日出照之，凝如糖霜，採而食之，清涼甘腴，此眞甘露也。山有天生樹，一歲生粟，次歲生沒石子。地産火浣布、珊瑚。

從珊瑚來看，此勿斯離在埃及，因爲紅海古代以産珊瑚著稱。張星烺認爲此勿斯離是埃及，正確。馮承鈞注釋《諸蕃志》勿廝離，認爲是伊拉克北部的摩蘇爾 Mosul，今有誤從者，〔註7〕不確，不靠海，不産珊瑚。

趙汝适《諸蕃志》晚於《嶺外代答》，所以此書有勿廝離、勿斯里兩條，前者抄《嶺外代答》，勿斯里說：

> 勿斯里國，屬白達國節制……其國多旱，管下一十六州，周回六十餘程，有雨則人民耕種，反爲之漂壞。有江水極清甘，莫知水源所出。歲旱，諸國江水皆消減，惟此水如常。田疇充足，農民藉以耕種。歲率如此，人至有七、八十歲不識雨者……江中有水駱駝、水馬，時登岸齧草，見人則沒入水。

其實勿斯里也是埃及，江即尼羅河，水量充沛，保證農業，水馬是河馬。因爲趙汝适從泉州的外國人處得到一些其他資料，又保留了周去非的資料，新舊雜陳，不能對應。

元末汪大淵《島夷志略》第 97 條麻呵斯離：「去大食國八千餘里，與鯨

〔註5〕〔阿拉伯〕伊本・胡爾達茲比赫著、宋峴譯注、郅溥浩校訂：《道里邦國志》，北京：中華書局，1991 年，第 88、93 頁。

〔註6〕王頲：《摩鄰：中國中世紀關於西非洲的記載》，《中國史研究》2001 年第 1 期。

〔註7〕〔宋〕周去非著、楊武泉校注：《嶺外代答校注》，北京：中華書局，1999 年，第 106 頁。

板奴國相近。由海通溪，約二百餘里，石道崎嶇，至官場三百餘里。地平如席。氣候應節。風俗鄙儉。男女編髮，眼如銅鈴。穿長衫。煮海爲鹽，釀荖葉爲酒。有酋長。地產青鹽、馬乳葡萄、米、麥。其麥粒長半寸許。甘露每歲八九月下，民間築淨池以盛之，旭日曝則融結如冰，味甚糖霜。仍以瓷器貯之，調湯而飲，以關癧瘰。古云甘露王如來，即其地也。」我已指出是埃及，正是在大食之西八千里，所產的糖霜即周去非所說的糖霜。

段成式《酉陽雜俎》前集卷十九：

> 蜜草，北天竺國出蜜草。蔓生，大葉秋冬不死，因重霜露，遂成蜜，如塞上蓬鹽。

這種蜜草類似糖霜，情況不明。

汪大淵《島夷志略》第 76 條波斯離說：「境與西夏聯屬，地方五千餘里。關市之間，民比居如魚鱗。田宜麥禾，氣候常冷。風俗侈麗。男女長身編髮，穿駝褐毛衫，以軟錦爲茵褥。燒羊爲食，煮海爲鹽。有酋長。地產琥珀、軟錦、駝毛、膃肭臍、沒藥、萬年棗。」氣候冷，又靠海，應在今伊朗高原南部沿海。

元代《經世大典》地圖的毛夕里，位於的迷失吉（大馬士革）的東部，顯然是摩蘇爾 Mosul。而最右上角的迷思耳，是埃及 Misr。《混一疆里歷代國都之圖》的埃及，寫作密思。

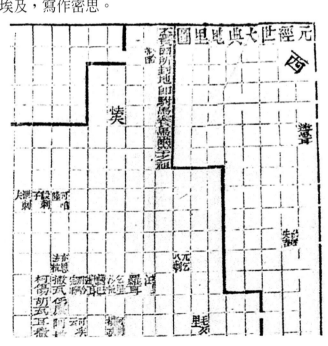

元代《經世大典》地圖的毛夕里和迷思耳

　　既然勃薩羅是埃及，則其西南沙漠兩千里之外的摩鄰，我認為即馬里Mali，讀音吻合。所以杜環說人黑，無草木，其實是指周邊是沙漠，草木很少。所謂瘴癘，不是中國南方熱帶的瘴癘，應該是沙漠的熱病。摩鄰不可能是馬林迪，馬林迪是海邊，不需要經過沙漠，其北部也不是沙漠，而是熱帶草原。也不是摩洛哥，因為摩洛哥沿海是地中海氣候，不是沙漠。前人不明非洲自然地理，所以考證多有錯誤。

　　馬里帝國的中心在今天的馬里共和國，通過沙漠中的商路，運來北非產的馬、羊毛、皮革、乾果、橄欖油和歐洲、亞洲所產的紡織品、絲綢、香料等。其南部是熱帶雨林區，出產黃金、象牙、犀角，運往北非。杜環的時代，馬里已經非常繁榮。13 世紀下半期，馬里擊敗其西部的加納帝國，把領土擴展到了大西洋。1375 年，桑海帝國崛起，中心在今馬里東部的加奧，馬里帝國衰亡。傑內古城的繁榮時間是 800 到 1000 年間，正是在唐宋時期。考古發現獨木舟中有很多乾魚，〔註8〕符合杜環所說馬食乾魚。

〔註 8〕〔美〕布朗主編、史松寧譯：《非洲：輝煌的遺產》，華夏出版社、廣西人民出版社，2002 年，第 97～114 頁。

段成式《酉陽雜俎》的東非地理考

唐代段成式《酉陽雜俎》卷四說：

> 孝億國界週三千餘裡。在平川中，以木爲柵，周十餘裡，柵內百姓二千餘家。周國大柵五百餘所。氣候常暖，冬不凋落。宜羊馬，無駝牛。俗性質直，好客侶。軀貌長大，褰鼻黃髮，綠眼赤髭，被發，面如血色。戰具唯槊一色。宜五穀，出金鐵。衣麻布。舉俗事妖，不識佛法。有妖祠三百余所，馬步甲兵一萬。不尚商販，自稱孝億人。丈夫、婦人佩帶。每一日造食，一月食之，常吃宿食。

> 仍建國，無井及河澗，所有種植，待雨而生。以紫礦泥地，承雨水用之。穿井即若海水，又鹹。土俗潮落之後，平地爲池，取魚以作食。

> 婆彌爛國，去京師二萬五千五百五十裡。此國西有山，巉岩峻險。上多猿，猿形絕長大。常暴雨年，有二三十萬。國中起春以後，屯集甲兵，與猿戰。雖歲殺數萬，不能盡其巢穴。

> 撥拔力國，在西南海中，不食五穀，食肉而已。常針牛畜脈，取血和乳生食。無衣服，唯腰下用羊皮掩之。其婦人潔白端正，國人自掠賣與外國商人，其價數倍。土地唯有象牙及阿末香。波斯商人欲入此國，圍集數千，人齎綖布，沒老幼共刺血立誓，乃市其物。自古不屬外國。戰用象排、野牛角爲槊，衣甲弓矢之器。步兵二十萬，大食頻討襲之。

這四個國家，唯有撥拔力國最爲確定，就是今天索馬裡西北部最重要的

海港城市柏培拉（Berbera），南宋趙汝括《諸蕃志》卷上：

> 弼琶囉國，有四州，餘皆村落。各以豪強相尚，事天不事佛。土多駱駝、綿羊。以絡駝肉並乳及燒餅爲常饌。產龍涎、大象牙及大犀角。象牙有重百餘斤，犀角重十餘斤。亦多木香、蘇合香油、沒藥。玳瑁至厚，他國悉就販焉。又產物名駱駝鶴，身頂長六、七尺，有翼能飛，但不甚高。獸名徂蠟，狀如駱而大如牛，色黃，前腳高五尺、後低三尺，頭高向上，皮厚一寸。又有騾子，紅白黑三色相間，紋如經帶：皆山野之獸，往往駱駝之別種也。國人好獵，時以藥箭取之。

弼琶囉國即柏培拉，這個地名很可能源自野蠻 babari，也即北非柏柏爾人的同源字。駱駝鶴是鴕鳥，徂蠟是長頸鹿的阿拉伯語 Zafara 音譯，有黑白條紋的騾子是斑馬，龍涎香是鯨魚的分泌物，都是本地所產。象牙和犀牛來自非洲中部的熱帶草原，是通過海船運來。北宋初年的李石《續博物志》卷十說：「撥拔力國有異獸名駝牛，皮似豹，蹄類牛，無峰，項長九尺，身高一丈餘。」駝牛就是長頸鹿，這個名字出自《諸蕃志》，但是撥拔力國的名字則出自段成式《酉陽雜俎》。李石比趙汝括早，所以趙汝括的資料很可能源自李石看到的資料，但是趙汝括改撥拔力國的名字爲弼琶囉國。因爲南宋中期理學興盛，趙汝括好儒尚古，喜歡用生僻字。

段成式說拔拔力人吃牛奶，符合現在索馬裡人的習俗。阿末香就是龍涎香，阿末是阿拉伯語 amber 音譯。

孝億國、仍建國很可能也在東非，孝億國炎熱少雨，是熱帶沙漠氣候。所以乾糧能保存很久，也說明生產落後。此地信仰原始，不信伊斯蘭教。沒有城市，聚落僅有木柵，則不在阿拉伯半島。孝億人很高，符合索馬裡人特徵。元代泉州海商汪大淵《島夷志略》第 91 條哩伽塔：「男女瘦長。」我考證哩伽塔是墨伽塔，即索馬裡首都摩加迪沙（Mogadishu）。〔註1〕孝億人膚色較深，但又是綠眼紅發，兼有白種人和黑種人特徵。

我認爲，孝億是索馬裡中南部最大的部族哈維耶 Hawiye，孝的古音是 hao。孝億國僅有兵力一萬，遠少於拔拔力國，因爲索馬裡南部更不發達。商業不發達，但是有金礦和鐵礦。

有人不明古音，誤以爲孝億國在埃及。埃及很早就有城市，唐代已經信

〔註1〕周運中：《中國南洋古代交通史》，第 383～384 頁。

伊斯蘭教，所以不可能是孝億國。

　　仍建國非常缺水，也在海邊，我認為靠近孝億國，或許就是《混一疆理歷代國都之圖》麻合哈叔（摩加迪沙）之南的奴啥，讀音非常接近，仍和奴讀音接近，岩 ngam 和建 gam 讀音接近，位置也符合。《混一疆理歷代國都之圖》的西方部分源自元代人翻譯的阿拉伯地圖，非常可信。圖上其南部的麻龍沙是麻龍的之形誤，麻龍的即馬林迪，說明奴啥應在摩加迪沙和馬林迪之間。元代汪大淵《島夷志略》阿思裡：「半年之間多不見雨……宜種麥，或潮水至原下，則其地上潤，麥苗自秀。」我已經考證阿思裡在今索馬裡東部的阿希拉，〔註2〕仍建國的種植也是等待雨水，也是蓄積海水。

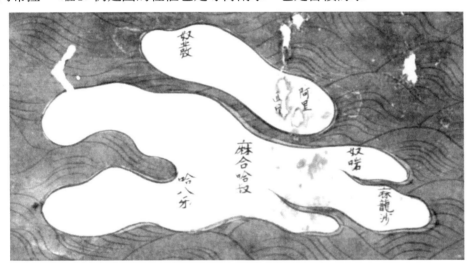

《混一疆理歷代國都之圖》的東非和阿拉伯半島沿海地名

　　有人認為仍建即桑給 Zangi，讀音接近，即阿拉伯人所說的黑人，也即桑給巴爾 Zanzibar 的由來。〔註3〕但桑給是一個非常廣闊的泛稱，而且位置更加偏南，一般不指東北非，所以此說未必成立。

　　我認為，仍建、奴啥的語源是 Nyika，讀音接近。肯尼亞東北部的塔納（Tana）河流經荒涼的 Nyika 高原，正是荒漠地貌，其東部和索馬裡連為一體。〔註4〕斯瓦西裡語和津巴布韋紹納語的 nyika 也指首領、王國或帝國，或指從

〔註2〕周運中：《中國南洋古代交通史》，第381～382頁。
〔註3〕沈福偉：《中西文化交流史》，上海人民出版社，2006年，第142頁。
〔註4〕〔美〕羅伯特·馬克森著、王濤、暴明瑩著：《東非簡史》，世界知識出版社，2012年，第8、15頁。

北方遷來的部落名。塔納河上游的莫尊古婁斯人（Mozungullos）可能是本地土著，可能是 Nyika 的早期移民，也可能是被 Nyika 人同化的族群。今天稱為 Liangulu 人，說東非亞非語系庫施語族的奧羅莫語或加拉語，證明是東非的庫施人種，而非來自非洲中部的班圖人。他們和蒙巴薩等沿海港口來往密切，作為斯瓦西裡港口和非洲內陸的貿易紐帶。也經常攻擊海港，蒙巴薩的統治者贈予布匹來維持和平。17 世紀，莫尊古婁斯人逐漸與米吉肯達人（Mikijenda）融合，遷往肯尼亞的南方。1698 年，阿曼人勸米吉肯達人不再供應葡萄牙人的耶穌堡。1729 年，蒙巴薩人和莫尊古婁斯人把葡萄牙人趕出蒙巴薩。〔註 5〕塔納河是肯尼亞最長的河流，下游可以通航，所以其流經的 Nyika 荒漠被段成式記載。

其實《酉陽雜俎》除了這幾條記載到東非，還有卷十《物異》：

> 大食西南二千里有國，山谷間樹枝上化生人首，如花，不解語。
> 人借問，笑而已，頻笑輒落。

唐代杜佑《通典》卷一九三大食國（阿拉伯）說：

> 又雲：其王常遣人乘船，將衣糧入海，經涉八年，未極西岸。
> 于海中見一方石，石上有樹，枝赤葉青，樹上總生小兒，長六七寸，
> 見人不語而皆能笑，動其手腳，頭著樹枝，人摘取，入手即乾黑。
> 其使得一枝還，今在大食王處。

劉昫《舊唐書》卷一百九十八《西戎傳》大食國（阿拉伯）：

> 海中見一方石，石上有樹，幹赤葉青，樹上總生小兒，長六七
> 寸，見人皆笑，動其手腳，頭著樹枝，其使摘取一枝，小兒便死，
> 收在大食王宮。

劉昫《舊唐書》的資料來自杜佑《通典》，而杜佑的資料又很可能來自他的族侄杜環寫的《經行記》。

我認為，大食西南兩千里的人首花和杜環記載的大食海島小兒是一種樹，就是阿拉伯古代地理學家記載的非洲東南海島上的 Wakwak 樹，據說這種樹結出的果實類似人形或人頭，我已經考證，這種樹是塞舌爾普拉蘭（Praslin）島和庫瑞（Curieuse）島的特有植物海椰子（Lodoicea maldivica）。果實重達 25 千克，是世界上最大的果實，分成兩瓣，外形類似人腦，所以被誤傳為人

〔註 5〕〔澳〕邁克爾·皮爾森著、閏鼓潤譯：《港口城市與入侵者：現代社會早期斯瓦西裡海岸、印度和葡萄牙》，民主與建設出版社，2015 年，第 125～133 頁。

首和人形、小兒。《混一疆理歷代國都之圖》非洲東南的海島哇阿哇，就是Wakwak，讀音接近，也即塞舌爾。〔註6〕

塞舌爾海椰子的果實

塞舌爾正是在阿拉伯半島西南海中兩千里，方石是看地圖產生的誤會，地圖上的小島畫成一個方形的石頭。Wakwak 類似笑聲，所以段成式聽說，這種果實因爲笑而落下。

英國學者巴茲爾・戴維遜（Basil Davidson）指出，Wakwak 源自庫施語族的 Wak，加拉語指上帝，庫施語指天堂，Wakwak 指莫桑比克。〔註7〕我認爲，奧羅莫語（Oromo）的黃金 warqee 很有可能和 Wakwak 是同源字，阿拉伯人說瓦克瓦克產黃金。奧羅莫語是亞非語系庫施語族中使用人數最多的一種語言，分佈在埃塞俄比亞和肯尼亞，南到馬林迪，因此奧羅莫人很容易接觸到非洲東南海上事物。非洲南部的主要商品是黃金和象牙，因此在內陸崛起了津巴布韋古國，東非沿海沿海興起了索法拉、基爾瓦（Kilwa）、桑給巴爾、拉穆（Lamu）、曼達（Manda）等斯瓦西裡商業城邦。馬達加斯加也產黃金，費琅說塞舌爾的古名 zarin 出自波斯語的黃金 zer，但是塞舌爾不產黃金。〔註8〕

我在另一本研究《西遊記》的著作中指出，這就是《西遊記》人參果的

〔註6〕周運中：《中國南洋古代交通史》，第396～407頁。
〔註7〕〔英〕巴茲爾・戴維遜著、屠爾康、葛信譯：《古老非洲的再發現》，北京：三聯書店，1973年，第228、435頁。
〔註8〕〔法〕費琅：《蘇門答剌古國考》，第134頁。

由來，人參果就是樹上的兒童。因為《西遊記》源自唐代佛教的俗講，所以特別注意段成式的《酉陽雜俎》，把這個故事編入《西遊記》。

至於婆彌爛國，應該在南亞，段成式把此條夾在非洲國家之中，因為本卷條目都沒有按照地理位置排序。而且這一條很可能是他在嶺南聽波斯或阿拉伯商人講述時，隨手記下。

段成式記載的索馬裡和肯尼亞地理資料非常寶貴，因為波斯商人和阿拉伯商人常去非洲貿易，所以把東非知識告訴中國人。唐代之前的中國書籍還沒有記載到東非，宋代的《嶺外代答》、《諸蕃志》雖然記載了索馬裡北部的弼琶囉（柏培拉）和坦桑尼亞的昆侖層期（桑給巴爾），但是沒有記載索馬裡南部和肯尼亞。元代《島夷志略》才記載到索馬裡南部的埋伽塔（摩加迪沙）和層拔羅（桑給巴爾），元代人翻譯的阿拉伯人地圖才有哇阿哇（Wakwak），而且元代地圖的這條信息長期沒有中國人發現。明代下西洋的費信在《星槎勝覽》記載了木骨都束（摩加迪沙）、竹步（瓊博）、葡剌哇（巴拉韋），《明史》記載鄭和的分船隊最遠到達比剌（莫桑比克）和孫剌（索法拉）。〔註9〕

〔註9〕周運中：《鄭和下西洋新考》，中國社會科學出版社，2013年，第305～316頁。

蘇鶚《杜陽雜編》的海外交通史料

唐代蘇鶚《杜陽雜編》是一部奇書，蘇鶚字德祥，京兆武功縣人。懿宗咸通間（860～874年）舉進士，十上而未獲登第，於僖宗乾符三年（876年）撰成《杜陽雜編》，光啓二年（886）始登進士第，其後事蹟不詳。《新唐書·藝文志》記載他著有其《演義》十卷、《杜陽雜編》三卷。

蘇鶚《杜陽雜編》記載了很多外國進貢的珍寶，簡述如下：

1. 代宗永泰元年（765年）東海彌羅國貢碧玉蠶絲，極爲堅韌。

2. 玄宗開元初（713年）罽賓國貢上清珠，光亮異常。

3. 代宗大曆中（766～779日），日林國獻靈光豆、龍角釵，其國在海東北四萬里。國西南有怪石，方數百里，光明澄澈，可鑒人五藏六腑，亦謂之仙人鏡。新羅國獻五彩氍毹，制度巧麗，萬佛山則雕沉檀珠玉以成之。

4. 德宗建中二年（781日），南方貢朱來鳥，形有類於戴勝，而紅觜紺尾，尾長於身。

5. 德宗貞元八年（792年），吳明國貢常燃鼎，鸞蜂蜜。云其國去東海數萬里，經挹婁、沃沮等國。

6. 順宗皇帝即位歲（805年），拘弭國貢卻火雀一雄一雌、履水珠、常堅冰、變晝草。龍膏酒黑如純漆，飲之令人神爽，此本烏弋山離國所獻。

7. 憲宗元和八年（813年），大軫國貢重明枕、神錦衾、碧麥、紫米，雲其國在海東南三萬里。飛龍衛士韓志和，本倭國人也，善雕木作鸞鶴鳧鵲之狀，飲啄動靜，與眞無異。以關戾置於腹內，發之則凌雲奮飛，可高三尺，至一二百步外方始卻下。兼刻木作貓兒，以捕鼠雀。

8. 敬宗皇帝寶曆元年（825 年），南昌國獻玳瑁盆、浮光裘、夜明犀，其國有酒山、紫海。

9. 武宗皇帝會昌元年（841 年），夫餘國貢火玉三斗及松風石。又渤海貢馬腦櫃、紫瓷盆。

所說珠寶，多有誇張，但也不全是亂編。比如說履水珠色黑類鐵，大於雞卵，其上鱗皴，其中有竅。云持入江海內，可行於洪波之上下。其實就是南洋所產的浮石，是火山噴出岩，布滿氣孔，能浮在水中。左思《吳都賦》：「其荒陬譎詭，則有龍穴內蒸，雲雨所儲。陵鯉若獸，浮石若桴。」《本草綱目》卷九引《交州記》云：「海中有浮石，輕虛可以磨腳，煮水飲之止渴，即此也。」

拘弭國讀音接近吉蔑，可能在今柬埔寨。變晝草，類似芭蕉，可長三尺，而一莖千葉，樹之則百步內昏黑如夜，也是一種熱帶樹木。

東海彌羅國所貢碧玉蠶絲：「云其國有桑，枝幹盤屈，覆地而生，大者連延十數頃，小者蔭百畝。其上有蠶，可長四寸，其色金，其絲碧，亦謂之金蠶絲。縱之一尺，引之一丈，撚而為鞹，表裏通瑩，如貫瑟瑟，雖並十夫之力，挽之不斷。為琴瑟絃則鬼神悲愁忭舞，為弩絃則箭出一千步，為弓絃則箭出五百步。」這種野蠶是天蠶，又名日本柞蠶，成蟲橙黃色，所以說金色，吐出的絲正是綠色。中國南嶺與東北有天蠶，彌羅即 mimana，即朝鮮半島東南角的任那。

朱來鳥，形似戴勝，紅觜紺尾，尾長於身。應是紅嘴藍鵲，尾長，嘴紅，身體青黑。

大軫國：「神錦衾，水蠶絲所織也。方二丈，厚一寸，其上龍文鳳彩，殆非人工。其國以五色彩石甃池塘，採大拓葉飼蠶於池中，始生如蚊睫，游泳於其間，及老可五六寸。池中有挺荷，雖驚風疾吹，不能傾動，大者可闊三四尺。而蠶經十五月即跳入荷中，以成其繭，形如斗，自然五色。國人繰之，以織神錦，亦謂之靈泉絲。」謝弗指出這種絲來自珍珠貝，〔註 1〕而《杜陽雜編》又說：「紫綃帳得於南海溪洞之酋帥，即鮫綃之類也。輕疎而薄，如無所礙。雖屬凝冬，而風不能入；盛夏則清涼自至。其色隱隱焉，忽不知其帳也，謂載臥內有紫氣。而服玩之奢僭，擬於帝王之家。」顯然也是來自水下，也是同物。

〔註 1〕〔美〕謝弗著、吳玉貴譯：《唐代的外來文明》，中國社會科學出版社，1995 年，第 440 頁。

此書說新羅人、日本人的工藝非常精妙，令人想到唐代海州（今連雲港）的工藝，張鷟《朝野僉載》卷六：「則天如意中，海州進一匠，造十二辰車。回轅正南則午門開，馬頭人出。四方回轉，不爽毫釐。又作木火通，鐵盞盛火，輾轉不翻。」封演《封氏聞見記》卷八：「海州土俗工畫，節度令造海圖屏風二十合。余時客海上，偶於州門見人持一束黑物，形如竹篾。余問之，其人云，海魚腮中毛，擬用作屏風貼。」韓志和姓韓，應該是韓國人，不是倭國人，很可能是倭國人在韓國的移民。海州有很多新羅移民，甚至形成較大的聚落。海州在新羅、日本交通中國的路上，工藝都很高超，或許有所聯繫。

南昌國獻玳瑁盆、浮光裘、夜明犀，應在南洋，不是中國的南昌。紫海，水色如爛椹，可以染衣。其龍魚龜鱉、砂石草木，無不紫焉。紫海，很可能是指黑潮，流經菲律賓、臺灣、琉球群島和日本列島。

又說元和五年，內給事張惟則自新羅使回，云：於海上泊洲島間，忽聞雞犬鳴吠，似有煙火，遂乘月閒步，約及一二里，則見花木臺殿，金戶銀闕，其中有數公子，戴章甫冠，著紫霞衣，吟嘯自若。

又說處士元藏幾，隋煬帝時官奉信郎。大業元年，為過海使判官，遇風浪壞船，黑霧四合，同濟者皆不救，而藏幾獨為破木所載，殆經半月，忽達於洲島間。洲人問其從來，藏幾具以事對。洲人曰此乃滄浪洲，去中國已數萬里。乃出菖蒲酒、桃花酒飲之，而神氣清爽焉。其洲方千里，花木常如二三月，地土宜五穀，人多不死。亦出鳳凰、孔雀、靈牛、神馬之屬。又產分蒂瓜，瓜長二尺，其色如椹，一顆二蒂。有碧棗、丹栗，皆大如梨。其洲人多衣縫掖衣，戴遠遊冠。貞元年間回國，已二百餘年。

這個傳說雖然荒誕，但是很可能有依據。這個東海的大島很可能在中國東南部，氣候溫暖，瓜果碩大。所謂縫掖衣，就是貫頭衣。

金代航海業的發展

　　前人對宋、元兩朝航海史的研究已經非常深入，但是很少關注遼、金航海史。前人研究金代經濟時也很少關注航海業，有研究金代交通的文章僅在文末提到三則金代航海史料，其中兩則是在今日本海，僅有一則在今渤海。〔註1〕關於金代航海業的規模，有人說：「密州入金後，海上貿易由於受到政府禁令的影響而一落千丈，這樣金代的境外貿易就基本侷限於陸上。」〔註2〕也有學者根據兩則史料認爲從金到元，密州海上貿易一直持續。〔註3〕還有學者在這兩條史料基礎上，又增加了一則史料，認爲金代山東：「與南宋東南沿海地區的貿易活動也十分頻繁。」〔註4〕其實金與宋的海上貿易確實非常繁榮，金代航海業的史料還有很多，本文試作發掘。另外，考古學者已經搜集了很多宋元時期北方海洋考古資料，〔註5〕本文在其基礎上，再補充一些考古資料。

一、金代渤海西部的海港與海運

　　金代直沽寨在今天津市中心，《金史》卷一百三《完顏佐傳》：「完顏佐本姓梁氏，初爲武清縣巡檢。完顏咬住，本姓李氏，爲柳口鎮巡檢。久之，以

〔註1〕崔廣彬《金代的交通及其管理》，《學術交流》1996年第6期。
〔註2〕王德朋：《金代商業經濟研究》，社科文獻出版社，2011年，第230頁。
〔註3〕陳新崗、張秀孌：《山東經濟史》，山東人民出版社，2011年，第192頁。
〔註4〕張照東：《宋元山東區域經濟研究》，齊魯書社，2006年，第174頁。
〔註5〕吳敬：《宋元時期北方地區海港體系的考古學觀察》，《社會科學》2018年第6期。

佐爲都統，咬住副之，戍直沽寨。」〔註6〕《元史》卷二五《仁宗紀二》延祐三年（1316年）正月：「改直沽爲海津鎮。」〔註7〕金代中期的直沽附近發展迅速，《金史》卷二四《地理志上》中都路大興府（治今北京）寶坻縣（治今天津寶坻）：「本新倉鎮，大定十二年置，以香河縣近民附之。承安三年置盈州，爲大興府支郡，以香河、武清隸焉，尋廢州。」通州（治今北京通州區）：「天德三年升潞縣置，以三河隸焉。興定二年五月升爲防禦。」〔註8〕卷二五《地理志中》河北東路清州靖海縣（今天津靜海區）：「明昌四年以清州窩子口置。」〔註9〕

天津市西南的西青區南河鎮有金代兩個遺址，牛坨子遺址面積約8000平方米，出土鈞窯、磁州窯瓷片和「大定通寶」錢。傅村遺址面積約2000平方米，出土銅器213斤，包括大定、正隆等金代錢幣。〔註10〕這兩個地方現在不靠海，但是在金代距離海岸不遠，現在其東南到大港區之間仍然地勢低窪，留有很多湖泊，古代應是潟湖。大港區上古林鄉建國村遺址面積約300平方米，坐落在貝殼堤上，地面散佈有陶瓷殘片，出土有三個陶罐，內有錢幣115公斤，包括唐宋多種貨幣，還有1枚金代的「正隆通寶」。〔註11〕這個地方今天仍然在沿海，當時應是海邊的一個小港口。武清區南掘河遺址面積6萬平方米，地面散步磚瓦和陶瓷殘片，採集有金代的陶盆、瓷碗，一件青瓷碗底有「崇慶年制」，〔註12〕此地緊靠運河，證明這是金代一處漕運遺址。

海河口屬霸州信安縣，《金史》卷一百十八《移剌眾家奴傳》說河間路招撫使移剌眾家奴移屯信安，本張甫境內，張甫奏：「信安本臣北境，地當衝要，乞權改爲府以重之。」詔改信安爲鎮安府。移剌眾家奴又奏：「鎮安距迎樂堌海口二百餘里，實遼東往來之衝。高陽公甫有海船在鎮安西北，可募人直抵遼東，以通中外之意。若賞不重不足以使人，今擬應募者特遷忠顯校尉，授八品職，仍賞寶泉五千貫。如官職已至忠顯八品以上者，遷兩官、升職一等，

〔註6〕〔元〕脫脫等撰：《金史》，北京：中華書局，1975年，第2273頁。
〔註7〕〔明〕宋濂等撰：《元史》，北京：中華書局，1976年，第572頁。
〔註8〕〔元〕脫脫等撰：《金史》，第573～574頁。
〔註9〕〔元〕脫脫等撰：《金史》，第601頁。
〔註10〕國家文物局主編：《中國文物地圖集·天津分冊》，北京：中國大百科全書出版社，2002年，彩圖第80頁、文字第81頁。
〔註11〕國家文物局主編：《中國文物地圖集·天津分冊》，彩圖第85頁、文字第91頁。
〔註12〕國家文物局主編：《中國文物地圖集·天津分冊》，彩圖第88頁、文字第100頁。

回日再遷兩官、升職二等。」詔從之。〔註13〕信安縣治今霸州市東部的信安鎮，這裡向東是海河口，同書卷二七《河渠志·漕渠》說河北各地的漕糧：「皆合於信安海壖。溯流而至通州，由通州入閘，十餘日而後至於京師。」〔註14〕也證明河口屬於信安縣。《移剌眾家奴傳》說海船在信安西北，已經在內陸，不知是原文應是東北之誤，還是當時的海船可以開到內陸。

河北黃驊東南 15 千米的海豐鎮遺址，在 2000、2003、2005 年有三次考古發掘，證明這是一處金代重要海港，是瓷器貿易的集散地，遺址發現的瓷器來自磁州窯、定窯、井陘窯、耀州窯等地。除了陶瓷、鐵器、銅錢等，還有不少海洋生物遺存。周圍有不少金元時期遺址，遺址通過河道連接滄州和海岸。〔註15〕《金史·地理志中》河北東路滄州鹽山縣：「鎮四：海豐、海潤，後增利豐、撲頭二鎮。」〔註16〕即今海豐鎮遺址，後來又增加了兩個鎮，利豐的名字就和貿易有關，說明金代的滄州沿海經濟發展迅速。撲頭應是泊頭，撲和泊的中古音相同，都是 pok。今河北有泊頭市，泊頭是地名通名，今無棣縣北部有小泊頭鎮，另有下泊頭村，濱州市沾化區有泊頭鎮，無棣縣北部靠近鹽山縣，金代鹽山縣的撲頭鎮或許在今海興或無棣。

二、金代山東的海港與海運

利津是金代的重要海港，《金史·王福傳》說滄州民兵首領王福，上言：「今利津已不守，遼東道路艱阻，且其意本欲自爲使，但託詞耳。因而授之，使招集濱、棣之人，通遼東音問，今若不許，宋人或以大軍迫脅，或以官爵招之，將貽後悔。」金宣宗因此任命他爲滄州經略使，〔註17〕王福說利津失守，所以難以通往遼東，說明利津是重要海港。金代的利津在北清河口，同書卷二五《地理志中》山東東路濱州利津縣：「明昌三年十二月以永和鎮升置。」〔註18〕利津縣在金章宗明昌三年（1192 年）設縣無疑是因爲地處

〔註13〕〔元〕脫脫等撰：《金史》，第 2576 頁。

〔註14〕〔元〕脫脫等撰：《金史》，第 682 頁。

〔註15〕雷建紅：《河北黃驊海豐鎮遺址考古發現與初步認識》，寧波中國港口博物館、寧波市文物考古研究所、國家文物局水下文化遺產保護中心編：《歷史視野下的港城互動：首屆「港通天下」國際港口文化論壇文集》，北京：科學出版社，2018 年，第 162～172 頁。

〔註16〕〔元〕脫脫等撰：《金史》，第 602 頁。

〔註17〕〔元〕脫脫等撰：《金史》，第 2575 頁。

〔註18〕〔元〕脫脫等撰：《金史》，第 610 頁。

沿海，得海運之便。

金代又在利津縣西南新設蒲臺縣，說明這一帶經濟發展都很迅速。《金史》卷一百二《蒙古綱傳》說蒙古綱奏：「遼東渡海，必由恩、博二州之間，乞置經略司鎮撫。」〔註19〕恩州治今武城，博州治今聊城，都在內陸，此處所說是指從其東的滄州、濱州一帶渡海。

今利津東北部汀羅鎮前關村有鐵門關遺址，最初是金代修築的土城，周長2500米，當時是海邊的關口。明清時期仍然是繁榮的鹽運碼頭，現為縣級文物保護單位。《金史・地理志中》山東東路濱州渤海縣，〔註20〕比《元豐九域志》河北路濱州渤海縣多出一個豐國鎮，〔註21〕或許就在此處。

前人提到2006年墾利縣海北村發現數以萬計的瓷片，以金代為主，是一處金代海港。〔註22〕這裡向西不遠的寧海村是金代的寧海鎮，《元豐九域志》濱州渤海縣已有寧海鎮，海北村應是金代新興的海港，或許就是《金史・地理志中》濱州渤海縣新出現的濱海鎮。另外墾利縣史口鎮的一口金代大鐘，重達1500斤，1983年被墾利縣博物館收藏。2017年，史口鎮又出土一具金元時期的龜趺，據研究這裡是金代的博昌鎮。

北宋慶曆二年（1042年），濱州新設招安縣（治今沾化縣古城鎮），金代明昌六年（1195年）改名霑化。《元豐九域志》有永豐、馬家莊兩鎮，《金史》記載有永豐、永阜、永科三鎮。

渤海南部的黃縣（今龍口）也有海港，《金史》卷一百二《僕散安貞傳》說楊安兒：「嘗遣梁居實、黃縣甘泉鎮監酒石抹充浮海赴遼東構留哥，已具舟，皆捕斬之。」〔註23〕《元豐九域志》黃縣僅有羅山鎮，《金史・地理志中》黃縣僅有馬停鎮。羅山在今招遠和龍口交界處，馬停在今龍口西部的馬王村，原名馬亭王家村，原來是海口，宋代是港口。甘泉鎮今地難考，現在黃縣找不到甘泉地名，或許是一個已經消失的港口，很可能在後世荒廢，說明金代這裡比較繁榮。黃縣之南是招遠縣，招遠是金太宗天會九年（1131年）新設的縣，證明這一帶在金代發展迅速。《元史》卷五八《地理志一》登州：「僑

〔註19〕〔元〕脫脫等撰：《金史》，第2258頁。

〔註20〕〔元〕脫脫等撰：《金史》，第610頁。

〔註21〕〔宋〕王存撰、王文楚、魏嵩山點校：《元豐九域志》，北京：中華書局，1984年，第72頁。

〔註22〕徐波、柴麗平：《山東墾利海北遺址新發現》，《華夏考古》2016年第1期。

〔註23〕〔元〕脫脫等撰：《金史》，第2245頁。

齊以登州之雨水鎮爲福山縣，楊疃鎮爲棲霞縣。」〔註24〕《金史》卷二五《地理志中》山東東路說，寧海軍（治今牟平）在金世宗大定二十二年（1182 年）升爲州，〔註25〕也說明膠東半島在金代經濟的發展迅速。

山東半島的南部市鎮有重要發展，《元豐九域志》卷一京東路密州，〔註26〕比較《金史·地理志中》密州可知，〔註27〕密州諸城縣原有信陽鎮（今黃島區泊里鎮信陽村），金代又增加了草橋鎮（今黃島區泊里鎮草橋村）、普慶鎮（今諸城枳溝鎮普慶村）。北宋設的膠西縣（治今膠州）有張倉（今黃島區張倉村）、梁鄉（今膠州里岔鎮良鄉村）、陳村（今膠州膠東鎮大店村）三鎮。以上各鎮，除普慶鎮外，都在沿海。金代又新設日照縣，有濤洛鎮（今濤雒鎮）。日照屬大定二十二年（1182 年）新設的城陽州，二十三年（1183 年）改名莒州。

這一帶最靠近南宋的海域，新設如此多的縣、鎮，主要是因爲金、宋之間繁榮的海上貿易。板橋鎮、草橋鎮都是南北海上貿易的港口，《宋會輯稿》兵二九之一○到一一記載，宋高宗建炎四年（1130 年）：「八月二日樞察院言，聞海、密等州米麥踴貴，通、泰、蘇、秀有海船民戶，貪其厚利，興販前去密州板橋、草橋等處貨賣……又聞明、越瀕海村落間，類多山東游民，航海而來，以販糴爲事。」〔註 28〕海州是今連雲港，通州是今南通，秀州是今嘉興和上海，明州是今寧波，越州是今紹興。不僅有很多南方人航海到山東沿海各個港口貿易，山東人也航海到南方沿海各個港口貿易。

三、金代渤海北部的海港與海運

渤海北部的灤州也有海港，《元史》卷一五四《洪俊奇傳》說忽必烈爲征日本，至元十九年（1282 年）十月：「命茶丘於平灤黑塌兒監造戰船七百艘，以圖後舉。」〔註29〕卷十二《世祖紀九》說當年五月：「庚辰，議於平灤州造船，發軍民合九千人，令探馬赤伯要帶領之，伐木於山，及取於寺觀墳墓，官酬其直，仍命桑哥遣人督之。」〔註30〕九月：「壬申，敕平灤、高麗、耽羅

〔註24〕〔明〕宋濂等撰：《元史》，第 1374 頁。
〔註25〕〔元〕脫脫等撰：《金史》，第 613 頁。
〔註26〕〔宋〕王存撰、王文楚、魏嵩山點校：《元豐九域志》，第 10 頁。
〔註27〕〔元〕脫脫等撰：《金史》，第 610 頁。
〔註28〕〔清〕徐松輯：《宋會輯稿》，北京：中華書局，1957 年，第 113～114 頁。
〔註29〕〔明〕宋濂等撰：《元史》，第 3630 頁。
〔註30〕〔明〕宋濂等撰：《元史》，第 243 頁。

及揚州、隆興、泉州共造大小船三千艘。」〔註31〕二十年（1283年）正月：「庚午，以平灤造船去運木所遠，民疲于役，徙於陽河造之。」〔註32〕平灤黑塌兒大概在今灤南、樂亭南部的灤河口附近，今地難考。此時距離金朝滅亡僅有幾十年，這個海港在金代應有航海基礎。陽河應是今秦皇島西部的洋河，海口更靠近山地。

金代的東北與山東有密切的海路聯繫，元好問《遺山集》卷十七有他爲趙秉文所寫的傳記《閑閑公記》，說趙秉文建議金朝遷都山東，原因之一是：「山東天下富強處也，且有海道可通遼東，接上京。」〔註33〕

趙秉文《閑閑老人滏水文集》卷七《連雲島望海》詩云：「壯觀天東第一遊，曉披絕島寄冥搜。煙中熊嶽隨潮沒，天際遼江入海流。地絕四維那辨樹，風來萬里忽通舟。我從析木西南境，回望中原四百州。」〔註34〕連雲島在今蓋州市西海岸的連雲島村，現在已經和陸地聯結。金代屬蓋州建安縣（治今蓋州），其東北有析木縣（治今海城析木鎮），西南有熊嶽縣（治今熊嶽鎮）。連雲島現在是個很不出名的小村，但是歷史上是重要海港，清末才逐漸衰落。趙秉文在連雲島看到遠方來的船，他很可能在這裡乘過船。因爲他親身體驗過山東和遼東的海路，所以才在上書中提到山東與遼東之間有便捷的海路。

在宋、金時期還有一種海船圖樣的銅鏡，上海中國航海博物館藏有一面金代海舶紋菱花形鏡，背面有一艘船在風浪中行駛的圖案，浪花很大，船帆被風吹得很遠，無疑是在海上。船上有很多人，其中有一些應該是海商。吉林白城前郭縣三家子青郭屯金墓出土一面金代的海船紋銅鏡，現藏於吉林博物院。中國國家博物館也有一面圖案非常類似的銅鏡，這兩面銅鏡背面圖案中的海浪也很大，但是船帆沒有被吹起。此類銅鏡在吉林、四川、湖南、山東、廣西等地區屢有出現，有學者認爲是從外地輸入吉林。〔註35〕如果這類銅鏡來自南方，則是通過海路輸入山東和東北。

〔註31〕〔明〕宋濂等撰：《元史》，第246頁。
〔註32〕〔明〕宋濂等撰：《元史》，第250頁。
〔註33〕〔金〕元好問：《遺山先生文集》，上海：商務印書館，1937年，第232頁。
〔註34〕〔金〕趙秉文：《閑閑老人滏水文集》，北京：中華書局，1985年，第96頁。
〔註35〕唐音、郭展鳴：《吉林省博物院藏出土銘文銅鏡研究》，《文物天地》2018年第4期。

吉林博物院藏金代海船銅鏡

四、金代航海業發展的原因

　　北宋和遼對峙時期，渤海南北分別屬宋和遼，而到了金代，整個渤海沿岸都在金的境內，所以海運自然蓬勃發展。《金史》卷二十七《河渠志》記載金章宗明昌三年（1192 年）四月，尚書省奏：「遼東、北京路米粟素饒，宜航海以達山東。昨以按視東京近海之地，自大務清口並咸平銅善館，皆可置倉貯粟以通漕運，若山東、河北荒歉，即可運以相濟。」制可。〔註 36〕說明渤海的南北已有漕糧轉運，這在宋遼對峙時期不可能發生。《金史》卷一二八《武都傳》說：「被詔由海道漕遼東粟賑山東，都高其價直募人入粟，招海賈船致之。」〔註 37〕官府招徠商船把遼東的糧食運到山東，蒙古佔領華北，遼東從海路聯絡中原，《金史》卷一百三《紇石烈桓端傳》宣宗：「貞祐四年，桓端遣王汝弼由海道奏事，宣宗嘉其功。」〔註 38〕

　　北宋時期，黃河在河北平原經常改道和泛濫，一直未能治理好。南宋建炎二年（1128 年），黃河改道南流，給江淮帶來很大災難，但是河北平原得以解脫，所以金代的河北平原經濟得到充分恢復。關於金代北方經濟的恢復，

〔註 36〕　〔元〕脫脫等撰：《金史》，第 683 頁。
〔註 37〕　〔元〕脫脫等撰：《金史》，第 2772 頁。
〔註 38〕　〔元〕脫脫等撰：《金史》，第 2279 頁。

前人已有較多論述，〔註39〕本文不再贅述。金代的海港在北清河口、海河口、灤河口等地，正是因為黃河不再侵擾，河流和海岸比較穩定。

金代渤海航運發展的第三個原因是都城南遷到大興府（今北京），帶動了周邊航運業的發展。遼朝雖然也以析津府（今北京）為南京，但是畢竟太靠近邊界，是遼的南疆而不是中心。金代的河北不再是兩國邊境，所以經濟發展迅速。從金世宗大定元年（1161年）到金宣宗貞祐二年（1214年），在今北京建都53年，是金代時間最長的首都。

金代航海業發展的第四個動力是戰爭，《金史》卷八十《斜卯阿里傳》：「蒲離古胡什吉水、馬韓島凡十餘戰，破數十萬眾。契丹、奚人聚舟千艘，將入於海。阿里以二十七舟邀之，中流矢，臥舟中，中夜始蘇。敵船已入王家島，即夜取海路追及之，敵走險以拒，阿里以騎兵邀擊，再中流矢，力戰不退，竟破之，盡獲其舟。於是，蘇、復州、婆速路皆平。」〔註40〕金人雖然來自內陸，但是靠近松花江等大河，熟悉操船，所以能很快適應航海。

金海陵王伐宋時，大舉造船，《金史》卷八九《蘇保衡傳》：「海陵治兵伐宋，與徐文等造舟於通州，海陵獵近郊，因至通州，視工作。兵興，保衡為浙東道水軍都統制，率舟師泛海，徑趨臨安。宋兵來襲，敗於海中，副統制鄭家死之。」〔註41〕卷六五《鄭家傳》說，鄭家至松林島，舟人說敵軍在三百里外，因為順風，很快就到，鄭家不曉海路舟楫，所以不信。宋軍果然很快開到，鄭家死於炮火。〔註42〕為他操船的是山東人，他們熟悉航海。

金與南宋的海上貿易也很繁榮，南宋初年，江南和山東有繁榮的走私貿易，此時北方殘破，很多江南商人運送商品到山東販賣。《建炎以來繫年要錄》卷三六記載建炎四年（1130年）八月：「壬申，詔福建、溫、臺、明、越、通、泰、蘇、秀等州有海船民戶及嘗作水手之人，權行籍定五家為保，毋得發船往京東，犯者並行軍法。以山東米麥踴貴故也。」〔註43〕卷五二記載宋高宗紹興二年（1132年）三月庚子：「言者奏，山東艱食，而帛踴貴，商人多市江

〔註39〕漆俠：《中國經濟通史‧遼夏金經濟卷》，經濟日報出版社，1998年，第373～388頁。
〔註40〕〔元〕脫脫等撰：《金史》，第1799頁。
〔註41〕〔元〕脫脫等撰：《金史》，第1973頁。
〔註42〕〔元〕脫脫等撰：《金史》，第1553頁。
〔註43〕〔宋〕李心傳編撰、胡坤點校：《建炎以來繫年要錄》，北京：中華書局，2013年，第800頁。

浙米帛，轉海而東，一縑有至三十千者。詔許告捕獲人補承信郎，賞錢三千
緡。犯者依軍法，巡捕官失察者抵罪。」〔註44〕卷一八一記載紹興二十九年
（1159年）正月：「己丑，詔海商假託風潮輒往北界者，依軍法。」〔註45〕《宋
會要輯稿》食貨三八之四三說宋寧宗嘉定十年（1217年）三月一日，臣僚言：
「沿海州縣如華亭、海鹽、青龍、顧逕與江陰、鎮江、通、泰等處奸民豪戶，
廣收米斛，販入諸蕃。每一海舟，所容不下一二千斛，或南或北，利獲數倍。」
〔註46〕又刑法二之一四一記載，嘉定十一年四月四日，臣僚言：「浙右如華亭、
海鹽、江陰、顧逕等處，其爲洩露米斛，不可勝計。」〔註47〕《夷堅志》甲
志卷七《搜山大王》說溫州瑞安縣的道士王居常，販海往山東，爲僞齊所拘。
同書乙志卷一《俠婦人》說陷沒在萊州膠水縣的董國慶，乘海船到南宋境內，
〔註48〕他應是走膠西縣海港也即板橋鎮。

　　儘管山東缺糧，但是仍有人說山東富庶，《建炎以來繫年要錄》卷六四記
載，紹興三年（1133年）四月丙戌董震言：「今山東富庶如昔，金人重兵亦不
在彼，望朝廷乘此機會，興師深入，可以破僞齊之巢穴。」〔註49〕可能主要是
指山東遭破壞程度不及中原，還有海上貿易之利。卷六八紹興三年九月乙卯說
僞齊侍御史盧載揚建議遣使交趾，聯合滅宋，劉豫：「大悅，是日遣通判齊州
傅維永及募進士宋困等五十餘人，自登州泛海入交址，冊交址郡王李陽煥爲廣
王，且結連諸溪洞酋長，金主遣使毛覼祿等二十餘人偕行。」〔註50〕

　　宋末李全在膠西，靠海上貿易而暴富，這爲他割據山東奠定了堅實的經
濟基礎，《宋史》卷四七六《李全傳》：「有沈鐸者，鎮江武鋒卒也，亡命
盜販山陽，誘致米商，斗米輒售數十倍。知楚州應純之償以玉貨，北人至者
輒舍之。又說純之以歸銅錢爲名，弛度淮之禁，來者莫可遏……膠西當登、
寧海之衝，百貨輻湊，全使其兄福守之，爲窟宅計。時互市始通，北人尤重
南貨，價增十倍。全誘商人至山陽，以舟浮其貨而中分之，自淮轉海，達於
膠西。福又具車輦之，而稅其半，然後從聽往諸郡貿易。」

〔註44〕　〔宋〕李心傳編撰、胡坤點校：《建炎以來繫年要錄》，第811頁。
〔註45〕　〔宋〕李心傳編撰、胡坤點校：《建炎以來繫年要錄》，第3475頁。
〔註46〕　〔清〕徐松輯：《宋會要輯稿》，第5488頁。
〔註47〕　〔清〕徐松輯：《宋會要輯稿》，第6533頁。
〔註48〕　〔宋〕洪皓撰、何卓點校：《夷堅志》，北京：中華書局，1981年，第62、
　　　　　190頁。
〔註49〕　〔宋〕李心傳編撰、胡坤點校：《建炎以來繫年要錄》，第1258頁。
〔註50〕　〔宋〕李心傳編撰、胡坤點校：《建炎以來繫年要錄》，第1324頁。

　　金人為了獲取日本海沿岸的海東青、海狗等名貴物品，也積極航海，《金史》卷三《太宗紀》天會二年（1124 年）五月乙巳，曷懶路軍帥完顏忽刺古等言：「往者歲捕海狗、海東青、鴉鶻於高麗之境，近以二舟往，彼乃以戰艦十四要而擊之，盡殺二舟之人，奪其兵杖。」〔註 51〕

　　元好問《續夷堅志》卷四：「王內翰元仲集錄：近年海邊獵人，航海求鶻，至一島，其人穴居野處，與諸夷特異，言語絕不相通。」〔註 52〕這個獵人所到之處無疑是在今日本海北部海岸，看到非常原始的民族，而且語言很特別，不屬於女真人所在的語系，應屬一種西伯利亞的古老語言。

　　金和外國的海上交流也促進了航海的發展，《金史》卷一三五《高麗傳》說金太祖天輔四年（1120 年）：「高麗十人捕魚，大風飄其船抵海岸，曷蘇館人獲之，詔還其國。」〔註 53〕曷蘇館在今遼寧南部，卷八一《阿徒罕傳》：「高麗有屯於海島者，阿徒罕率眾三十人夜渡，焚其營柵戰艦，大破之，遂下陀吉城。既而八城皆下，功最。」〔註 54〕

　　上文考證金代沿海繁榮的港口主要在霸州、滄州、濱州和山東半島，《宋會要輯稿》刑法二之一五八記載，宋孝宗乾道七年（1171 年）六月十八日兩浙東路安撫使蔣言：「如山東沿海一帶登、萊、沂、密、濰、濱、滄、霸等州，有東南海船，興販銅鐵、水牛皮及鰾膠等物，虜人所造海船器甲，仰給於此。」〔註 55〕南宋人所說的這些金代海港和本文上文根據《金史》考出的金代海港，地域完全吻合，說明非常可信。

五、結論

　　總的來看，金朝沿海地區以山東發展最大，雖然山東有的鎮在南宋也衰落了，但是山東半島新設的縣鎮比其他地區為多。因為山東全部在金朝境內，聯結金朝的南北海域，而且從海路到宋境也不遠，有貿易之便。金朝沿海發展的第二位地區在北京和天津之間，因為是首都的外港，所以經濟發展也很快，新設了不少州縣。再次是東北，雖然也有較大發展，但是總體上仍然不

〔註 51〕　〔元〕脫脫等撰：《金史》，第 50 頁。

〔註 52〕　〔金〕元好問撰、常振國點校：《續夷堅志》，北京：中華書局，1986 年，第 75 頁。

〔註 53〕　〔元〕脫脫等撰：《金史》，第 2885 頁。

〔註 54〕　〔元〕脫脫等撰：《金史》，第 1816 頁。

〔註 55〕　〔清〕徐松輯：《宋會要輯稿》，第 6567 頁。

及華北。但是我們也應該看到，經過遼代的開發，金代的遼東已經有較大發展，能夠爲河北、山東提供不少糧食。這也使更多的山東人脫離農業，更多地從事海上貿易。

我們如果認識到了金代北方航海的發展歷程，就更容易理解元代北方航海的大發展是建立在前朝的基礎上，而不是突然出現。所以金朝航海的發展史很重要，不僅不能被忽略，還值得我們再深入研究。

第二篇　揚州篇

西漢揚州海上絲路與嶺南荃布考

班固《漢書》卷五三《景十三王傳》說江都王劉建：

> 建亦頗聞淮南、衡山陰謀，恐一日發，爲所併，遂作兵器。號
> 王後父胡應爲將軍，中大夫疾有材力，善騎射，號曰靈武君。作治
> 黃屋蓋，刻皇帝璽，鑄將軍、都尉金銀印。作漢使節二十，綬千餘。
> 具置軍官品員，及拜爵封侯之賞，具天下之輿地及軍陳圖。遺人通
> 越繇王、閩侯，遺以錦帛奇珍。繇王、閩侯亦遺建荃、葛、珠璣、
> 犀甲、翠羽、蝯、熊、奇獸。數通使往來，約有急相助。及淮南事
> 發，治黨與，頗連及建，建使人多推金錢絕其獄。

江都王劉建，都城在廣陵縣（治今揚州），轄有東陽郡、鄣郡，在今江蘇
中部、西南到皖南、浙西。〔註1〕元狩二年（前 121），劉建畏罪自殺。

劉建派人賣錦帛奇珍給繇王、閩侯，獲得來自華南的荃、葛、珠璣、犀
甲、翠羽、蝯、熊、奇獸。他很可能把這些珍貴的熱帶貨物再銷往內地，獲
得資金，作爲割據的本錢。這些商品，以荃爲第一，也唯獨是荃難以解釋，
本文就考證荃的眞相。

一、荃布是廣西的絲布

《史記・東越列傳》：

> 閩越王無諸及越東海王搖者，其先皆越王句踐之後也，姓騶
> 氏……漢五年，復立無諸爲閩越王，王閩中故地，都東冶。孝惠三

〔註 1〕周振鶴：《西漢政區地理》，人民出版社，1987 年，第 37 頁。

年，舉高帝時越功，曰閩君搖功多，其民便附，乃立搖爲東海王，都東甌，世俗號爲東甌王……至建元六年……閩越王郢，發兵距險，其弟余善……殺王……詔罷兩將兵，曰：「郢等首惡，獨無諸孫繇君醜不與謀焉。」乃使郎中將立醜爲越繇王，奉閩越先祭祀。余善已殺郢，威行於國，國民多屬，竊自立爲王。繇王不能矯其眾持正……因立余善爲東越王，與繇王並處。

江都王劉建貿易對象繇王，就是無諸之孫繇君醜，閩侯可能指余善，也可能指其他閩越的小王侯。繇、搖音近，此處的繇王不是在今浙江省東南的東甌王搖，年代不合，地域也不合。

江都國和閩越國貿易的很多貨物中，荃爲第一，而且也是唯一難考的物品，漢代人就有很多說法。唐代顏師古注引漢代蘇林曰：「荃音詮，細布屬也。」又引服虔曰：「音蓀，細葛也。」又引臣瓚曰：「荃，香草也。」顏師古曰：「服、瓚二說皆非也。許慎云：荃，細布也。字本作絟，音千全反，又音千劣反，蓋今南方筩布之屬，皆爲荃也。葛即今之葛布也，以荃及葛遺建也。」許慎《說文》：「絟，麻屬也，細者爲絟，粗者爲紵。」

荃是華南所產的一種細布，顏師古認爲，既不是葛布，也不是香草，而是許慎所說的細布，音千全反，又音千劣反。還說唐代南方產的筩布，就是荃布。《漢書》的下文說到葛布，說明荃布不是葛布。

古代南方熱帶民族的布有很多種，有棉布、葛布、麻布、蕉布、竹布，還有很多樹皮布等。各種布的名字，因爲植物和民族的差別，也有很多叫法。史書記載繁雜，本文不再贅抄。

對比史書各種布的記載，我認爲，荃布最接近的是藉布，北宋樂史《太平寰宇記》卷一六六貴州鬱林縣：

藉，細布。一號鬱林布，比蜀〔布〕黃潤。古稱云：「筩中黃潤，一端數金。」《淮南子》云弱錫，細布也。《漢書》云白越，即此布也。

原文的蜀布，脫去布字。藉布，是一種細布，又名鬱林布。比蜀布黃潤，古語說，筩布黃潤，一端能值數金。《淮南子》稱爲弱錫布，就是這種細布。《漢書》稱爲白越布，也是這種布。樂史是從南唐入北宋的學者，他的《太平寰宇記》主要是抄錄漢唐地方志而成，資料古老，所說可信。

前人標點時，誤把藉和細布連爲一體，〔註2〕其實這種布的名字是藉，細布是解釋。《淮南子・齊俗訓》：「詭文繁繡，弱緆羅紈，必有菅屫跂蹻，短褐不完者。」我認爲，詭修飾文，繁修飾繡，羅修飾紈，所以弱修飾緆，這種布的名字不是弱緆，就是緆。因爲很細，重量很輕，故名弱緆。高誘注：「弱緆，細布也。」即樂史所說來源，其實不是《淮南子》正文。

緆是最好的布，《愼子・威德》：「毛嬙、西施，天下之至姣也，衣之以皮俱，則見者皆走。易之以元緆，則行者皆止。」《漢書・司馬相如傳》：「於是鄭女曼姬，被阿錫，揄紵縞，雜纖羅，垂霧縠。」顏師古注引張揖曰：「阿，細繒也。錫，細布也。」

南宋章樵《古文苑》卷四揚雄《蜀都賦》：「其布則細都、弱析，綀繭成祛。」可見緆又作析，上古音的緆是心母錫部 syek，析是心母錫部 syek，藉是從母鐸部 dzyak，音近，這也就是顏師古說又音千劣反的由來，中古音的千劣反是 tsyik，讀音接近。

荃的上古音是從母元部 dziuan，接近服虔所說的遜心母文部 suən。因爲 n 是鼻音，有點接近入聲的 k，所以訛爲荃音。可能因爲中原和嶺南距離較遠，所以產生了一些訛變。

這種緆布，又名筒布，也印證了顏師古的說法。筒就是竹筒，指這種布用竹筒運銷。周去非說因爲很薄，可以裝入小竹筒，詳見下文。

這種緆布，古代最上乘的一種來自廣西鬱林縣，在今貴港市，恰好是漢代鬱林郡治布山縣所在，所以布山之名很可能源自這種上好的布。有人說布山是壯語，我以爲是漢語，否則無法解釋山字。前人或誤以爲布山縣在今桂平，〔註3〕其實是在今貴港。貴港漢墓群有漢墓 500 多座，出土各類文物一萬多件。羅泊灣一號、二號西漢前期大型墓車馬坑出土了銅車馬器、夫人玉印、家嗇夫印封泥及金、銀、玉石、瑪瑙、琉璃器，還有殉葬坑及記載隨葬物品名目的木牘，考古學者認爲墓主是王侯級別，但是沒有說明爲何貴港市區周圍有如此大的漢墓群。〔註4〕還出土了兩件有寫有布山二字的漆杯，更是布山

〔註2〕〔宋〕樂史撰、王文楚等點校：《太平寰宇記》，北京：中華書局，2007 年，第 3179 頁。

〔註3〕譚其驤主編：《中國歷史地圖集》第二冊，中國地圖出版社，1982 年，第 35 頁。

〔註4〕熊昭明：《廣西漢代考古的回顧與展望》，《廣西考古文集》第二輯，科學出版社，2006 年，第 62 頁。

縣在貴港市的鐵證。貴港之所以如此繁榮，恐怕源自其本地出產的好布，奠定了其經濟基礎。關於布山的位置、名字，本人另有文章，此處不再贅述。

二、荃布就是廣西的練布

這種緆布，就是一種廣西所產的上好苧麻布，南宋周去非記載廣西地理的《嶺外代答》卷六《服用門》：

> 邕州左、右江溪峒，地產苧麻，潔白細薄而長，土人擇其尤細長者爲練子。暑衣之，輕涼離汗者也。漢高祖有天下，令賈人無得衣練，則其可貴，自漢而然。有花紋者爲花練，一端長四丈餘，而重止數十錢，卷而入之小竹筒，尚有餘地。以染眞紅，尤易著色。
>
> 厥價不廉，稍細者一端十餘緡也。〔註5〕

邕州（治今南寧）左、右江，靠近貴港。此地所產苧麻布，特別細潤，名爲練子。練的讀音從束，古音是心母屋部 sok，不正是很接近緆 syek、析 syek、藉 dzyak 嗎？南宋的廣西還保留其原名練，不過產地已經從漢代的鬱江上移到了邕江，證明這種布是壯族發明。

練子是布匹而非原料的名稱，也可以證明這種佈在漢代是以半成品或成品外銷，中原人看到的是織好的苧麻布或衣物。

束埔寨古代銘文提到下身的衣服 camlyak，法國學者戈岱司解釋說源自 clyak，今天稱爲 sliek。〔註6〕我以爲這個字的讀音很接近緆、析、籍的上古音，不知是否同源。

花練一端四丈，才重數十錢，但是賣到十餘緡，是奢侈品。《漢書·高帝紀下》八年：「賈人毋得衣錦、繡、綺、縠、絺、紵、罽。」其中不見練，今本或有脫字，或是周去非指其中一種別名。

需要說明的是，這種練布是最好的苧麻布，不是普通的苧麻布。周去非在《嶺外代答》同卷上文又說：「廣西觸處富有苧麻，觸處善織布。柳布、象布，商人貿遷而聞於四方者也。」柳州（治今柳州）、象州（治今象州）的苧麻布更爲中原人熟悉，但都是普通的苧麻布。只不過因爲柳州、象徵在廣西的北部，靠近中原，所以這裡的苧麻布更容易輸入中原。古代史書對嶺南各

〔註5〕〔宋〕周去非著、楊武泉校注：《嶺外代答校注》，北京：中華書局，1999年，第225頁。

〔註6〕〔元〕周達觀著、夏鼐校注：《眞臘風土記校注》，北京：中華書局，2000年，第79頁。

地苧麻布的記載很多，恐怕絕大多數不是這種上好的練布。

三、漢代海上絲綢之路與揚州

這種上好的細苧麻布產自珠江流域，應該是從水路運到廣州，再運到福建、揚州，再從揚州運往北方。

所以司馬遷《史記·貨殖列傳》說：

> 番禺亦其一都會也，珠璣、犀、玳瑁、果、布之湊。

裴駰《集解》引韋昭曰：「果謂龍眼、離支之屬。布，葛布。」其實水果不止龍眼、離支（荔枝）兩種，布也絕不止葛布一種。葛布不是最好的布，所以在江都王的貨單上，排在荃布之下。番禺縣（治今廣州）的布，可能以來自廣西的細布最好，主要銷往北方。

古代的棉花僅產自熱帶，中原無棉布，直到元代，黃道婆還是從海南島學習紡棉技術。所以漢代的廣州的布確實是一種重要商品，今人有時不理解，竟說此處的果布是一種貨物，是南洋出產的龍腦香馬來語 kapar 的音譯。〔註7〕此說顯然不確。原句不提香料，所列貨物都是中國所產。如果其中的果布是來自南洋的龍腦香，更加珍貴，應該列在前面，不應在最末。南洋的香料品種很多，原句不提任何香料。這種錯誤的說法現在為很多人引用，必須糾正。

另外，江都王購入的珠璣、犀甲、翠羽、猨、熊、奇獸，可能還有不少來自珠江流域。中國古代的珍珠集中產自廣西海域，漢代屬合浦郡，所以漢代就有合浦珠還的故事。周去非《嶺外代答》卷九《禽獸門》翡翠條，說翡翠產自嶺南深山，最好的來自邕州。唐代杜佑《通典》卷六《食貨六》記載各地貢品，翠毛來自安南。周去非又提到猨、熊，也即長臂猿、馬來熊。廣西的南部熱帶山林，也有很多奇獸。

吳王劉濞兵敗逃入東甌，其子又逃入閩越，《史記·吳王濞傳》：「度江走丹徒，保東越。東越兵可萬餘人，乃使人收聚亡卒。漢使人以利啗東越，東越即紿吳王，吳王出勞軍，即使人鏦殺吳王，盛其頭，馳傳以聞。吳王子子華、子駒亡走閩越。」《東越列傳》：「吳王濞反，欲從閩越，閩越未肯行，獨東甌從吳。及吳破，東甌受漢購，殺吳王丹徒，以故皆得不誅，歸國。吳王子子駒亡走閩越，怨東甌殺其父，常勸閩越擊東甌。」

〔註7〕韓槐準：《龍腦香考》，《南洋學報》第二卷第一輯，1941年。

　　劉濞、劉子駒等人去東甌、閩越都是走海路，因爲陸路不通。《山海經·海內南經》：「甌居海中，閩在海中，其西北有山。」指中原到甌、閩必須走海路，其西北山林不通。兩漢在浙東南和福建全省僅設兩縣：回浦縣（治今台州章安鎮）、冶縣（治今福州），作爲中原和嶺南之間的航海補給站，內陸無法管控。〔註8〕直到隋代，閩浙內陸和沿海仍然難以交通，《隋書》卷五十三《史萬歲傳》：「及高智慧等作亂江南，以行軍總管從楊素擊之。萬歲率衆二千，自東陽別道而進，逾嶺越海，攻陷溪洞不可勝數。前後七百餘戰，轉鬥千餘里，寂無聲問者十旬，遠近皆以萬歲爲沒。萬歲以水陸阻絕，信使不通，乃置書竹筒中，浮之於水。汲者得之，以言於素。」閩浙內陸山林全是越人溪洞，史萬歲和沿海楊素水軍不通音訊三個多月。隋唐以後，中原到東南沿海的陸路才逐漸打通。劉濞的南逃路線說明，揚州到閩越的海路，早已開通。

　　江蘇盱眙大雲山漢墓，一般認爲是第一代江都王劉非之墓，劉非是劉建之父。墓中出土了兩組鎏金銅像，一是大象和馴象人，一是犀牛和馴犀人。其中馴象人的長相和服飾都表明他是漢族，而馴犀人的長相和服飾都不像來自漢地。馴犀人渾身赤裸，臉型扁圓，很像是嶺南人。

大雲山漢墓出土的銅象和馴象人

〔註8〕周振鶴：《從歷史地理角度看古代航海活動》，《周振鶴自選集》，廣西師範大學出版社，1999年。

大雲山漢墓出土的銅犀和馴犀人

馴象人正面、馴犀人背面和正面

　　劉非的墓中還出土了一件裂瓣紋銀盒，學界一致認定來自西亞。類似的文物，在西漢廣州南越王墓、臨淄齊王墓、雲南晉寧滇王墓都有出土。齊王墓的銀豆是用銀盒改造而成，滇王墓的鍍錫銅盒是仿造銀盒製作。江都王墓的這件銀盒，無疑是從海路經過嶺南來到江都國。

南越王墓、江都王墓出土波斯銀盒

齊王墓出土銀豆、滇王墓出土鍍錫銅盒

　　高郵天山鎮神居山漢墓，一般認爲是廣陵王劉胥的墓，又巨型棺槨，背面有隸書：「廣陵船板。」說明原來是大船所用木材，經過鑒定是楨楠，[註9]產自華南。即使木材來自長江上游內陸，也證明揚州在西漢可以建造大船。

　　可見，西漢的揚州就是華南和華北的貿易中心，並不始於唐代。因爲早期的陸路爲山林阻隔，海路反而更快，東漢才開通廣西、廣東到湖南的陸路，《後漢書》卷三十三《鄭弘傳》說：「舊交趾七郡，貢獻轉運，皆從東冶泛海而至。風波艱阻，沉溺相繫。弘奏開零陵、桂陽嶠道，於是夷通，至今遂爲常路。」東冶在今福州，這條海路無疑是從福建進入江淮，再到華北。

────────────

[註 9] 吳達期、徐永吉、鄒厚本：《高郵神居山二號漢墓的木材鑒定》，《南京林業大學學報（自然科學版）》1985 年第 3 期。

　　江都王賣給嶺南的貨物，主要是錦帛奇珍。《漢書‧地理志下》說中國人出使海外的使節，帶出的商品是黃金雜繒。說明漢代的海上貿易，中原主要出口商品是絲織品，海上絲綢之路的名字並不是無中生有。

　　現在有人說海上絲綢之路的貨物主要是瓷器、茶葉，所以海上絲綢之路是名不副實。其實這是誤解，瓷器、茶葉反而是很晚出現的貨物。絲綢不僅輕便，方便運輸，也因為涼爽而為熱帶民族歡迎，所以上古的絲綢就是海上貿易的主要出口商品。

　　所以，從江都王與嶺南貿易的貨物可知，揚州早在漢代就是海上絲綢之路上的重要城市。嶺南的珍奇通過揚州到達中原，中原的絲綢通過揚州輸往南海，這為揚州在唐代成為中國最大的海港城市奠定了基礎。

西漢荃布從廣西輸入揚州地圖〔註10〕

─────────────

〔註10〕底圖來自譚其驤主編：《中國歷史地圖集》第二冊，中國地圖出版社，1982年，第14頁。閩越、布山及路線是本書添加。

唐代揚州波斯人李摩呼祿墓誌研究

　　唐代揚州在運河、長江和大海的交匯點，是全國最重要的航運樞紐。唐代揚州是阿拉伯人伊本・胡爾達茲比赫《道里邦國志》所說中國四大海港之一，曾經出土長沙窯阿拉伯文青釉綠彩扁瓷壺。印度尼西亞海底發現的唐代黑石號沉船就是從揚州開出，發現了罕見的唐青花瓷。揚州是中晚唐南方第一大城市，有「揚一益二」之稱。也是所謂宰相迴翔之地，淮南節度使轉運東南八道漕糧，掌控唐朝的生命線。關於唐代海外貿易的繁榮，前人已有很多考述，我也有新的補充論證，〔註1〕本文不贅述。

　　唐代揚州胡商雲集，人數很多，《舊唐書》卷一百十《鄧景山傳》說平盧副大使田神功：「至揚州，大掠居人資產，鞭笞發掘略盡，商胡大食、波斯等商旅死者數千人。」關於唐代揚州的資料很多，《太平廣記》有很多揚州胡商的有趣故事，李廷先先生有詳細輯錄，〔註2〕本文不贅抄。

　　2004年，揚州普哈丁墓園南側工地施工時，發現一方唐代揚州波斯人墓誌，題爲《唐故李府君墓誌並序》，入藏揚州市博物館。已有人介紹過這方墓誌，〔註3〕但是不僅把墓誌當成墓碑，對墓誌中的很多關鍵問題仍未深究，本文對這些問題再作考證。

一、呼祿和摩尼教呼祿法師

　　李摩呼祿墓誌說：「府君父名羅呼祿，府君稱摩呼祿。閥閱宗枝，此不述

〔註1〕周運中：《中國南洋古代交通史》第233頁，廈門大學出版社，2015年。

〔註2〕李廷先：《唐代揚州史考》第397～400頁，江蘇古籍出版社，2002年。

〔註3〕鄭陽、陳德勇：《揚州新發現唐代波斯人墓碑意義初探》，《中國穆斯林》2015年第3期。

耳。府君望郡隴西，貫波斯國人也……大謝於大和九年二月十六日，歿於唐揚州江陽縣文教坊之私第也，時七十有五矣……宜以此月廿七日，於當州江陽縣界嘉寧鄉北五乍村之原也。」

李摩呼祿的父親名爲羅呼祿，父子的名字中都有呼祿二字，令人想到唐武宗時把摩尼教傳入福建的呼祿法師。明代何喬遠《閩書》卷八《方域志》泉州晉江縣說：「華表山，與靈源相連，兩峰角立如華表。山背之麓有草庵，元時物也，祀摩尼佛……其教曰明，衣尙白，朝拜日，夕拜月……行於大食、拂菻、火羅、波斯諸國。晉武帝泰始丙戌，滅度於波斯，其法屬上首慕闍。慕闍當唐高宗朝，行教中國。至武則天時，高弟密烏沒斯拂多誕復入見……則天悅其說，留使課經。開元中，作大雲光明寺奉之……會昌中，汰僧，明教在汰中，有呼祿法師者，來入福唐，授侶三山，遊方泉郡，卒葬郡北山下。」

唐武宗會昌滅佛時，也燕京三夷教：摩尼教、祆教、景教。摩尼教的呼祿法師，逃到當時還很偏遠的福建。先到福唐縣（今福清），再到三山（今福州），再到泉州，所以摩尼教在福建得到大發展，宋代之後成爲中國摩尼教的中心。泉州晉江縣華表山下的草庵，一直是摩尼教寺廟，至今留存的文物很多。有摩尼光佛像、偈語石刻，還出土了明教會碗。

前人或以爲呼祿是波斯語的 xrwhxw´n，意思是傳教者。但是楊富學先生認爲，這個名號在摩尼教中的地位很低，在摩尼教五個等級中，排在第四等，不符合法師身份，他提出，呼祿是回鶻語 Qutluɣ，意思是吉祥。〔註4〕我以爲楊說也缺乏堅實的佐證，而且讀音不合，眾所周知，呼是平聲，不能對應入聲的 qut，祿的中古音是入聲 luk，和 luɣ 也不符合。呼祿法師南逃福建，確實有可能是低級傳教士。

揚州波斯人李氏的兩代名字，都有呼祿，這個呼祿很可能是法號，也就是摩尼教呼祿法師的呼祿，證明了呼祿是源自波斯語。因爲揚州波斯人李氏信奉摩尼教，所以兩代人都有呼祿之號，他們是摩尼教低級傳教士。

杜牧說：「揚州大郡，爲天下通衢，世稱異人術士，多遊其間。」南宋志磐《佛祖統紀》卷四十一記，唐代宗大曆三年（768 年）：「回紇奉末尼者，建大雲光明寺。」六年：「回紇請於荊、揚、洪、越等州置大雲光明寺。」武宗

〔註 4〕楊富學：《樂山堂神記與福建摩尼教——霞浦與敦煌吐魯番等摩尼教文獻的比較研究》，《文史》2011 年第 4 期。楊富學：《回鶻摩尼僧開教福建補說》，《西域研究》2013 年第 4 期。

會昌三年（843 年）：「敕天下末尼寺，並令廢罷。京城女末尼七十人皆死，在回紇者流之諸道，死者大半。」

呼祿法師很可能是從長江流域進入福建，從此福建成爲中國摩尼教中心。而揚州波斯人李摩呼祿死於大和九年（835 年），就在呼祿法師入閩之前八年，時間非常接近。

明代何喬遠《閩書》卷七《方域志》晉江縣靈山說：「有默德那國二人葬焉，回回之祖也。回回家言……嗎喊叭德聖人門徒有大賢四人，唐武德中來朝，遂傳教中國。一賢傳教廣州，二賢傳教揚州，三賢、四賢傳教泉州，卒葬此山。」楊鴻勳先生認爲是唐初建築。〔註5〕也有學者認爲聖墓之主是唐末的穆斯林商人，不可能是唐初的傳教士。〔註6〕馬通認爲四賢不是同時代人，東南沿海的四大清眞名寺的建造時間或被近人提前。〔註7〕

以前我們都提到揚州的伊斯蘭教，很少看到摩尼教的記載，這方墓誌或許能爲我們提供一些新的思考。

另外唐代人稱北方民族的箭囊爲胡祿，岑仲勉認爲來自突厥語 qurluqr，〔註8〕《新五代史》卷三三《王思同傳》說他任劉仁恭的銀胡祿指揮使，管理契丹騎兵銀胡祿。胡祿源自波斯，〔註9〕所以李氏姓名中的呼祿也有可能源自箭囊。

二、李姓和波斯流亡王室

李是唐朝皇室姓氏，普通人不能隨便冒姓，外國人一般是歸附的王室貴族才能獲得李姓。所以李摩呼祿很可能是波斯的王室貴族，唐高宗永徽元年（651 年），波斯薩珊王朝末代皇帝伊嗣俟（Yazdegerd III）被阿拉伯人打敗，流亡被殺，波斯亡國。王子卑路斯向唐朝求援，唐朝未出兵。龍朔元年（661 年），唐朝在波斯東北部的疾陵城（今阿富汗紮蘭季 Zaranj）設波斯都督府，以卑路斯爲都督。卑路斯無法在波斯立足，逃入吐火羅，手下數千人逐漸流

〔註5〕楊鴻勳：《初論泉州「聖墓」的建造年代兼及傳說的眞實性問題》，《文物》1986年第 3 期。
〔註6〕林翠茹、莊景輝：《泉州伊斯蘭教聖墓年代及其墓主人身份的考證》，《海交史研究》2000 年第 1 期。
〔註7〕馬通：《香料之道上的伊斯蘭史蹟》，《海交史研究》第 6 期，1984 年。
〔註8〕岑仲勉：《隋唐史》，北京：中華書局，1982 年，第 222 頁。
〔註9〕杜朝暉：《從胡祿說起——兼論古代藏矢之器的源流演變》，《中國典籍與文化》2007 年第 4 期。

散。景龍二年（708 年）到長安，不久死在中國。唐朝冊封卑路斯之子泥涅師為波斯王，泥涅師死於長安，波斯流亡政權瓦解。

唐朝境內的波斯人逐漸漢化，其中最著名的人是李珣，精通醫學，著有《海藥本草》，海藥指海外醫藥。北宋初年四川人黃休復的《茅亭客話》卷二說，李珣的弟弟：「李四郎，名玹，字廷儀，其先波斯國人，隨僖宗入蜀，授率府率。兄珣有詩名，預賓貢焉。玹舉止溫雅，頗有節行，以鬻香藥為業，善弈棋，好攝養，以金丹延駐為務。暮年以爐鼎之費，家無餘財，唯道書藥囊而已。」《海藥本草》的藥物產地不僅有南海、嶺南、波斯、大秦、西海，還有東海、新羅等地。說明其搜集的信息廣泛，反映出波斯商人發達的信息網絡。其中包括揚州等地的波斯商人提供的信息，所以才有東海的醫藥。

李珣的祖先任率府率，《唐六典》卷二八說，率府率是皇太子東宮左右監門率府之官，掌握東宮門禁，說明他的祖先是留居長安的波斯貴族。此時距離波斯亡國已有兩百年，這些波斯人早已漢化，被吸納到唐朝的統治集團，所以獲得李姓。李摩呼祿的祖先或許也是一個貴族，因此獲得李姓。

李摩呼祿墓誌說：「舟航赴此，卜宅安居……府君有夫人穆氏，育女一人，適扶風馬公，早從君子。」有人以為他是從海路來到揚州，我以為未必，因為從長安到揚州也有水路，也要乘船。他的女兒嫁給扶風馬氏，說明他很可能原來居住在關中。

唐代有關揚州的胡商故事，確實講到有波斯商人從西北經過運河去揚州。《太平廣記》卷四百二引《集異記》的《李勉》故事說，開元初年，李勉從濬儀縣（治今開封）沿汴河（運河）去廣陵（揚州），到睢陽縣（治今商丘），遇到一個要回江都縣（治今揚州）的波斯老商人，臨死前把波斯國的傳國寶珠託付李勉，李勉到揚州交給老商人的兒子。這個故事特別有趣的是，波斯商人攜帶的是波斯國的傳國寶珠，說明他是流亡到中國的波斯貴族子孫，身份類似李摩呼祿。這些流亡波斯貴族原來集中居住在西北，但是在波斯流亡政權瓦解後，則往來於長安和揚州之間。

李摩呼祿的夫人姓穆，很可能是粟特人昭武九姓中的穆國人。《隋書》卷八三《西域傳》：「穆國，都烏滸河之西，亦安息之故地，與烏那曷為鄰。其王姓昭武，亦康國王之種類也，字阿濫密。都城方三里，勝兵二千人。東北去安國五百里，東去烏那曷二百餘里，西去波斯國四千餘里，東去瓜州七千七百里。大業中，遣使貢方物。」

　　穆國在烏滸河（阿姆河）之西，也是波斯的故地，屬於昭武九姓。在今土庫曼斯坦，一說在土庫曼巴德（Turkmenabad），一說在馬雷（Mary）。靠近伊朗，粟特人的文化本來非常接近波斯，所以李氏和穆氏聯姻。粟特人、波斯人主要從陸路來到中國，所以李氏、穆氏很可能在關中認識。

　　唐朝粟特人中的穆姓不多，但是穆國在波斯的東北，正是波斯人流亡到中國的必經之地，不知這與李、穆聯姻是否有關。

三、李牌會和李端

　　李摩呼祿墓誌又說：「府君又有二姪，一牌會、一端，皆承家以孝，奉尊竭誠，文質彬彬，清才簡要。今泣血孤露，承重主喪，罄金帛以列凶儀，展敬上盡仁子之禮。」

　　他的兩個姪兒，名字很有趣，一個叫牌會，一個叫端。牌會，無疑是波斯語。我以爲，牌會很可能是波斯語的巴列維 Pahlavi 的漢譯。Pahlavi，讀音接近牌會的中古音，中間的 hl 發音較輕，所以省略。牌的中古音接近 pai，現在吳語讀爲 pa。會的中古音接近 vi，現在吳語、閩語讀爲 ui。

　　巴列維文 Pahlavi 是薩珊王朝波斯語的文字，又產生巴列維文學，也是中古波斯人的常見名字。現在伊朗又有巴列維王朝（1925〜1979），兩任君主是利薩・沙・巴列維（Reza Shah Pahlavi，1878〜1944）和穆罕默德・利薩・巴列維（Mohammad Reza Pahlavi，1919〜1980）。

　　牌會和呼祿一樣，不是普通波斯人所用的名字，證明李摩呼祿的家族原來確實是波斯貴族。

　　至於李端，不像是波斯語，很可能是漢語名字。李摩呼祿的兩個姪兒，年長的一個保留波斯語的名字，年幼的一個則採納漢名，反映了入唐波斯人的漢化。李摩呼祿的親家，是扶風馬氏，也是漢族。李摩呼祿是流亡波斯貴族子孫，所以他應該不會首選和阿拉伯人通婚，扶風馬氏不可能是漢化的阿拉伯人。現在回族常見的馬姓主要源自元代，唐代尚未出現。

　　波斯人在中國居住日久，最終要走向漢化，李摩呼祿的漢化墓誌就是證據，這個墓誌的式樣和內容基本都是漢文化。

　　李摩呼祿的兩個姪兒爲他操辦喪事，花了很多錢，說明揚州的波斯人確實非常富有。

　　李摩呼祿的墓地靠近南宋來揚州的阿拉伯人普哈丁墓地，說明唐宋時期

揚州的胡人墓地一脈相承。

　　總之，唐代揚州波斯人李摩呼祿墓誌，不僅是罕見的揚州胡人墓誌，而且能夠解釋唐代摩尼教從長江流域南傳福建的歷史，反映唐代波斯人本族文化傳承和漢化歷史，印證唐代揚州波斯人的經濟地位，指示古代揚州的胡人墓地。這方墓誌兼具多種意義，而且聯結了海陸絲綢之路，貫穿了中國的西北和東南，所以價值很高。

揚州胡人與紫末羯、玫瑰、翡翠考

　　唐代揚州在長江、運河與海洋交匯處，晚唐成為中國最大城市，胡商雲集，珍寶繁多。《舊唐書》卷一一十《鄧景山傳》說：「會劉展作亂，引平盧副大使田神功兵馬討賊。神功至揚州，大掠居人資產，鞭笞發掘略盡，商胡大食、波斯等商旅死者數千人。」卷一二四《田神功傳》說田神功：「大掠百姓商人資產，郡內比屋發掘略遍，商胡波斯被殺者數千人。」

　　北宋《太平廣記》有很多唐代揚州胡商買寶的奇異故事，卷四百二《李勉》引《集異記》說李勉在睢陽（今商丘）獲波斯胡商饋贈的傳國寶珠，胡商去世，李勉將寶珠隨葬，到揚州遇胡商之子，告以葬地。同卷《寶珠》說武則天時，有士人在咸陽獲得周武帝冠上寶珠，在去揚州的路上遇到胡人，胡人合資五萬緡買到。群胡邀士人往東海上，以銀鐺煎醍醐，又以金瓶盛珠，於醍醐中重煎。有二龍女，投入珠瓶中，珠女合成膏，胡人以膏塗足，步行水上，以所煎醍醐塗船，當得便風還家。同卷《守船者》說元和初，蘇州華亭縣（今上海）人獲得一顆寶珠，至揚州胡店賣之，獲數千緡。卷四百三十三《玉清三寶》引《宣室志》說韋弇在蜀遇女仙，獲贈三寶，到廣陵，胡商說是玉清真人之寶，千萬年不見，數十萬金購買。卷四百二十一《任頊》說建中初，任頊因救黃龍，得到一粒寶珠，到廣陵，胡人以數千萬購買。卷十七《盧李二生》說盧生為李生還債，在揚州波斯店取錢二萬貫。

　　卷四百三《紫〔羊末〕羯》引《廣異記》：

　　　　乾元中，國家以克復二京，糧餉不給。監察御史康雲間，為江淮度支。率諸江淮商旅百姓五分之一，以補時用。洪州，江淮之間一都會也，雲間令錄事參軍李惟燕典其事。有一僧人，請率百萬。

乃於腋下取一小瓶。大如合拳。問其所寶。詭不實對，惟燕以所納
給眾，難違其言，詐驚曰：「上人安得此物？必貨此，當不違價。」
有波斯胡人見之如其價以市之而去，胡人至揚州。長史鄧景山知其
事，以問胡。胡云：「瓶中是紫〔羊末〕羯。人得之者，爲鬼神所護，
入火不燒，涉水不溺。有其物而無其價，非明珠雜貨寶所能及也。」
又率胡人一萬貫。胡樂輸其財，而不爲恨。瓶中有珠十二顆。

波斯胡人在洪州（今南昌）買到寶物，揚州胡人鑒定爲紫〔羊末〕
羯，稱爲無價之寶。

我以爲此即翡翠，因爲《翻譯名義集》卷八說：「摩羅伽陀。大論云。此
珠金翅鳥口邊出。綠色能闢一切毒。」勞費爾說此即翡翠，梵語是 marakata，
梵語出自希臘語 maragdos，希臘語又出自閃語。亞述語是 barraktu，阿拉伯語
是 borko，敘利亞語是 bāreket 或 bārkat。〔註1〕我以爲上古音的末是 mat，羯
是 kiat，所以讀音非常接近，特別是韻尾的 t 完全符合。現在緬甸有紫翡翠，
而洪州的紫翡翠很可能來自西南。

紫色的珠寶還有紫水晶，但是水晶的波斯語是 bolur，泰語是 pàlèuk，柬
埔寨語是 pleek、plək，是同源字，讀音都不接近〔羊末〕羯，所以〔羊末〕
羯不是水晶。《宋書》卷九十七說元嘉五年（428 年）天竺迦毗黎國：「奉獻金
剛指環、摩勒金環諸寶物。」摩勒的上古音是 mai-lək，正是水晶。

〔羊末〕羯的讀音令我想到玫瑰，二者讀音接近，李丹婕指出玫瑰最早
是指寶石，唐代才演化爲花的名字，不過她未考出玫瑰的本源，〔註2〕我以爲
玫瑰很可能也是紫翡翠。

最早的玫瑰都在楚地，《韓非子・外儲說左上》：「楚人有賣其珠於鄭者，
爲木蘭之櫃，薰以桂、椒，綴以珠玉，飾以玫瑰，輯以羽翠。鄭人買其櫝而
還其珠。」此處的玫瑰顯然是寶石，司馬相如《子虛賦》子虛先生形容楚國
雲夢澤說：「其石則赤玉玫瑰，琳瑉琨吾。」楚國西南通往緬甸，前人所考
很多，所以最早的玫瑰都在楚國。

東晉葛洪輯《西京雜記》卷一說：「樂遊苑自生玫瑰樹，樹下多苜蓿。」
李丹婕說此處的玫瑰樹或與佛經所說金樹、銀樹、琉璃樹、珊瑚樹、瑪瑙樹等

〔註1〕〔美〕勞費爾著、林筠因譯：《中國伊朗編》，北京：商務印書館，1964 年，
第 348 頁。

〔註2〕李丹婕：《「玫瑰之名」的變遷》，《東方早報・上海書評》2016 年 7 月 17 日。

類似，不是樹，還是指寶石。《太平廣記》卷二三六引《西京雜記》說漢武帝天馬：「常以玫瑰石爲鞍，鏤以金銀鍮石，以綠地五色錦爲蔽泥。」司馬相如《上林賦》說上林苑：「玫瑰碧琳，珊瑚叢生。」晉灼注說玫瑰注是火齊珠，李善注《文選》沿用。顏師古注《漢書》：「火齊珠，今南方之出火珠也，玫音枚，瑰音回，又音瓊。」《太平廣記》卷四二三引任昉《述異記》：「南海俗云，蛇珠千枚，不及一玫瑰，言蛇珠賤也，玫瑰亦珠名。」李丹婕說《梁書》卷五四《諸夷傳》說火齊珠是扶南、丹丹所貢，玫瑰多出自波斯、大秦似乎有所不同。《三國志》卷三十大秦國有：「明月珠、夜光珠、眞白珠、虎珀、珊瑚、流離、璆琳、琅玕、水精、玫瑰、雄黃、雌黃、碧、五色玉。」《梁書·諸夷傳》波斯國：「咸池生珊瑚樹，長一二尺，亦有琥珀、馬腦、眞珠、玫〔王回〕，國內不以爲珍。」《南史》卷七九《夷貊傳》波斯國，琥珀作虎魄，玫〔王回〕作玫瑰，《冊府元龜》卷九六一波斯國，馬腦作瑪瑙，玫〔王回〕作玫瓊。

我以爲玫瑰確實不是火珠，《新唐書》卷二百二十二下婆利：「多火珠，大者如雞卵，圓白，照數尺，日中以艾藉珠，輒火出。」又說其東是羅刹國，《舊唐書》卷一百九十七說林邑國進貢來自羅刹國的火珠：「大如雞卵，狀如水精……正午向日，以艾承之，即火燃。」火珠是一種水晶球，〔註3〕古人混淆二者。玫瑰是翡翠，緬甸就有出產。

因爲波斯也有玫瑰，所以中亞與北魏也有，《洛陽伽藍記》卷五說，北魏宋雲看到嚈噠王妃：「頭帶一角，長三尺，以玫瑰五色珠裝飾其上。」《魏書》卷一百十《食貨志六》：「和平二年秋，詔中尚方作黃金合盤十二具，徑二尺二寸，鏤以白銀，鈿以玫瑰。」勞費爾指出，翡翠的晚出漢名祖母綠，源自波斯語 zumurrud。〔註4〕

李丹婕指出，中唐詩中的玫瑰多指玫瑰花，開元間李叔卿《芳樹》詩云：「春看玫瑰樹，西鄰即宋家。門深重暗葉，牆近度飛花。」盧綸《奉和李舍人昆季詠玫瑰花寄贈徐侍郎》詩云：「雨朝勝濯錦，風夜劇焚香。斷日千層豔，孤霞一片光。」司空曙和詩：「攢星排綠蒂，照眼發紅光。」《全唐文》卷四五二邵說《上中書張舍人書》說他應張舍人之求，送上數本親栽玫瑰：「常開花明媚，可置之近砌，芳香滿庭，雖萱草忘憂，合歡蠲忿，無以尙也。」李肇《翰

〔註3〕〔美〕謝弗著、吳玉貴譯：《唐代的外來文明》，中國社會科學出版社，1995年，第510頁。

〔註4〕〔美〕勞費爾著、林筠因譯：《中國伊朗編》，第348頁。

林誌》說大明宮翰林院種有玫瑰，李匡乂《資暇集》說玫瑰：「叢有似薔薇而異，其花葉稍大者。」又說玫瑰源自梅槐，傳說由梅與槐合生之樹。這顯然是晚出的附會，此時唐代人已經忘記玫瑰的原義，忘記轉指花卉的原因了。

李丹婕說玫瑰轉稱花卉，很可能因為顏色類似玫瑰寶石。我以為此說合理，但是她未能考出玫瑰是紫翡翠，其實玫瑰正是紫色，所以才從寶石轉為花卉。英文中玫瑰、薔薇、月季是同一個詞，原產都是中國，但是後來出現分化。中唐玫瑰從寶石轉為花卉時，南詔在西南崛起，西域淪陷，所以唐代人得到的玫瑰寶石即翡翠越來越少，我以為這也是玫瑰轉變的重要原因。

李丹婕指出，鳩摩羅什（344～413）譯《妙法蓮華經》說佛教七寶是金、銀、琉璃、車璩、馬瑙、真珠、玫瑰，《大般涅槃經》中的宮宅，牆壁由金、銀、琉璃、頗梨四寶做成，地面則鋪以玫瑰。唐代佛經字書《一切經音義》玫瑰：「石之好美曰玫，圓好曰瑰。」瑰是胡魁反，與回同音。初唐歐陽詢《藝文類聚》卷七七中引梁劉孝儀《平等剎下銘》說佛剎：「檻綴玫瑰，階填粟玉。」《全唐文》卷三九六開元時常允之《重修臨高寺碑並序》：「文以粟玉，藻以玫瑰。」

我以為玫瑰之所以成為佛教七寶之一，正是因為翡翠的產地波斯、緬甸都靠近印度。

原來的玫瑰是翡翠，而原來的翡翠是鳥，宋玉《神女賦》：「夫何神女之姣麗兮，含陰陽之渥飾。披華藻之可好兮，若翡翠之奮翼。」司馬相如《子虛賦》：「掯翡翠，射鵕鸃。」《說文》：「翡，赤羽雀也。出鬱林，從羽，非聲。雄赤曰翡，雌青曰翠。」又：「翠，青羽雀也。」把翡翠拆為雄雌或赤青兩種雀就像把贛水拆為章水、貢水一樣滑稽，令人生疑，《淮南子·人間》說嬴政為了獲得越之犀角、象齒、翡翠、珠璣，才發兵五十萬南攻百越。翡翠一定是華南特產的一種五彩繽紛的鳥毛，不可能是紅雀和青雀，也不可能是一種雀的雌雄兩性，也不可能是華北常見的翠鳥。應是一種華南的翠鳥，南宋周去非《嶺外代答》卷九翡翠：「翡翠，產於深廣山澤間，穴巢於水次……邕州右江產一等翡翠，其背毛悉是翠茸，窮侈者用以撚織。」《梁書》卷五十四說扶南國出孔翠，或許是指孔雀翠羽。趙汝适《諸蕃志》卷下翠毛：「真臘最多。」其餘內容抄周去非，卷上真臘說：「翠毛此國最多。」

總之，唐代的海上絲綢之路不僅日益發達，通過海路傳入中國的商品種類也在增加。商品的漢譯名詞也在增加，而且商品種類的增加導致原有的名詞也發生了變化。

唐代揚州、江寧與上江的水路貿易

　　唐代的長沙窯瓷器大量通過揚州港出口，從長沙到揚州的水路經過六朝故都建康（今南京）。前人雖然對唐代揚州出口長沙窯瓷器多有研究，但是很少有人關注從長江中上游到江寧（今南京）、揚州的水路貿易。

　　東漢末年，孫權看中建業（今南京）城西的長江汊道（今外秦淮河）能停泊戰船，所以在此建都。《三國志·張紘傳》裴松之注引《獻帝春秋》說孫權在京口（今鎮江）對劉備說：「秣陵有小江百餘里，可以安大船，吾方理水軍，當移據之。」孫吳的優勢在水軍，所以小江（長江汊道）非常重要。楊吳、南唐時期，因為南京城西的沙洲與東側的陸地日益靠近，所以原來的長江汊道變成了現在的外秦淮河。

　　西晉左思描寫孫吳都城的《吳都賦》說：「橫塘查下，邑屋隆誇。長干延屬，飛甍舛互。其居則高門鼎貴，魁岸豪傑。虞魏之昆，顧陸之裔。」隋代江都人李善注：「橫塘在淮水南，近家渚，緣江築長堤，謂之橫塘，北接柵塘。查下、查浦，在橫塘西，隔內江，自山頭南上十里，至查浦。」橫塘在秦淮河注入長江的河口，在今水西門東南。查浦在石頭城以南十里，很可能是朝天宮以南的河道，注入外秦淮也即古代的長江汊道。查下在橫塘之西的沙洲上，隔內江也即長江汊道，因為直對查浦而得名。查浦內接運瀆，是孫吳時期開鑿的重要河道，《建康實錄》卷二說赤烏元年（238年）十二月，孫權派人開鑿城西南從秦淮河向北到倉城的河道，稱為運瀆。運瀆現在已經湮沒，遺址在今豐富路以東，曾經發現古河道。〔註1〕橫塘和查浦因為是秦

〔註 1〕賀雲翔：《六朝瓦當與六朝都城》，文物出版社，2005 年，第 77 頁。

淮河的出口，是城西最重要的碼頭，所以從孫吳時代開始就非常繁華。唐代杜牧的詩句「煙籠寒水月籠沙，夜泊秦淮近酒家」，證明秦淮河仍是主要的泊船碼頭。

古代海潮經常深入到南京城西，《晉書》卷二十九《五行志》記載海潮多次湧入石頭城，其中孝武帝太元十七年：「六月甲寅，濤水入石頭，毀大航，漂船舫，有死者。」元興三年：「二月庚寅夜，濤水入石頭。商旅方舟萬計，漂敗流斷，骸胔相望。江左雖頻有濤變，未有若斯之甚。」

1965 年，南京東晉王興之墓出土了一個鸚鵡螺做的杯子，殼外用銅邊鑲扣，兩側裝有銅質雙耳，證明六朝時期的螺杯確實從南洋來到了都城建康。〔註2〕

南朝時，南京仍然是重要海港，《南齊書》卷三十一《荀伯玉傳》說齊世祖爲太子時任用張景眞：「又度絲錦與崑崙舶營貨，輒使傳令防送過南州津。」崑崙舶是來自南洋的海船，很多人與之貿易絲錦，證明南京很早就是海上絲綢之路上的重要城市。

隋滅陳，將建康城平毀，但是仍然設蔣州，管轄江寧、當塗、溧水三縣。煬帝大業三年（607 年）改蔣州爲丹陽郡，唐高祖武德三年（620 年），杜伏威歸唐，改爲揚州，增設安業、丹陽、溧陽三縣，改江寧爲歸化縣。七年，平輔公祐，改揚州爲蔣州。八年，改回揚州，改歸化爲金陵縣，又把延陵、句容二縣劃歸揚州，可見此時仍然很繁榮。九年，改金陵爲白下縣，劃歸潤州，丹陽、溧水、溧陽劃歸宣州，揚州北遷到今揚州。太宗貞觀七年（633 年），改白下爲歸化縣，九年改回江寧縣。肅宗至德二年（757 年），設江寧郡。乾元元年（758 年），改江寧郡爲昇州，管轄江寧、句容、溧水、當塗四縣。上元二年（761 年），廢昇州。光啓三年（887 年），又設昇州。

南京西水關的前身就是橫塘，南唐時就稱爲下水關，因爲這裡從孫吳時代開始就是南京城西最繁華的碼頭，所以唐代仍然是停船之處。這裡平時是良好的停船之處，但是如果遇到海潮的強烈衝擊，會發生沉船事故。

1986 年南京西水關出土五艘上下疊壓的古代沉船，最早的一艘是獨木舟，最晚的一艘可能是在明清時代沉沒。沉船中發現很多唐代長沙窯瓷器，應該是從長沙開往海口揚州。

〔註 2〕南京市文物保管委員會：《南京人台山東晉興之夫婦墓發掘報告》，《文物》1965
　　　年第 6 期。

唐初王勃《江寧吳少府宅餞宴序》說：

> 蔣山南望，長江北流。伍胥用而三吳盛，孫權困而九州島裂。
>
> 遺墟舊壤，數萬里之皇城。虎踞龍盤，三百年之帝國。
>
> 闕連石塞，地實金陵。霸氣盡而江山空，皇風清而市朝改。
>
> 昔時地險，嘗爲建業之雄都。今日太平，即是江寧之小邑。

唐朝的南京確實比較太平，但是眞的從一個王朝首都變成一個小城了嗎？其實不是，唐代的南京仍然非常繁榮，很多船商在揚州與上江之間經商。

張籍《賈客樂》詩云：

> 金陵向西賈客多，船中生長樂風波。
>
> 欲發移船近江口，船頭祭神各澆酒。
>
> 停杯共說遠行期，入蜀經蠻遠別離。
>
> 金多眾中爲上客，夜夜算緡眠獨遲。
>
> 秋江初月猩猩語，孤帆夜發瀟湘渚。
>
> 水工持楫防暗灘。直過山邊及前侶。
>
> 年年逐利西復東，姓名不在縣籍中。
>
> 農夫稅多長辛苦，棄業寧爲販寶翁。

這首詩說明，唐代有很多金陵商人來往於長江口與長江上游巴蜀和荊蠻之地之間，販賣珍寶，這些珍寶無疑來自揚州的胡商。這些商人從小生長在船上，他們的戶籍都不在縣中，也就是說他們世代在江上漂泊。

這令我們想到俞大娘，李肇《唐國史補》卷下：

> 江湖語云：水不載萬。言大船不過八九千石。然則大曆、貞元
> 間，有俞大娘航船最大，居者養生、送死、嫁娶悉在其間，開巷爲
> 圃，操駕之工數百，南至江西，北至淮南，歲一往來，其利甚博，
> 此則不啻載萬也。

俞大娘的大船來往於淮南節度使所在的揚州與江西之間，船上的人可以很久不下船，獲利很多，印證張籍詩歌所說商人生長在船上。俞大娘的船能造這麼大，需要很多錢，養活這麼多人，還能獲取高額利潤，很可能是從事私鹽或瓷器、珠寶販賣，這是最暴利的行業。

　　戴叔倫《撫州對事後送外生宋垓歸饒州覲侍呈上姊夫》詩云:「淮汴初喪亂,蔣山烽火起。與君隨親族,奔迸辭故里。京口附商客,海門正狂風。憂心不敢住,夜發驚浪中。雲開方見日,潮盡爐峰出。石壁轉棠陰,鄱陽寄茅室。淹留三十年,分種越人田。」金壇人戴叔倫在江淮戰亂中,乘京口商人的船,很快就到鄱陽,說明唐代長江口的船能一直開往江西。

　　李白《長干行》詩云:

　　　　妾髮初覆額,折花門前劇。

　　　　郎騎竹馬來,繞床弄青梅。

　　　　同居長干里,兩小無嫌猜。

　　　　十四為君婦,羞顏未嘗開。

　　　　低頭向暗壁,千喚不一回。

　　　　十五始展眉,願同塵與灰。

　　　　常存抱柱信,豈上望夫臺。

　　　　十六君遠行,瞿塘灩澦堆。

　　　　五月不可觸,猿聲天上哀。

　　　　門前遲行跡,一一生綠苔。

　　　　苔深不能掃,落葉秋風早。

　　　　八月蝴蝶黃,雙飛西園草。

　　　　感此傷妾心,坐愁紅顏老。

　　　　早晚下三巴,預將書報家。

　　　　相迎不道遠,直至長風沙。

　　這首詩說從小生長在長干里的一對小夫妻分別,丈夫去巴蜀經商,妻子希望他早點回家,妻子願意去長風沙迎接。長風沙在今安慶,這也印證了南京的商船能到巴蜀。杜甫《絕句》詩云:「窗含西嶺千秋雪,門泊東吳萬里船。」說的也是來自吳地的商船到成都。

　　崔顥《長干曲》詩云:

　　　　君家何處住,妾住在橫唐。

　　　　停船暫借問,或恐是同鄉。

家臨九江水，來去九江側。

同是長干人，生小不相識。

橫唐應該是南京城南的橫塘，這首詩說兩個來自南京的船商在江西九江相逢，但是從來不認識，說明很多南京的船商到了長江中游。

李益《長干行》詩云：

憶妾深閨裏，煙塵不曾識。嫁與長干人，沙頭候風色。

五月南風興，思君下巴陵。八月西風起，想君發揚子。

去來悲如何，見少離別多。湘潭幾日到，妾夢越風波。

昨夜狂風度，吹折江頭樹。渺渺暗無邊，行人在何處。

好乘浮雲驄，佳期蘭渚東。鴛鴦綠浦上，翡翠錦屏中。

自憐十五餘，顏色桃花紅。那作商人婦，愁水復愁風。

這首詩說南京長干里的商人妻子，經常在沙頭等候信風，五月南風起，期盼丈夫從巴陵（今岳陽）開船向北。八月西風起，期盼丈夫從揚子（今揚州）開船向西。詩中還說到長沙附近的湘潭，因此我們不難推測，他的丈夫很可能是把長沙窯瓷器運到揚州出口的商人。一般女子很少上船，但是妻子願意去長風沙等丈夫，說明來往於唐代南京和安慶之間短途貿易的商船比長途貿易的商船還要多很多，所以女子也容易上船去安慶。

張籍《春江曲》詩云：

春江無雲潮水平，蒲心出水鳧雛鳴。

長干夫婿愛遠行，自染春衣縫已成。

妾身生長金陵側，去年隨夫住江北。

春來未到父母家，舟小風多渡不得。

欲辭舅姑先問人，私向江頭祭水神。

這首詩說金陵（南京）向西的商人，從小生長在船上，他們的姓名不在州縣戶籍中。他們獲利很多，以錢多的人為上客，夜晚因為算帳而很晚才睡。他們的活動範圍能遠到四川，經過很多蠻夷地方。水工持楫，害怕暗灘，說明很多人在江上失事，這可能是南京這艘唐代沉船失事的可能原因。

丁仙芝《江南曲》詩云：

長干斜路北，近浦是兒家。

有意來相訪，明朝出浣紗。

發向橫塘口，船開值急流。

知郎舊時意，且請攏船頭。

昨暝逗南陵，風聲波浪阻。

入浦不逢人，歸家誰信汝。

未曉已成妝，乘潮去茫茫。

因從京口渡，使報邵陵王。

始下芙蓉樓，言發琅邪岸。

急爲打船開，惡許傍人見。

這裡提到京口（今鎮江市），就在揚子津的南端，所以唐朝長干里的很多商人來往於揚州、潤州和長江中上游。

這些南京商人來往長江，除了販賣胡人從海路運到揚州的珍寶，還有經營鹽業。揚州是淮鹽的集散地，而長江中游正是依靠海鹽的地區。白居易的《鹽商婦》詩云：

鹽商婦，多金帛，不事田農與蠶績。

南北東西不失家，風水爲鄉船作宅。

本是揚州小家女，嫁得西江大商客。

綠鬟富去金釵多，皓腕肥來銀釧窄。

前呼蒼頭後叱婢，問爾因何得如此？

婿作鹽商十五年，不屬州縣屬天子。

每年鹽利入官時，少入官家多入私。

官家利薄私家厚，鹽鐵尚書遠不知。

何況江頭魚米賤，紅膾黃橙香稻飯。

飽食濃妝倚柁樓，兩朵紅腮花欲綻。

這首詩說揚州的一個女子嫁給西江大商人，經營私鹽而成巨富，因而過上了奢侈的生活。這些鹽商來往於長江下游和江西之間，長年住在船上，順

著風水，四處爲家。江西歷史上不產鹽，一直需要來自江蘇的海鹽。杜甫大曆初年在夔州寫的《柴門》詩云：「風煙渺吳蜀，舟楫通鹽麻。」《客居》詩云：「蜀麻久不來，吳鹽擁荊門。」

唐朝曾募江淮人用官本錢經商，唐文宗說：「中書門下省所將本錢，與諸色人，給驅使官文牒，於江淮諸道經紀，每年納利，並無元額許置。如聞皆是江淮富家大戶，納利殊少，影庇至多。私販茶鹽，頗撓文法，州縣之弊，莫甚於斯，宜並勒停。」〔註3〕唐武宗說：「如聞江淮諸道，私鹽賊盜，多結群黨，兼持兵仗劫盜，及販賣私鹽，因緣便爲大劫。」

張籍《江南行》詩云：

> 江南人家多橘樹，吳姬舟上織白苧。
>
> 土地卑濕饒蟲蛇，連木爲牌入江住。
>
> 江村亥日長爲市，落帆度橋來浦里。
>
> 清莎覆城竹爲屋，無井家家飲潮水。
>
> 長干午日沽春酒，高高酒旗懸江口。
>
> 娼樓兩岸臨水柵，夜唱竹枝留北客。
>
> 江南風土歡樂多，悠悠處處盡經過。

他說長干里的市場很繁榮，有來自北方的客商。這裡有很多人家連接木排居住，沒有地方挖井，飲用混入海潮的水。這些北方來的商人很可能是從大運河南下，經過揚州來到南京。唐代南京臨江有著名的孫楚酒樓，李白的《玩月金陵城西孫楚酒樓，達曙歌吹，日晚乘醉》也有提及。

唐代的南京城西還有臨江驛，張謂詩《登金陵臨江驛樓》云：「古戍依重險，高樓見五梁。山根盤驛道，河水浸城牆。」這首詩中提到古代的工事，還有城牆和山丘，很可能是指今清涼山的石頭城，其西正是長江。岑參《送許子擢第歸江寧拜親因寄王大昌齡》詩云：「建業控京口，金陵款滄溟。君家臨秦淮，傍對石頭城。」秦淮河注入長江處靠近石頭城，也有海潮，所以說金陵靠近大海。因爲靠近鎮江和揚州的長江入海口，所以說建業控京口。

前人指出，宋代的長江沿岸有三元水府神，上元水府廟在江西彭澤縣的馬當山，中元水府廟在當塗縣的牛渚磯，下元水府廟在鎮江，最初在金山，

〔註3〕《全唐文》卷七十四《追收江淮諸色人經紀本錢敕》。

元豐年間遷到西津渡。〔註4〕三元水府的體系很可能在唐代已經形成，反映了鎮江、揚州和江西之間緊密的航運聯繫。

唐朝南京的商業繁榮，南京市區某建築工地出土了一件唐朝瓷碟，現藏於南京博物院，口徑 8.5 釐米，高 1.8 釐米，施青黃釉，露胎，平底，斂口，內爲弧形，底部書寫有：朱家煙（胭）脂，較賣主故（顧），使用方知，每個十文。這個碟子底部是唐朝賣胭脂的廣告，說明唐朝的南京商業已經相當發達，所以才能出現這樣具有現代氣息的廣告，說不定這家胭脂店的主要市場正是長干里富商家的婦女。

現代在湖南長沙考古發現的唐代長沙窯瓷器，有很多寫有詩文，其中一個寫有詩云：

> 一別行千里，來時未有期。
>
> 月中三十日，無夜不相思。

這首詩的意境，非常類似上文所用的唐代詩歌，都是描寫唐代長江上的商人愛情。但是這首詩寫在長沙窯的瓷器上，更證明了很多唐代長江上的情詩，源自湖南和揚州之間繁忙的貿易。

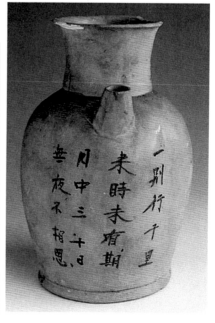

〔註4〕黃純豔：《宋人水上旅行的祭祀活動》，蘇智良主編：《海洋文明研究》第二輯，中西書局，2017年，第42～43頁。

長沙銅官鎮唐代窯址

長沙窯出土阿拉伯風格綠釉瓷器、椰棗樹紋樣瓷器

鑑眞東渡行程新考

　　唐代鑑眞大師六次東渡，弘揚佛法，令人千古仰慕。以往學者研究鑑眞的成果很多，但是因爲地理史料的欠缺，所以關於鑑眞東渡的地理考證確很少。搞不清鑑眞的航程，是鑑眞研究史上的一件憾事。

　　今日通行的《唐大和上東征傳》（以下《東征傳》）汪向榮先生校注本（以下汪注）在地理考證上還有一些錯誤，〔註 1〕前人已經指出幾點，比如第 51頁「下至大板山泊，舟去不得，即至大嶼山」，群本、北川本無去字，汪注據觀甲本加一去字，前後矛盾，應該標點爲：「下至大板山，泊舟不得，即至大嶼山」。〔註 2〕而我們還可以根據各種地理資料、語言文字資料對鑑眞東渡的地理作進一步的探索，本文即對十餘處地名作重新考證。

一、狼溝浦

　　《東征傳》：「天寶二載十二月，舉帆東下，到狼溝浦，被惡風漂浪擊，舟破，人總上岸。潮來，水至人腰，大和上在烏蘆草上，餘人並在水中。多寒，風急，甚太辛苦。更修理舟，下至大板山，泊舟不得，即至大嶼山。」天寶七年，鑑眞第二次東渡，「至揚州新河，乘舟下至常州界狼山，風急浪高，旋轉三山。明日得風，至越州界三塔山。停住一月，得好風。」

〔註 1〕〔日〕眞人元開著、汪向榮校注：《唐大和上東征傳》，中華書局（北京），
　　　2000 年。
〔註 2〕郭天祥：《〈唐大和上東征傳〉校注本商兌》，《揚州大學學報（人文社會科學
　　　版）》2005 年第 3 期。

汪注：「天寶二載，應作天寶二年。」按：天寶二年（743 年）到十五年，改稱年為載，所以此處無誤。

狼山為今南通市狼山無疑，因為今日的南通市原為長江口沙洲，所以狼山原來海中，所以唐代時屬於江南的常州。藤田元春先生認為狼溝浦近狼山，《嵊泗縣志》認為在嵊泗縣的狼崗山，安藤更生、汪向榮先生認為靠近太倉的狼港，郭振民先生認為在狼山附近。按應該在狼山附近，因為太倉狼港的地名出現很晚，而狼山在唐代史書中就已經出現了。鑒真等人船隻損壞後，自行修理，可見狼溝浦附近人煙稀少。《入唐求法巡禮行記》卷一：

> 七月一日，曉潮落，不得進行。令人登桅頭看山間：南方遙有三山，未識其名。鄉里幽遠，無人告談。……終到大江口，逆潮湍流，不可進行。其江稍淺，下水手等曳船而行，覓人難得。倘逢賣蘆人，即問國鄉，答云：「此是大唐揚州海陵縣淮南鎮大江口。」〔註3〕

這裡所說日本遣唐使所乘之船也漂流到狼山北部，三山即《東征傳》的三山，附近沙洲人煙稀少，只有幾個賣蘆人。北宋王闢之《澠水燕談錄》卷八說：

> 通州狼山廣教寺，在唐為慈航院，在江中山上，昔人有詩云：「飛來靈鷲嶺，化作寶陀山。」前後乃江海相接處，舟出二山間，水湍礙石，率多覆溺。昔有僧率其徒操楫以護之，舟無觸石之患，故有慈航之名。近年江水南徙，山之前後皆陸田，後人又有詩云：「昔年船底浪，今日馬蹄痕。」皆紀實也。〔註4〕

狼山在唐代時是翻船事件多發的地方，而長江南岸的諸多支流港汊反而是良好的避風港。

鄔永昌先生認為根據鑒真弟子豐安所撰《鑒真和上三異事・海路庶奇異》中提到的「（鑒真一行）天寶二年十二月，在明州界狼溝浦遭惡風浪」，認為狼溝浦是慈谿觀城鎮浪港山。〔註5〕雖然地名上能夠對應，但是和上下文不

〔註3〕〔日〕圓仁著，白化文、李鼎霞、許德楠校注：《入唐求法巡禮記》，花山文藝出版社，2007 年，第 8 頁。

〔註4〕〔宋〕王闢之撰、呂友仁點校：《澠水燕談錄》，中華書局（北京），1981 年。

〔註5〕鄔永昌：《鑒真東渡普陀駐泊地考》，2009 年 1 月 9 日至 11 日「舟山普陀與東亞海域的文化交流」國際學術研討會。

合，因爲狼溝浦是鑒眞出揚州後的第一站，慈谿離揚州很遠，中間居然沒有提到一處地名，這是不合情理的。至於有關鑒眞的著作提到「明州界狼溝浦」可能是後人訛誤。

二、大板山、下嶼山

孫慰名、郭振民先生認爲大板山是今泗礁東部的大悲山，下嶼山是今川湖列島的下川山。〔註6〕按大板山爲大悲山的說法沒有古代地方志記載的依據，大悲山之名不知起於何時，而且大悲山正如郭振民先生一文所說是得名於「大慈大悲救苦救難靈感觀世音菩薩」，那麼不管是普通民眾還是鑒眞師徒都不可能把某個和「大悲」有關的地名通假爲「大板」。最關鍵的是，泗礁島是今天浙江嵊泗縣治所在，是嵊泗列島中最大的島嶼，如果這個島都不能停泊，爲什麼要找一個更小的下川山去停泊呢？郭振民先生文中說泗礁島是天然良港，冬季風暴天港內十分平靜，這更和《東征傳》不合，所以大板山肯定不是大悲山。

按：大板山應是今嵊泗列島東北部的大盤山，板、盤讀音極近，下嶼山是大盤山東南面的壁下山。大盤山、壁下山都在嵊泗列島東北邊緣，東面就是東海外洋，正是東渡的好地方。壁下山因陡崖壁立而得名。原與其北面的野貓洞山隔水相鄰，野貓洞又稱羊毛洞，也叫安基。兩島間隔一條40米寬水道，1975年填海築堤，使兩島連成一體。今壁下山總面積1.19平方公里，最高點海拔161.2米，島岸曲折，在南側形成一個優良的避風港灣，每年冬季帶魚汛時，爲漁船主要錨泊地。壁下山土質瘠薄，崗石嶙峋，森林覆蓋率24%左右。壁下山盛產貝藻魚蝦，〔註7〕鑒眞一行停住一月，是完全有可能的。大盤山緊鄰壁下山，所以鑒眞等人在大盤山（大板山）不能泊船，隨即到鄰近的壁下山（下嶼山）停泊。

〔註6〕郭振民：《鑒眞東渡與舟山群島關係質疑及其在中日海岸交通史上的重要意義》，《浙江國際海運職業技術學院學報》2006年第1期。

〔註7〕嵊泗縣地名辦公室編：《浙江省嵊泗縣地名志》，內部發行，1990年，第112頁。

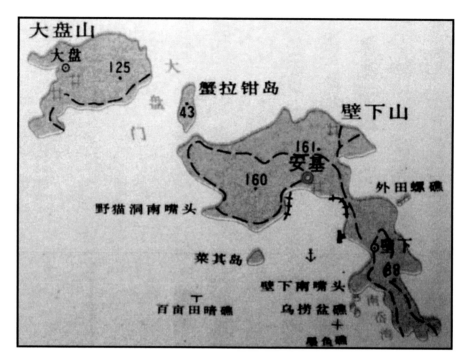

大盤山和壁下山

三、始豐縣

《東征傳》第 59 頁：「明日度嶺，入始豐縣，日暮到國清寺。」汪注：「始豐縣，《群本》原作『唐興縣』而傍注『始豐』，按稱唐興，是在唐肅宗上元二年（公元七六一年）以後的事。因此在鑒眞和尙一行路過時，尙不可能稱唐興。但元開撰寫《東征傳》，則在公元七七九年（日寶龜十年，唐大曆十四年），那時已經將始豐改爲唐興；並且在其間已有遣唐使往復過一次，所以日本已知道改名的事，元開用新名自屬可能。現爲尊重歷史事實，加以改正。」

按：《東征傳》原文不錯，汪注本錯改。唐代李吉甫《元和郡縣圖志》卷二十六台州唐興縣：「晉武帝以雍州有始平，改爲始豐。肅宗上元二年，改爲唐興。」點校本引清張駒賢《元和郡縣圖志考證》：「『肅宗』宜改作『前』，《新志》作『高宗』，以『前』字別之，見黃岩、樂安二縣敍。」〔註 8〕按唐代有兩個上元年號，唐高宗李治的上元稱爲前上元，唐肅宗李亨的上元爲後上元，

〔註 8〕〔唐〕李吉甫撰、賀次君點校：《元和郡縣圖志》，中華書局（北京），1983 年，第 628 頁、第 640 頁。

始豐縣（治今浙江省天台縣）在高宗前上元已改為唐興縣，《元和郡縣圖志》記載錯誤，前人已經考證清楚，《新唐書・地理志》說：「高宗上元二年更名。」南宋王象之《輿地紀勝》卷第十二台州天台縣下說：「高宗上元二年更名唐興。」所以鑒真路過時就叫唐興縣。

《東征傳》下文說：「出始豐縣，入臨海縣。」汪注：「這裡的始豐縣，無誤。由此更證明上文用『唐興縣』是錯誤的。」其實唐代改名唐興縣時間不如始豐縣用的時間長，鑒真一行在今天台縣國清寺等地一定見到不少有始豐縣字樣的文物，所以原本特地在唐興縣下注「始豐縣」三字，下文用其古名始豐縣也很正常。

四、白峰，尋江

《東征傳》第 60 頁：「入臨海縣，導於白峰尋江，遂至黃岩縣。」汪注未釋白峰，又在尋江下加橫線。其實尋江不是專名，尋江指順著江路。

南宋《嘉定赤城志》卷二十《山水門二》黃岩縣：「白峰，在縣東南三十五里。」〔註9〕臨海縣在黃岩縣西北，從臨海到黃岩不可能繞道黃岩東南的白峰，所以此處的白峰不是鑒真所指白峰。

嘉定《赤城志》卷十九《山水門一》臨海縣：「白鶴山在縣東南二十里，上有展旗峰，洗腸潭，又有劍崖。舊傳趙炳留劍痕於此。按《寰宇記》山上有湖，中多磐石，前有石槌、石鼓，鼓鳴則兵亂，昔有白鶴飛入會稽，雷門鼓中擊之，聲震洛陽，故以為名。又《臨海記》云山上有池泉，垂溜遠望，如倒掛白鶴之狀，故有泉名掛鶴。又《郡國志》云漢末有徐公於此山成道，控鶴騰空，而去故有鶴掛嶺焉。三說不同，未詳孰是。」又「白岩在縣南二十四里，孤絕秀異，林木鱗次，以其皆白石，故名。上有龍湫水，如白練云。」白鶴山比較有名，而且在臨海到黃岩的靈江邊上，所以鑒真所經的白峰是白鶴山。

五、三塔山

《東征傳》第 62 頁：「至揚州新河，乘舟下至常州界狼山，風急浪高，旋轉三山。明日得風，至越州界三塔山。停住一月，得好風。」汪注：「三塔山，當指定海海中的小洋山。」汪注未說任何定位理由。

〔註 9〕《嘉定赤城志》，《宋元方志叢刊》第 7 冊，中華書局（北京），1990 年。

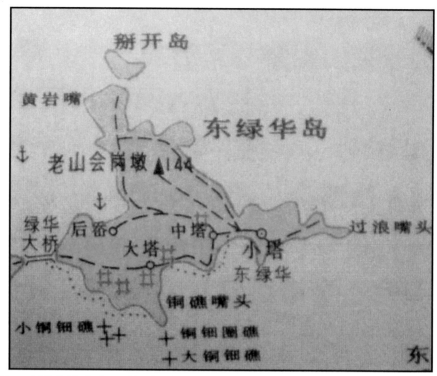

按：小洋山沒有和三塔有關的地名，今嵊泗縣東綠華島南部（又稱南澳）
有大塔、中塔、小塔三村，合稱「三塔」，〔註10〕三塔山應即東綠華島。東綠
華島西北面就是長江口，除了正西面有西綠華島外，沒有其他島嶼，所以鑒
眞一行從今南通的狼山直接航行到此。東綠華島比較大，可以支持鑒眞一行
在此居住一月。

六、頂岸山、項岸山、須岸山

《東征傳》：「至越州界三塔山。停住一月，得好風，發至暑風山，停住
一月。十月十六日晨朝，和上云：「昨夜，夢見三官人，一著緋，二著綠，於
岸上拜別，知是國神相別也，疑是度必得渡海也。」少時，風起，指頂岸山
發。東南見山，至日中，其山滅，知是蜃氣也。去岸漸遠，風急波峻，水黑
如墨。沸浪一透，如上高山；怒濤再至，似入深谷。」從下文來看，項岸山
在外洋邊上，其東南部沒有其他島嶼。

汪注：「頂岸山，觀甲本作『項岸山』，觀乙本、高山寺本、唐招提寺本
作『須岸山』，安藤現代語譯本及其在《鑒眞大和上傳之研究》中亦如此，

〔註10〕嵊泗縣地名辦公室編：《浙江省嵊泗縣地名志》，內部發行，1990 年，第 41 頁。

高貴寺本亦作『項岸山』。究竟如何不詳，先存疑。《日本書紀》及《伊吉博德傳》是作『項岸山』的。其位置，藤田元春主張在舟山列群島南，屬象山的珠岩山；而安藤更生先生則以爲應在普陀山南的朱家尖。」《舟山史志》認爲應爲今天朱家尖以東的裏外洋鞍山。鄔永昌先生認爲：寶慶《昌國縣志》記載樫岸山排列在浮塗山（今佛渡島）、昆斗山（今桃花島西北部）、登部山（今登步島）、馬秦山（今朱家尖島）附近，屬安期鄉境內。而元大德《昌國州圖志》卷二「鄉村」篇中，浮塗、昆斗、登部、馬秦等均列入安期鄉四十七嶴之中，樫岸山不在其中。可見，樫岸山不是一個嶴（自然村），也不是一個島，而是桃花島上一座最高的山峰。樫岸山與頂岸山只有一字之別，而且發音也基本相似，故頂岸山是樫岸山的轉音。樫岸山今桃花島上對峙山，亦名聖岩山。又有學者認爲須岸山是《寶慶四明志》、《昌國州圖志》的須皓山，和《日本書紀》記載遣唐使於 661 年從越州出洋的起點樫岸山在同一區域。〔註11〕

　　按：須、項形近，必有一誤，和樫字形不近，讀音比較近，堅字古音是gan，項字是 hang。樫的中古讀音是醜貞切，頂的中古讀音爲都挺切，讀音不是很近，而且桃花島不在舟山群島最東部，不是放洋之地。其實朱家尖島東面 15.8 千米有外洋鞍山，項的吳語讀音就是 ang，和洋字讀音很近，項岸山即洋鞍山。外洋鞍山在舟山群島東南，東面就是外洋，所以叫洋岸山，訛爲洋鞍山、項岸山。鑒眞東渡，當然要從這裡出發。

七、臺灣附近的航程

　　鑒眞一行從項岸山出洋後，「三日過蛇海」，「三日過飛魚海」，「一日經飛鳥海」，「其後二日無物」，又過了三天，「引舟直至泊舟浦，舟人把碗。競上岸頭覓水，過一小崗，便遇池水，清涼甘美，眾人爭飲，各得飽滿。後日更向池，欲汲水；昨日池處，但有陸地，而不見池，眾共悲喜，知是神靈化出池也。是時，冬十一月，華蕊開敷，樹實竹筍，不辨於夏。凡在海中經十四日，方得著岸。遣人求浦，乃有四經紀人。便引道而去。四人口云：『和尚大果報，遇於弟子。不然合死。此間人物吃人，火急去來！』便引舟去。入浦。晚，見一人被髮帶刀，諸人大怖，與食便去。」

　　汪注：「在海中漂流十四日始得著岸，這著陸地點以後又航行三日才到振

────────────

〔註11〕王勇、郭萬平：《南宋臨安對外交流》，杭州出版社，2008 年，第 33～34 頁。

洲（海南島南端），由此可以推測此著岸處，當爲南海中一島。」

按：海南島東面有東沙群島，南海其他群島都在海南島南面，如果漂流到這些島嶼，只會向東南亞漂去，不可能再突然向北漂到海南島，如此重大的轉向，《東征傳》未提，也不符合南海的洋流，南海中部沒有這樣一個環流。而且南海中的島嶼都是很小的珊瑚礁，自古以來沒有部落定居，也沒有花木竹林，所以鑒眞漂流到達的不是南海諸島。從浙江到海南島要經過臺灣島附近，所以鑒眞到達的應是臺灣島。臺灣島附近有河流衝擊和海積平原，泊舟的浦即河口或其支流。臺灣島一直有花木竹林和土著部落，所以鑒眞漂流到臺灣島無疑。

八、廣西諸州

《東征傳》：「三日三夜，便達雷州。羅州、辨州、象州、白州、傭州、藤州、梧州、桂州等官人、僧、道、父老迎送禮拜，供養承事，其事無量，不可言記。始安都督上黨公馮古璞等步出城外。」

汪注指出傭州即容州，始安都督治桂州始安郡（治今桂林市）。按：所謂「不可言記」，說明這段行程的記憶已經模糊。因爲當時的嶺南州縣最多，而且都是少數民族聚居區，所以很不容易記清。羅州治今廣東廉江市北，辯州治今廣東化州市，白州治今廣西博白縣，容州治今廣西北流縣，梧州治今廣西梧州市，藤州治今廣西藤縣，象州治今廣西象州縣東北，桂州治今桂林市。諸州按照從南到北的順序爲羅、辯、白、容、藤、梧、象、桂，原文的象州誤在辯、白之間。

九、棲霞寺

《東征傳》：「即引還棲霞寺，住三日。卻下攝山，歸揚府。」

汪注：「棲霞寺，在鎮江棲霞山。」按棲霞山在今南京市東北部棲霞區的棲霞山，歷史上不屬於鎮江。攝山即棲霞山，棲霞寺在山上，《南史》卷五十《明僧紹傳》：「既而遁還攝山，建棲霞寺而居之。」《廣弘明集》卷第三十上有陳朝江總《入攝山棲霞寺並序》，南宋張敦頤《六朝事蹟編類》卷下「攝山」：

> 《寰宇記》云：周回四十里，高一百三十二丈。東連畫石山，
> 南接落星山。陳江總《攝山棲霞寺碑》云：南徐州琅琊郡江乘縣有

　　攝山，其狀似傘，亦名傘山。尹先生記云：山多草藥，可以攝養，
　　故以攝爲名。《南史》齊明僧紹往江乘攝山，今棲霞寺即其宅也。
　　今去城四十五里。〔註12〕
　　這裡的去城指離南京城四十五里。

十、益救島

　　《東征傳》：「第二舟發向多禰去。七日，至益救島。」

　　汪注：「益救島，今日本尾久島。」按，應爲今日本屋久島（Yaku-shima），
尾字或係排印錯誤。

揚州鑒眞紀念堂

〔註12〕〔宋〕張敦頤撰、王能偉點校：《六朝事蹟編類》，南京出版社，第79頁。

唐代海運與海陵島上的廣陵、白蒲

　　廣東陽江海陵島在南朝叫羅州，北宋樂史《太平寰宇記》因爲抄錄了大量的前代地方志，所以有羅州一條，這不能證明宋代的海陵島還叫羅州。宋代的海陵島就叫海陵島，所以《宋史・地理志》有海陵寨。

　　海陵島的名字很可能在唐代出現，唐代爲何出現海陵島一名呢？海陵，顧名思義是海中的山陵。但是陵作爲島嶼的名字，在東南沿海的島嶼中很罕見。東南沿海的島嶼，有的稱爲山，如舟山、東山。有的稱爲門，如廈門、金門。有的稱爲澳，如南澳、蠔鏡澳。有的稱爲洲，如湄洲、硇洲。有的是壇，如海壇（今福建平潭島）。還有上川、下川，總之找不到陵。

　　海陵這個地名，令人想到江蘇的海陵，今江蘇省泰州市有海陵區。因爲泰州在秦漢甚至更早的戰國時期就叫海陵縣，一直延續到明代，長達千年之久。海陵縣的範圍原來很大，包括今泰州、如皋、東臺、大豐、南通等地，古代揚州以東都屬於海陵縣。歷史上的海陵一直屬於廣陵，也即揚州。令人驚奇的是，陽江的海陵島上也有一個廣陵山！

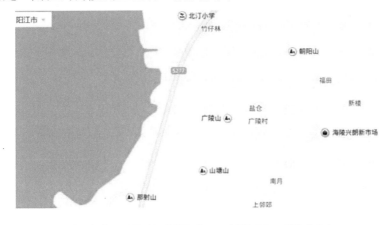

海陵島西北的廣陵山、廣陵村、鹽倉村

　　而且海陵島上的廣陵山在海陵島西北部的一個很小的山，在海陵島上也

不是很大很廣的山，而且在海陵島西部山脈最狹窄的地方。既然這個廣陵不是廣大的陵，又叫廣陵，很可能來自江蘇的廣陵！唐代的揚州是中國第一大城市，也是阿拉伯人所說的四大海港之一，而且揚州與陽江看似很遠，其實唐代揚州與安南之間有航路，就路過陽江！

因爲安史之亂的戰火被張巡等人阻擋在睢陽（今商丘），東南保全。晚唐主要依靠東南八道財富，糧食需從揚州轉運中原。所以揚州成爲晚唐最大城市，時諺說揚一益二。揚州是長江流域和北方物資的出海地，所以聚集大批胡商，很多人是從南方航海而至，《太平廣記》記載很多唐代揚州胡商故事。上元元年（760 年）田神功在揚州：「大掠百姓商人資產，郡內比屋發掘略遍，商胡波斯被殺者數千人。」〔註1〕

天寶二載（743 年）鑒眞準備從揚州東渡，出錢八十貫，買得嶺南道採訪使劉巨鱗之軍舟一隻，說明揚州和廣州之間有航路。十二載（753 年），鑒眞東渡日本，隨行弟子 24 人，有胡國人安如寶、崑崙人軍法力、瞻波國人善聽。

許棠《送從弟歸泉州》詩云：

問省歸南服，懸帆任北風。何山猶見雪，半路已無鴻。

瘴雜春雲重，星垂夜海空。往來如不住，亦是一年中。〔註2〕

許棠爲宣州人，但是詩中多有西北塞外事，此處說開船到福建，來往如果不停也要一年，應是指從中原經過運河，而不是指從江淮開船。從江淮到福建不需半年，但是運河是內河，航速不快。

湖南詩僧齊己《送趙長史歸閩川》詩云：「荊門與閩越，關戍隔三千。風雪揚帆去，臺隍指海邊。」〔註3〕從湖北到福建，也有航路，經過江浙。

唐代還開通了揚州到交趾的航路，《朝野僉載》卷三：「安南都護崔玄信，命女婿裴惟岳攝愛州刺史，貪暴，取金銀財物向萬貫……裴即領物至揚州。安南及問至，擒之，物並納官，裴亦鎖項至安南，以謝百姓。及海口，會赦而免。」〔註4〕

《舊唐書》卷十九說唐懿宗咸通三年（862 年）南蠻陷交趾，徵兵赴嶺南，湘、漓溯運，功役艱難，軍屯廣州乏食。潤州（鎮江）人陳磻石詣闕上書：「臣弟聽思曾任雷州刺史，家人隨海船至福建，往來大船一隻，可致千石，自福

〔註1〕《舊唐書》卷一二四《田神功傳》。
〔註2〕《全唐詩》卷六百三，第 6966 頁。
〔註3〕《全唐詩》卷八四一，第 9492 頁。
〔註4〕〔唐〕張鷟撰、趙守儼點校：《朝野僉載》，第 77 頁。

建裝船，不一月至廣州。得船數十艘，便可致三萬石至廣府矣。」於是以磻石爲鹽鐵巡官，往揚州楊子院專督海運。於是康承訓之軍皆不闕供。

咸通五年下詔：「淮南、兩浙海運，虜隔舟船，訪聞商徒，失業頗甚，所由縱舍，爲弊實深。亦有搬貨財委於水次，無人看守，多至散亡，嗟怨之聲，盈於道路。宜令三道據所搬米石數，牒報所在鹽鐵巡院，令和雇入海〔舟同〕船，分付所司。通計載米數足外，輒不更有隔奪，妄稱貯備。其小舸短船到江口，使司自有船，不在更取商人舟船之限。」

光啓元年（885 年）唐僖宗《車駕還京師德音》：「自蠻寇侵擾，連歲用兵，耗蠹生靈，海運爲甚。驅我赤子，深入滄波，睹駭浪而魂飛，泛洪濤而心死。繼有覆溺，多不上聞，仍遣賠填，急於風火。哀其已死之眾，不可復追，念茲將斃之徒，用延餘息。應江淮四道運糧，所有沈覆米損船綱官所由船戶及元發州縣合賠填者，並從放免，更不得校料追徵，應關海運留繫勘者，並一時釋放。唯造船官吏須有勘覆者，不在此限。」〔註5〕

陳磻石是鹽鐵巡官，揚州是中國古代最重要的鹽業城市，來自江淮的海鹽從揚州銷往內陸。

令人驚奇的是，海陵島上的廣陵山下就有鹽倉村，說明古代的鹽倉在此。廣陵是中國古代最大的鹽倉，海陵島上的鹽倉就在廣陵山下，更證明了海陵島的廣陵可能來自揚州。

更有趣的是，海陵島東北部的中心是白蒲，而江蘇如皋也有一個白蒲鎮。如皋原屬海陵縣，而且江蘇的白蒲在六朝時期正是海港。

海陵鎮所在的白蒲村

〔註 5〕《全唐文》卷八九，第 926 頁。

　　唐代日本僧人圓仁《入唐求法巡禮行記》東寺觀智院鈔本卷一說：「未時到揚州海陵縣白潮鎮桑田鄉東梁豐村。日本國承和五年七月二日，即大唐開成三年七月二日。」下文又說：「三日丑時。潮生。知路之船引前而赴掘港庭。巳時，到白湖口，逆流極湍。大唐人三人並本國水手等，曳船截流，到岸結纜，暫待潮生。於此聞第四舶漂著北海。午時，僅到海陵縣白潮鎮管內守捉軍中村。」

　　關於「白湖口」和「白潮鎮」，顧承甫、何泉達點校本引《大日本佛教全書》本考證云：「上下文作潮。」〔註6〕白化文等校注本依小野勝年本改鈔本的「白湖口」爲「白潮口」，〔註7〕但是徐琛先生認爲應爲「白湖」，即今如皋市白蒲鎮。因爲古代大陸和胡逗洲（在今南通市區一帶）之間的橫江，即《入唐求法巡禮行記》裏的白水，他說：「水闊成湖且有淤積之勢，渚淺浪高，白浪滔滔，鎮名白湖，名副其實，至於後來古橫江趨於淤塞消失，白湖成沼澤，盛產蒲葦，遂易名爲白蒲亦名副其實，由南宋丞相文天祥《指南錄·聞馬》中述：二十一日夜宿白蒲下十里，忽五更，通州下文字可知，宋代此地已經正式易名爲白蒲鎮了。」〔註8〕

　　其實白潮、白湖都不對，朝、胡字近，白潮是白湖的形訛。湖、蒲音近，白湖是白蒲的音訛。《宋書·州郡志》南兗州海陵郡有建陵、臨江、如皋、寧海、蒲濤、臨澤六縣，如皋縣治今如皋，有人認爲蒲濤縣毫無遺跡，地點不可考，〔註9〕其實據清代白蒲鎮出土古磚銘文就有「蒲濤縣」三字，說明蒲濤縣治今如皋市東南部的白蒲鎮，〔註10〕《宋書》卷四十九《虞丘進傳》記載晉將虞丘進「於蒲濤口與孫恩水戰」，據同書《武帝紀》，此事在東晉隆安五年（公元401年）。說明蒲濤口是一個重要水道口，可能就是古代扶海州和大陸間夾江的江口。因爲海濤來往，所以也是戰略要地，孫恩之亂平定不久就

〔註6〕〔日〕圓仁著，顧承甫、何泉達點校：《入唐求法巡禮記》，上海古籍出版社，1986年，第48頁注15。

〔註7〕〔日〕圓仁著，白化文、李鼎霞、許德楠校注：《入唐求法巡禮記》，花山文藝出版社，2007年，第10頁注1。

〔註8〕徐琛：《圓仁入唐求法通如之旅路線考》，《東南文化》1995年第4期。

〔註9〕陳金淵：《南通地區成陸過程的探索》，《歷史地理》第三輯，上海人民出版社，1983年。

〔註10〕〔清〕姚鵬春：《白蒲鎮志》卷一，上海圖書館藏抄本。江蘇古籍出版社1992年出版《中國地方志集成·鄉鎮志專輯》第16冊影印的抄本《白蒲鎮志》錯漏太多，故不用。

設蒲濤縣。蒲濤口應即圓仁所說的白蒲口，音訛為白湖口。既然六朝時已有蒲濤縣，那麼唐代為白蒲鎮是很正常的，並非宋代才更名。

既然上文說到，唐代陽江有來自廣陵的商人，又有安南縣令經過陽江，則從揚州往安南的海運一定經過陽江，這條航路最晚在唐代已經開闢。或許還有移民到海陵島，所以海陵島的名字與廣陵、白蒲等地名很可能來自江蘇海岸相鄰的廣陵、海陵、白蒲等地名。

港口體系變遷與唐宋揚州盛衰

中唐的長江口〔註1〕

  關於唐宋時期揚州的盛衰，已有全漢昇《唐宋時代揚州經濟景況的繁榮與衰落》一文，其他涉及唐宋揚州經濟史的著作主要有張澤咸先生的《唐代

──────────────

〔註1〕譚其驤主編：《中國歷史地圖集》第五冊，中國地圖出版社，1982年，第54頁。

工商業》、史念海先生的《中國的運河》、《唐代歷史地理研究》、李廷先生的《唐代揚州史考》、翁俊雄先生《唐代區域經濟研究》等。〔註 2〕全漢昇一文雖然刊於 1943 年，但徵引賅博，不僅是研究唐宋揚州盛衰的開山之作，而且至今仍是該問題的權威成果。今再從正史、詩歌、筆記中搜尋前人不太注意的史料，先描繪出唐代揚州的商貿範圍，再以此為基礎，結合長江三角洲港口體系變遷，分析宋代揚州相對衰落的原因。

一、唐代揚州商貿範圍

關於唐代揚州的商貿範圍，前人論著雖然引用很多材料，但是很多地域並沒有確定，比如全漢昇文引《全唐文》卷四九六權德輿《杜公淮南遺愛碑》說：「控荊衡以沿泛，通夷夏之貨賄。」據此，則唐代揚州與長江中游的湖南有頻繁的貿易，但是這畢竟是泛泛之論。今按《太平廣記》卷四百五：

> 水部員外郎杜涉，嘗見江淮市人核桃扇，量米止容一升，言於
> 九嶷山溪中得。

九嶷山在湖南南部，北面是湘江流域。另《全唐詩》卷三百一十五朱放的《楊子津送人》詩云：

> 今朝楊子津，忽見五溪人。
> 老病無餘事，丹砂乞五斤。〔註3〕

楊子津在揚州南面的長江岸邊，五溪在今湘西、黔東的沅水上游，以五溪蠻著稱於史籍，見於《水經注》卷三十七《沅水》。五溪地區至今仍然是中國丹砂最集中的產區，此詩說明五溪人直接把丹砂販到揚州。《太平廣記》說：

> 任華，潯陽之賈也。父升，與華往復長沙、廣陵間。貞元十一
> 年（795 年），之潭州不復。

〔註2〕全漢昇：《唐宋時代揚州經濟景況的繁榮與衰落》，《歷史語言研究所集刊》第十一本，1943 年。張澤咸：《唐代工商業》，中國社會科學出版社，1995 年，第 221～222 頁。史念海：《中國的運河》，陝西人民出版社，1988 年。史念海：《隋唐時期運河和長江的水上交通及其沿岸的都會》，《唐代歷史地理研究》，中國社會科學出版社，1998 年，第 317 頁。李廷先：《唐代揚州史考》第七章《唐代揚州的商業》，江蘇古籍出版社，2002 年，第 393～404 頁。翁俊雄：《唐代區域經濟研究》，首都師範大學出版社，2001 年，第 86～90 頁，第 182～197 頁。
〔註3〕《全唐詩》，中華書局（北京），1960 年。

上述三則說明湘西、湘南都在揚州貿易範圍內，長沙一帶也在內，考古學者發現揚州出土唐代長沙窯超過臨近的壽州窯、宜興澗眾窯、越窯，說明揚州是長沙窯的主要經銷口岸。〔註4〕《太平廣記》卷三百三十九《劉彥》說德宗建中二年（781 年）：「江淮訛厲鬼自湖南來」，之所以有這樣的謠言，其基礎是淮南道和湖南之間頻繁的往來。《全唐詩》卷六百七十五鄭谷《淮上與友人別》云：

> 揚子江頭楊柳春，楊花愁殺渡江人。
>
> 數聲風笛離亭晚，君向瀟湘我向秦。

鄭谷從揚州沿長江水路去湖南，《全唐詩》卷二百三十杜甫《解悶》十二首第四云：

> 商胡離別下揚州，憶上西陵故驛樓。
>
> 為問淮南米貴賤，老夫乘興欲東遊。

杜甫在夔州（治今重慶奉節縣）看到經商的胡人從長江水路到揚州去，也想去揚州。前引史念海先生文中還舉了韋莊經揚州入蜀、趙主簿從蜀中經揚州到河東兩則例子，說明時人選擇便利的江路來往於西南和中原，而不必翻越巴山秦嶺。

南唐入宋的徐鉉《稽神錄》卷三「僧瑺楚」條說：「廣陵法雲寺僧瑺楚，嘗與中山賈人章某者親熟，章死，瑺楚為設齋誦經。」〔註5〕中山即定州（治今河北定州市），揚州貿易範圍遠達河北中部。關於揚州和江西、江南的商貿，前人論述已詳，不贅。

揚州的海上貿易範圍，前人多論述揚州胡商和日本、新羅商人，而較少涉及國內海上貿易。《全唐詩》卷一百四十三《別陶副使歸南海》：

> 南越歸人夢海樓，廣陵新月海亭秋。
>
> 寶刀留贈長相憶，當取戈船萬戶侯。

詩文沒有明確說從揚州乘船到廣州，但是提到南越的海樓、廣陵的海亭，此詩可能作於自揚州航海至廣州之前。唐人楊曄《膳夫經》：

> 建州大團，狀類紫筍，……又若今之大膠片。每一軸十餘斤，
> 將取之，必以刀刮，然後能破，味極苦。唯廣陵、山陽兩地人好尚

〔註4〕顧風：《唐代揚州與長沙窯關係新探》，《東南文化》1993 年第 5 期。

〔註5〕〔宋〕徐鉉撰、白化文點校：《稽神錄》，中華書局（北京），1996 年，第41 頁。

之，不知其所以然也。或曰：療頭痛。未詳。〔註6〕

　　廣陵即揚州，山陽縣即楚州治所（今江蘇淮安市楚州區）。《膳夫經》上下文說到其他名茶有歙州、婺州的祁門、婺源茶、饒州浮梁茶、蘄州茶、舒州天柱山茶等，這些地方和揚州的交通都很便捷，也有很頻繁的貿易往來。而且上下文明確說到浮梁茶、蘄州茶北銷到山東、河北，越過揚州所在的江淮地區。建州（治今福建建甌市）茶的味道很苦，割取不便，還得到揚州、楚州人們的歡迎，說明此茶在二地暢銷有年，已經獲得了穩定了市場。布目潮渢先生在繪製唐代名茶流通路線圖時，繪出了建州茶向揚州、楚州的示意路線。〔註7〕至於建州茶是從贛江流域還是從浙江流域或海路到達揚州，現在無法確知。

　　前人較少地從書籍交流的角度來看商業貿易，成書於日本寬平初年（唐僖宗、昭宗時，885～891年）的《日本國見在書目錄》的土地家著錄地志有《揚州圖經》、《海州圖經》、《越州都督府圖經》等數種，池田溫先生認爲這些書反映了這些地區和日本交流的頻繁。〔註8〕

二、宋代長江三角洲港口體系變遷

　　關於宋代揚州的衰落的實況，全漢昇曾經引《容齋隨筆》：「本朝承平百十七年，（揚州）尚不及唐之什一，今日眞可酸鼻也！」爲證。

　　至於衰落的原因，全漢昇在上引論文中說：「說到揚州賴以繁榮之因素的消失，當以眞州的興起爲最重要的關鍵，因爲眞州把揚州的運輸業、國內貿易、金融業及造船業搶奪過來。」不過全漢昇在文中只論述了眞州一港，而沒有提到其他港口和其他因素。

　　朱江先生說：「宋元時期及其以後，隨著長江河口的東移，三角洲的灘漲，揚州對海外通商的口岸，逐漸東移到江陰與華亭（即今上海）一帶。」〔註9〕

〔註6〕〔唐〕楊曄：《膳食經》，《續修四庫全書》編纂委員會編《續修四庫全書》第1115冊，上海古籍出版社，2002年。

〔註7〕〔日〕布目潮渢：《唐代の名茶とその流通》，小野勝年博士頌壽記念會編《小野勝年博士頌壽記念：東方學論集》，龍谷大學東洋史學研究會，1982年，第280頁。

〔註8〕〔日〕池田溫著、孫曉林等譯：《中國的史書和〈續日本紀〉》，《唐研究論文選集》，中國社會科學出版社，1999年，第416頁。

〔註9〕朱江：《揚州海外交通史略》，《海交史研究》第4期，1982年。

這裡只提到江陰、華亭，也沒有說全。

　　吳松弟先生指出宋代長江三角洲的主要港口從揚州轉移到明州，〔註10〕揭示了中心港口變遷大勢，但是明州離揚州稍遠，中間還有諸多海港限於文章篇幅沒有細說。全漢昇說唐末的江淮戰亂不是揚州衰落的根本原因，因為宋代統一後這些因素就不存在了。

　　我以為，這個說法固然精當，但是五代十國時期，因為政權割據而造成的經濟損失仍然不可忽視。關於後者，鄭學檬先生和任爽先生都有詳細論述。〔註11〕

　　林承坤先生認為南宋以後揚州才逐漸衰落，江陰和劉家港取代揚州成為海港，瓜洲和鎮江取代揚州成為運河樞紐。〔註12〕這個看法在時間上不確切，也不全面。

　　從歷史地理學的角度來看，五代十國的割據，對於揚州的經濟打擊尤其嚴重。因為浙江、福建、廣東的海港當時一般以本省為腹地，而這三省當時各自割據，所以腹地未遭到割裂。而且南唐滅閩後，福建和長江流域的政治阻礙消失，也有利於經濟發展。

　　而上文考察得出的揚州港腹地，卻被嚴重割裂。長江中上游腹地為馬楚、南平、前蜀、後蜀等政權割據，北方腹地為五代更迭，江南腹地為吳越佔據。楊吳、南唐和吳越的戰爭使得原本富饒的江南地區也遭到沉重打擊，馬令《南唐書》卷二十二《陸昭符傳》：「常州當吳越之衝，城邑荒虛，戶不滿千數。昭符為政寬簡，招納散亡，未幾戶口蕃庶如初。」〔註13〕但是這不是揚州衰落的主要原因，正像常州在局勢穩定後恢復一樣，揚州、鎮江一帶在南唐長期的和平年代恢復了和長江上游的直接商貿往來。《至順鎮江志》卷二十《雜錄》「暴風裂帳」條：「南唐徐知諤鎮潤州，有蜀估持鳳頭至，自言得之徼外

〔註10〕　吳松弟、王列輝：《唐朝至近代長江三角洲港口體系的變遷軌跡》，《復旦學報（社會科學版）》2007年第2期。

〔註11〕　鄭學檬：《五代十國商品經濟的初步考察》，《中國古代經濟重心南移和唐宋江南經濟研究》，嶽麓書社，2003年，第317～321頁。任爽：《南唐史》，東北師範大學出版社，1995年，第71頁。

〔註12〕　林承坤：《長江和大運河的演變與揚州港的興衰》，《海交史研究》1986年第1期。

〔註13〕　〔宋〕馬令：《南唐書》，傅璇琮等主編《五代史書彙編》第9冊，杭州出版社，2004年。

蠻夷。」〔註14〕據下文描述，四川商人所攜是西南邊疆的一種珍禽。有學者從馬令《南唐書》卷八《徐知諤傳》將此事誤在徐知諤任金陵尹時，〔註15〕按陸游《南唐書》卷八《徐知諤傳》作「鎮潤州」時，〔註16〕後者是。

唐代的揚州作為國際大港，居住有來自東南亞、西亞等地的商賈，但是在楊吳、南唐時，揚州已經從國際商埠退變為內河港口。鄭學檬先生說：「五代的海上交通和對外貿易，主要集中在南方的吳、南唐、吳越、閩、南漢這幾個國家。」在下文的具體論述中，只談到吳越和閩，吳越曾經得到大食國的火油作為軍器，閩國王審知「招來蠻夷商賈」。〔註17〕據李東華先生研究，五代時雖然有波斯商人到明州或杭州，但是和西洋貿易不占吳越海外貿易的主流，吳越的海外貿易主要還是東洋的日本和朝鮮半島政權。〔註18〕

關於南唐的海外交往，任爽先生的《南唐史》論述最詳，他提到南唐元宗李璟時「南海嘗貢奇物」，後主李煜時，占城、闍婆、大食等國送來禮品。〔註19〕任先生稱之為「國際經濟交流」，確實比較合理，這些貢品或禮物主要是針對南唐王室，不能代表民間商賈。楊吳、南唐作為南方諸國中最為強大的國家，滅閩入楚，致使吳越不敢獨立而只能稱臣中原以求自保。吳越、閩、南漢等國依山阻海，沒有楊吳、南唐那樣廣闊的平原，為了經濟發展和軍事需要，必須致力於發展海外貿易。揚州在唐末五代的戰爭毀壞以及東南諸小國的招商政策，使得海外商人不願前往。

揚州在唐代是長江口的唯一大港，而在五代十國時期以後，其地位則受到上下游六個港口的挑戰。

第一是真州港（今江蘇儀徵市），真州原為白沙鎮，中唐以後作為揚州西部的口岸興起。關於白沙鎮的興起，張澤咸先生已經引《新唐書》卷五十四白沙鎮為江淮北部十三個巡院之一和崔致遠《桂苑筆耕集》白沙鎮「眷彼古

〔註14〕〔元〕俞希魯著、楊積慶等點校：《至順鎮江志》，江蘇古籍出版社，1999年，第830頁。

〔註15〕張劍光：《唐五代江南工商業布局研究》，江蘇古籍出版社，2003年，第419頁。

〔註16〕〔宋〕陸游：《南唐書》，《五代史書彙編》第9冊，同上。

〔註17〕鄭學檬：《五代十國商品經濟的初步考察》，《中國古代經濟重心南移和唐宋江南經濟研究》，同上第315～317頁。

〔註18〕李東華：《五代吳越的對外關係》，張彬村、劉石吉主編《中國海洋發展史論文集》第五輯，中央研究院中山人文社會科學研究所出版，1993年。

〔註19〕任爽：《南唐史》，同上，第72頁。

津，實爲要路，是成鎮務，乃在江壖，既居使府之要衝」爲證。〔註 20〕《太平寰宇記》卷一百三十建安軍：「本揚州白沙鎮第，僞吳順義二年改爲迎鑾鎮。」〔註 21〕《輿地紀勝》卷三十八引《儀眞志》考訂在順義四年（924 年），徐溫迎吳主楊溥至此觀水軍，故改名。迎鑾鎮於北宋乾德二年（964 年）升爲建安軍，大中祥符六年（1013 年）升爲眞州，雍熙二年（985 年）增轄永貞縣，至道二年（996 年）增轄六合縣。〔註 22〕關於白沙鎮在中唐興起的原因，前人語焉不詳。其實白沙鎮本地環境並無太大變化，嚴耕望先生指出白沙鎮興起的原因就在於唐中葉揚州城南的瓜洲在併入北岸，從此揚州城遠離長江，因此江濱的白沙鎮代之而起。〔註 23〕前引史念海先生文中曾經詳述開元年間瓜洲並岸對揚州的影響，但是沒有涉及此事對其他城市的影響。

　　第二是潤州（政和三年，1113 年改名鎮江府，今鎮江市）港，潤州作爲揚州的對岸港口，北宋時是重要的海港，前人研究北宋海洋貿易時很少提及潤州。蘇轍《次韻子瞻遊甘露寺》詩中說：

　　　　下視萬物微，惟覺滄海寬。

　　　　潮來聲洶洶，望極空漫漫。

　　　　一一渡海舶，冉冉移檣竿。

　　　　水怪時出沒，群嬉類猨猱。〔註 24〕

　　秦觀《和遊金山》詩中說：

　　　　江流會揚子，洶洶東南驚。

　　　　海門劃前開，金山屹中據。

　　　　鼓鍾食萬指，金艒樓千柱。〔註 25〕

　　甘露寺在今鎮江北固山，北固山、金山都在潤州江岸，當時靠近海口，前者說很多海船渡來，後者說岸邊繫「金艒」的柱子有上千根。鎮江到南宋時還是重要海港，《宋會要輯稿》食貨五零之一一記載：

〔註 20〕張澤咸：《唐代工商業》，中國社會科學出版社，第 245 頁。

〔註 21〕〔宋〕樂史撰、王文楚點校：《太平寰宇記》，中華書局（北京），2007 年。

〔註 22〕〔宋〕王象之原著、李勇先校點：《輿地紀勝》，四川大學出版社，2005 年。

〔註 23〕嚴耕望：《唐代揚州南通大江三渠道》，《新亞學報》第 17 卷，1994 年。

〔註 24〕曾棗莊、舒大剛主編《三蘇全書》第 16 冊，語文出版社，2001 年，第 140 頁。

〔註 25〕周義敢、程自信、周雷編注《秦觀集編年校注》，人民文學出版社，2001 年，第 101 頁。

（建炎）三年（1129 年）三月四日，臣僚言自來閩、廣客船並
海南蕃船，轉海至鎮江府買賣至多。昨緣西兵作過，並張遇徒黨劫
掠，商賈畏懼不來。今沿江防拓嚴謹，並無他虞。遠方不知，欲下
兩浙、福建、廣南提舉市船司招誘興販，至江寧岸下者抽解收稅量
減分數。非惟商賈盛集，百貨阜通，而巨艦銜尾，亦足爲防守之勢，
從之。〔註26〕

由此可見，鎮江、江寧在兩宋之際一直和東南沿海甚至海外有商貿往來，
鎮江之所以在宋代仍爲重要海港，就是因爲其北面沒有沙洲淤塞，至今仍在
江岸。

第三是江寧港（建炎三年五月改名建康府，今南京市），《宋本太平寰宇
記》卷九十：「天祐十四年（917 年）僞吳遣部將徐溫城之爲金陵府，僞唐改
爲江寧府，因之建都。」〔註27〕《新五代史‧吳世家》：「（天祚）三年（937
年），知誥建齊國，立宗廟、社稷，置左、右丞相已下，以金陵爲西都，廣
陵爲東都。」南唐的遷都，對於揚州的經濟當然也是一個重要打擊，因爲揚
州雖然仍爲東都，但是楊氏家人都被遷到泰州，〔註28〕揚州已經不是政治中
心。

宋代還有閩、廣人到江寧貿易，《輿地紀勝》卷第十七建康府引《胡安
定文集》說：「有三吳爲東門，有荊、蜀爲西戶，有七閩、二廣風帆海舶之
饒，爲南府。」從上條來看，兩宋之際到江寧的東南與海外商船已經減少，
但是還有建康人在海上爲巨商，《夷堅志》丙志卷十五說：「建康巨商楊二郎，
本以牙儈起家，數販南海，往來十餘年，累貲千萬」。

第四是通州港，劉銘恕先生曾經引魏了翁《鶴山先生大全集》卷七十五
李謙仲墓誌銘，記載李氏爲通州從事時開閘引江「農田商舶皆利焉」，不過只
此一條不能說明通州爲海港，所以劉先生稱通州爲內河港口。〔註29〕通州即
今南通地區，在楊吳、南唐時陸地大幅擴展，大量移民從蘇州遷來，建立了
以姚氏爲核心的靜海軍小藩鎮。《輿地紀勝》卷四十一《通州‧人物》：

〔註26〕〔清〕徐松輯：《宋會要輯稿》食貨三二之三〇，中華書局（北京），1957 年，
第 5662 頁。

〔註27〕〔宋〕樂史撰：《宋本太平寰宇記》，中華書局（北京），2007 年。

〔註28〕任爽：《南唐史》，東北師範大學出版社，1995 年，第 38 頁。

〔註29〕劉銘恕：《宋代海上通商史雜考》，《宋史研究集》第十二輯，國立編譯館中華
叢書編審委員會（臺北），1980 年。

　　吳蔣司徒，本吳郡人。（楊）吳太和中，至布洲，教民經營煮

海，鹽利之獲，不賦而羨。未幾，其灶數而歸於國。自是風帆浪舶，

奔走附集，民區吏墨，日益繁多。沒後，民祠之。（南唐）保大中，

封通利公。〔註30〕

　　靜海軍以魚鹽為主要產業，這裡雖然提到「風帆浪舶」，可能還是以和

楊吳、南唐的魚鹽運輸為主，而非其他產品外貿。後周奪取南唐江北地區後，

改為通州。《輿地紀勝》卷四十一引大觀四年（1110 年）知州朱彥《海山樓

記》：「通為州，極淮之南，距江海之濱，其地為鹵而瘠，無絲粟之饒。其民

苦竈而貧，有魚鹽之利。」可見，宋代的通州農業、手工業都很落後，仍然

以魚鹽為主要產業。但是通州沿海一些人也有以貿易為生的，《輿地紀勝》

同卷引崇寧年間（1102～1106 年）知州楊阜《通州圖序》：「南瀕吳會，列

壞相望。旁通吳越，迨於外邦。風帆海道，瞬息千里。」通州的海外貿易，

比起明州、泉州當然落後，不過也部分替代了揚州在唐代作為長江口海港的

功能。

　　通州港的腹地還包括其和揚州之間的泰州，泰州原為海陵縣，因為在唐

末和五代十國時期接受了大量來自揚州等地的移民，所以南唐時析置三縣，

成立泰州。《全唐文》卷八百八十五徐鉉《唐故泰州刺史陶公墓誌銘》，稱「海

陵為膏腴之地，邦賦最優」，馬令《南唐書》卷一：「（昇元元年十二月）以揚

州（即揚州）海陵縣為泰州，割泰興、鹽城、興化、如皋四縣屬焉，以海陵

制置使褚仁規為刺史。」卷十九《褚仁規傳》：「出為海陵鹽監使，……乃以

仁規兼縣事，所部魚鹽竹葦之地，財用所出，……而供億公費不知限極，烈

祖喜之，乃以海陵為泰州，遷仁規為刺史。」據《太平寰宇記》卷一百三十，

興化縣為楊吳武義元年（919 年）置，泰興縣是昇元三年（939 年）置，如皋

縣是保大十年（952 年）置。海陵縣在漢代還是麋耕薛食的原始經濟（《續漢

書·郡國志三》廣陵郡海陵縣注引《博物志》〔註31〕），唐末時自然地理並無

太大變化，主要是人為開發使得經濟迅速發展。

　　紹興四年檢查福建、廣南東西路經費財用公事章傑上奏：「今來卻體訪得

〔註30〕〔宋〕王象之撰、李勇先校點：《輿地紀勝》，四川大學出版社，2005 年，第
　　　　1789 頁。

〔註31〕今本缺海陵縣，清代學者早已經考出，見吳子輝：《揚州建置筆談》，江蘇古
　　　　籍出版社，2002 年，第 101 頁。

建州管下，自來磨戶變磨末茶出賣，多有客販往淮南通、泰州。」〔註32〕從建州販茶到通州、泰州，無疑是通過海路。嘉定十年（1217年）三月一日，「臣僚言，沿海州縣，如華亭、海鹽、青龍、顧涇與江陰、鎮江、通、泰等處奸民豪戶，廣收米斛，販入諸蕃。每一海舟所容不下一二千斛，或南或北，利獲數倍。」〔註33〕此條中，唯有通州、泰州在江北，其他都在江南。

　　第五是江陰港，張劍光先生引開元年間《楊君墓誌銘並序》談到楊璡任常州司戶參軍時，常州爲「海稅孔道」，證明常州爲外貿港口。〔註34〕按常州的海口在江陰縣（今江蘇江陰市），唐代的江陰港雖然有外商船舶，但是不能明確其腹地，也有可能主要作爲出入揚州港的外港。北宋江陰外貿非常發達，已有學者引五則詩歌爲證。〔註35〕關於宋代江陰的市舶務，周振鶴師考述甚詳。〔註36〕

　　第六是青龍港（今上海市青浦區白鶴鎮青龍村附近）及其附近的港口，關於宋代青龍港的興衰，鄒逸麟先生已有詳細論述。〔註37〕青龍港一度作爲秀州（治今浙江嘉興市）的最大海港，其腹地主要是秀州、蘇州地區。南宋時因爲海岸東移，青龍港衰落，其下游的上海、江灣、黃姚等港繼起，〔註38〕實質都是青龍港的延續。北宋朱長文《吳郡圖經續記・海道》：「自朝家承平，總一海內，閩粵之賈乘風航海不以爲險，故珍貨遠物畢集於吳之市。今瀕海皆有巡邏之官，所以戢盜賊禁私鬻也。」〔註39〕說明宋代閩粵商船到蘇州海岸後，經常爲逃稅而到很多小港口貿易。《宋會要輯稿》嘉定十三年一則史料提到黃姚鎮上下游的14處大小港口，傅宗文先生說嘉定、崑山和常熟三縣海岸草市的發展顯示了太湖平原草市鎮經濟蓬勃的氣象。〔註40〕據《吳郡圖經續記》，則蘇州沿海這些小港可以追溯到北宋時。

〔註32〕〔清〕徐松輯：《宋會要輯稿》食貨三二之三〇，同上，第5372頁。

〔註33〕〔清〕徐松輯：《宋會要輯稿》食貨三八之四三，同上，第5488頁。

〔註34〕張劍光：《唐五代江南工商業布局研究》，同上，第426頁。

〔註35〕張金花：《宋詩與宋代商業》，河北教育出版社，2006年，第165頁。

〔註36〕周振鶴：《宋代江陰軍市舶務小史》，《周振鶴自選集》，廣西師範大學出版社，1999年。

〔註37〕鄒逸麟：《淞浦二江變遷和上海港的發展》，《椿廬史地論稿》，天津古籍出版社，2005年。

〔註38〕黃純豔：《宋代海外貿易》，社會科學文獻出版社，2003年，第217頁。

〔註39〕〔宋〕朱長文著、金菊林點校：《吳郡圖經續記》，江蘇古籍出版社，1999年，第17～18頁。

〔註40〕傅宗文：《宋代草市鎮研究》，福建人民出版社，1989年，第142頁。

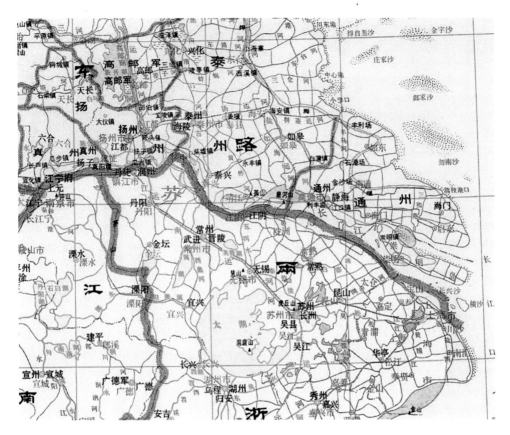

北宋的長江口〔註41〕

三、結論

　　宋代長江口港口體系已經和唐代揚州港獨大的情況有很大不同，除了潤州、江寧、江陰等舊港的發展，還興起眞州、通州、青龍三個新港。其中既有政治推動作用，也有地理和經濟因素影響。江南有四個港，江北只有兩個港。眞州港雖然最大，但是不以外貿爲主。通州港雖然在長江口，但是腹地無山林礦石，商品單一而且缺乏特色，始終是一個小港，所以不爲以前學者注意。排比前人對各個港口的研究資料可以發現，長江口南岸的四個外貿港口中，越往下游，地位越重要。宋代揚州衰落，並非眞州一港的影響，而是整個長江三角洲港口體系變遷的結果。宋代的揚州雖然在長江三角洲經濟體系重組中較唐代衰落，但是整個三角洲的產業卻得到了更均衡的分布，促進了本地區經濟的總體發展。

〔註41〕譚其驤主編：《中國歷史地圖集》第六冊，中國地圖出版社，1982年，第23頁。

第三篇　淮海篇

唐宋時期楚州的運河與海洋

　　唐宋時期的大運河比明清時期的大運河離海更遠，但是其與海洋的聯繫卻更爲緊密，因爲明清兩朝長期閉關鎖國，而唐宋時期尤其是唐朝是中國古代最開放的時代。唐代的揚州由於處在長江口和南北動脈──大運河的交匯處，猶如今日的上海的交通位置，所以一度成爲當時的第一大城市。因此以往關於唐代的揚州研究很多，但是唐代楚州的研究相對薄弱。唐宋時期的楚州離海也很近，當時的淮河口在今天的阜寧縣北沙村和響水縣雲梯關村之間，從城東的陸路至海邊只有一百多里；當時的淮河從楚州城北流過，所以從城北的水路至海口不過二百里；當時的楚州所轄鹽城縣城（今鹽城市區）在海邊，所以從城東南的水路到鹽城縣海濱也是一百多里。

　　關於唐宋楚州交通的專門論著，有傅衣凌的《宋元之際江淮海商考》，陳鳳雛的《唐代楚州港》，邱樹森主編的《江蘇航運史》，劉懷玉的《唐代淮安與日本、韓國的交往》等。〔註1〕前人所論多是運河交通，本文想就楚州的運河和海洋之間的商貿交通發表一點淺見，請各位專家指正。

一、唐代楚州的繁榮

　　《隋書》卷五五《高勱傳》：

　　　　後拜楚州刺史，民安之。先是，城北有伍子胥廟，其俗敬鬼。

〔註1〕傅衣凌：《宋元之際江淮海商考》，原載《財政知識》第 4 卷第 1 期，1943 年，收入《傅衣凌治史五十年文編》，中華書局，2007 年。陳鳳雛：《唐代楚州港》，《江蘇地方志》，1996 年第 1 期。邱樹森主編：《江蘇航運史（古代部分）》，人民交通出版社，1989 年。劉懷玉：《唐代淮安與日本、韓國的交往》，《淮安文史》第十輯，1992 年。另外關於圓仁及唐代新羅僑民的研究很多，不列。

祈禱者必以牛酒，至破產業。勸歇曰：「子胥賢者，豈宜損百姓乎？」

乃告諭所部，自此遂止，百姓賴之。

此事在開皇七年（587年）前，伍子胥是起源於吳地的潮神，所以楚州城北有伍子胥廟。其實楚州人祭拜潮神稍為奢侈也未嘗不可，因為海潮給楚州繁榮的商業創造了有利條件。

唐代的淮河下游，因為每天有海潮出入，所以非常寬闊，《全唐詩》卷二百六李端《宿淮浦憶司空文明》：「諸溪近海潮皆應，獨樹邊淮葉盡流。」卷四四七白居易《渡淮》詩云：「淮水東南闊，無風渡亦難。」卷五百九顧非熊《題永福寺臨淮亭》詩云：「路逢沙獺上，船值海人停。」臨淮縣城原來是徐城縣南部的沙墩村，〔註2〕在今盱眙縣的泗州古城，因為在汴河（通濟渠）和淮河的交匯處而成為繁榮的市鎮。武則天長安四年（704年）分徐城縣的兩個鄉，新設臨淮縣。玄宗開元二十三年（735年），泗州治所從宿遷縣遷到臨淮縣。此詩表明海船可以從淮河口開到此處，說明臨淮縣的繁榮有海運的作用。

《全唐詩》卷二八四李端《送吉中孚拜官歸楚州》：

孤帆淮上歸，商估夜相依。海霧寒將盡，天星曉欲稀。

潮頭來始歇，浦口喧爭發。鄉樹尚和雲，鄰船猶帶月。

從「商估夜相依」、「浦口喧爭發」兩句可見唐代楚州的淮河上商船來往喧鬧，海潮來時爭相發運。楚州的伍子胥廟直到宋朝仍然很有名，南宋王象之《輿地紀勝》卷三十九楚州「古蹟」英烈王廟：「在朝宗門外北神鎮西，伍子胥廟也。唐狄仁傑循撫江淮，毀淫祠千七百所，唯留吳太伯、季札、子胥三祠。」〔註3〕據唐宣宗大中十二年（858年）盧恕的《楚州新修吳太宰伍相神廟記》記載，唐高宗龍朔中（661～663年）為狂人郭行真所焚，乾封初（666年）准敕重建，大中十年重修。〔註4〕

日本僧人圓仁的《入唐求法巡禮行記》卷一記載唐文宗開成四年（839年）三月二十五日從漣水縣出發去淮河口，二十六日，「未時第一船、第三船已下

〔註2〕 唐代李吉甫《元和郡縣圖志》卷九泗州臨淮縣稱為沙墊村，墊是墩的形誤。宋代王存《元豐九域志》卷五揚州高郵縣三墊，是三墩之形誤，即今高郵的三垛鎮。墩（墩）即垛，墊不通。

〔註3〕 〔宋〕王象之著、李勇先校點：《輿地紀勝》，四川大學出版社，2005年，第1729頁。

〔註4〕 〔唐〕盧恕：《楚州新修吳太宰伍相神廟記》，《文苑英華》卷八一五，中華書局，1966年，第4304頁。

八個船，自淮入港，到橋籠鎮前停住。第二船不入港，從淮直行當鎮西南，於淮中停住，去餘諸船五六來里。」這裡的橋籠鎮，應在漣水縣淮河北岸，但是今日難尋其遺址，可見本地商貿在後世的衰落。大中元年閏三月十七日，圓仁「到密州諸城縣界大朱山（今膠南市大珠山）駃馬浦，遇新羅人陳忠船載炭欲往楚州。」〔註5〕淮海地區以平原爲主，所以缺乏木炭，而山東多山林，所以有新羅商人將密州的木炭販往楚州，

《萬曆淮安府志》卷三《山川》引《嘉定山陽志》：

> 境內凡瀕於淮、湖者多溝、浦……自海口折淮而西，則有天字溝、北沙浦……蘆浦港、北官莊港、牛家溝、李家溝、新羅溝、小田家溝、大田家溝、蔣家溝、許家溝、柴礦溝、交陵浦……此折淮西上而瀕於淮之南者也。

《嘉定山陽志》已佚，這段資料尤爲寶貴。南宋時期山陽縣境內的射陽河北岸、東海岸、淮河南岸的 61 條小支流被詳細記載，很多可以和今日地名對照，天字溝在濱海縣天場鄉天溝村，北沙浦在阜寧縣羊寨鎮北沙村，蘆浦港在今蘆蒲鎮，交陵浦在今楚州區茭陵鄉。值得注意的是，在蘆浦港和交陵浦之間有個新羅溝，很可能是因新羅人得名。據《入唐求法巡禮行記》記載，漣水縣（今漣水縣）和東海縣（今連雲港市雲台山地區）有新羅人住在鄉下，所以山陽縣鄉村也可能有新羅人僑民。

《桯史》卷十四《泗州塔院》說岳珂到泗州（治今江蘇盱眙縣西），尋訪僧伽塔院，見大殿上十六柱，前六條特別不同，「皆晶明如纏絲，承梁者二，高皆文有六尺，其左者色正紅透，時暑日方出，隱柱而觀，燁然晃明，天下奇物也。泗人爲余言，唐時張刺史建殿，而高麗有僧以六柱至，航海入淮。一龜砆露立，云舊有碑載其事，今不存，莫詰信否。」〔註6〕其實高麗僧航海入淮即使是個傳說，也可以反映唐代楚州和高麗的密切關係。

根據木宮泰彥的研究，遣唐使可以分爲四期，直到第三期以後，由於朝鮮半島和琉球群島的政局發生變化，日本遣唐使才改朝鮮半島入唐線路爲橫斷黃海、東海直渡線路。後期遣唐使涉及中國沿海地點（包括抵達地和離開地）12 次，〔註7〕其中有楚州 3 次，其中鹽城縣 2 次，另一次不明，可能就

〔註5〕 〔日〕圓仁：《入唐求法巡禮記》，上海古籍出版社，1986 年。
〔註6〕 〔宋〕岳珂撰、吳企明點校：《桯史》，北京：中華書局，1981 年，第 165 頁。
〔註7〕 〔日〕木宮泰彥著、陳捷譯：《中日交通史》，北京：商務印書館，1931 年，第 103～108 頁。

在山陽縣海邊。

中韓交通多是通過山東半島，在唐代後期的特殊狀況下多次改道楚州，原因有二：

一是天災影響。《舊唐書・新羅傳》：「元和十一年（816 年）十一月，其入朝王子金士信等遇惡風，飄至楚州鹽城縣界，淮南節度使李鄘以聞。」

二是傳統的膠東路線受到叛亂影響。《三國史記・崔致遠傳》引用崔致遠《上太師侍中狀》：「中和二年（882 年），入朝使金直諒爲叛臣作亂，道路不通，遂於楚州下岸，迤邐至揚州，得知聖駕幸蜀。」〔註8〕這裡的叛亂指唐僖宗中和二年的黃巢起義。

除了東面直通海洋的淮河一路，還有向北到海州的水路。唐代人封寅的《封氏聞見記》卷八《魚龍畏鐵》：「海州南有溝水，上通淮、楚，公私漕運之路也。寶應中（762 年），堰破水涸，魚商絕行。州差東海令李知遠主役修復。」〔註9〕《讀史方輿紀要》卷二十二漣水縣：「官河，縣北三十里。一名漕河。《唐會要》：垂拱四年，開泗州漣水縣新漕渠，以通海、沂、密等州，南入於淮。」武周垂拱四年（公元 688 年）所開的官河應即溝水，因爲官河是漕河（新漕渠），即漕運水道，而溝水也是「公私漕運之路」。官河自淮河邊的漣水縣，北通海州，溝水自海州通淮河、楚州，走向相似。沂州、密州都是山區，官河不能到達，這裡說通海、沂、密等州是經海州中轉。此河因在沿海，自然河流東向入海，但是官河是南北流向，所以需要築堰，攔截住東流的河水，保證漕運的水量。《雍正安東縣志》卷十七《叢事》：「去治北百餘里，曰平旺河，接滷溝、潮河，乃東北鄉泄水之渠也。漲則水滿河，旱則涸，與鹽艘甚不便。諸商集議建壩於河之下流，以爲瀦蓄之計。」〔註10〕安東縣即今江蘇漣水縣，正是官河（溝水）所經之處。

唐代獨孤及有詩《早發龍沮館舟中寄東海李司倉》，〔註11〕東海縣在鬱州島（今連雲港市雲台山區，清代康熙時連陸）上，獨孤及從東海縣對岸的海州到楚州去，經過龍沮（今江蘇灌雲縣龍苴鎮）。《新唐書》卷一五四《李晟傳》：

〔註8〕 樊文禮、梁太濟：《崔致遠再次踏上唐土的時間和地點》，金健人主編：《韓國研究》第四輯，學苑出版社，2000 年，第 102 頁。

〔註9〕〔唐〕封寅撰、趙貞信校注：《封氏聞見記》，北京：中華書局，2005 年，第 80 頁。

〔註10〕《雍正安東縣志》，抄稿本，復旦大學圖書館藏。

〔註11〕《全唐詩》卷二百四十七，北京：中華書局，1960 年，第 2776 頁。

帝討李師道，出（李）昕楚州刺史。……即掩賊不虞，趨漣水，破沭陽，絕龍沮堰，遂取海州，攻朐山，降之，懷仁、東海兩城望風送款。

若龍沮堰即官河（溝水）上的一個堰，則官河（溝水）經過今龍苴。若不是，則官河為今淮安市區到連雲港市區的鹽河。至於唐代楚州東南到鹽城縣的交通，史載不詳。

二、北宋楚州的發展

北宋楚州段運河的最大變化是開闢了從山陽縣末口到淮陰縣磨盤口的沙河運道，從淮陰縣磨盤口到洪澤鎮的新河、從洪澤鎮到盱眙縣龜山蛇浦的龜山運河，三河首尾相連，從此楚州到泗州的航運避開了淮河。開鑿運河新線的原因，據《宋史》卷九六《河渠志六》說是因為：「楚州北山陽灣尤迅急，多有沉溺之患」，「避長淮之險」。我們不禁要問，為什麼是在宋代開鑿從楚州到泗州的運河新線？唐朝後期的中央政府和宋代一樣，也倚靠運河從南方運來糧食，唐朝的技術手段和組織能力也達到了開鑿新河的水平，為什麼唐朝不開鑿運河新線？可能的原因是宋朝時海平面升高，〔註12〕海潮更加洶湧，所以迫切需要避開淮河之險。

宋代從江南到山東仍然從楚州水路走，《括異志》卷二《劉待制》：

自金陵尹移守高密，時已抱疾，乘船沿淮至水車驛舍遂卒……

水車溝在海、密州界。〔註13〕

所謂「沿淮」實際上包括了揚楚運河、淮河、楚州海州間官河三段水路。《宋史》卷一八六《食貨下八》元豐三年（1079年）知密州范鍔言：「板橋瀕海，東則二廣、福建、淮、浙，西則京東、河北、河東三路，商賈所聚，海舶之利顓於富家大姓。宜即本州置市舶司，板橋鎮置抽解務。」元祐三年（1088年）置司與膠西縣（治今膠州市），《宋史・地理志》說淮南路：「土壤膏沃，有茶、鹽、絲、帛之利。人性輕揚，善商賈，廛里饒富，多高貲之家。揚、壽皆為巨鎮，而真州當運路之要，符離、譙、亳、臨淮、朐山皆便水運，而隸淮服。」臨淮指泗州，朐山為海州，雖然沒提到楚州，但是作為揚、泗、

〔註12〕申洪源、朱誠：《鹽城地區東漢至明代古水井變化與海面波動 NSH》，《海洋地質動態》2004 年第 3 期。

〔註13〕〔宋〕張師正撰、白化文、許德楠點校：《括異志》，北京：中華書局，1996 年，第 20 頁。

海之間的樞紐，楚州商貿發達無可置疑。余靖作於明道二年（1033 年）的《楚州團練推官廳壁記》說：「山陽，楚之東都。北繞淮，東負海，漕渠貫中，天下輻輳者半，四達用武之國，南走廣陵爲大府，故持節者不得制旁郡，團練之名得於此矣。」〔註 14〕

　　前人根據《高麗史》統計，從高麗顯宗三年（宋眞宗大中祥符五年，1012 年）到忠烈王四年（宋帝昺祥興元年，1278 年），中國人到高麗共計有 120 回、5000 多人，以泉州人最多，其次是廣南、明州、福州、台州人等，但是第一個到高麗的卻是「南楚人陸世寧」，南楚，前人疑即楚州，〔註 15〕按確應爲楚州，《全唐詩》卷一八九韋應物《送李二歸楚州》：「（自注：時李季弟牧楚州，被訟赴急）情人南楚別，復詠在原詩。」可見楚州可稱南楚，宋初楚州和高麗的交通顯然建立在唐朝基礎上。

　　蘇軾有詩題爲《元豐七年，有詔京東、淮南築高麗亭館，密、海二州，騷然有逃亡者。明年，軾過之，歎其壯麗，留一絕云》，〔註 16〕密州、海州和高麗往來依然方便，而揚、楚二州和高麗的交通顯然已經衰落。

　　洪邁《夷堅志・支甲》卷十：

　　　　甲志載泉州海客遇島上婦人事，今山陽海王三者亦似之。有海王三者，王之父賈於泉南。航巨浸……此舟已張帆，乃得歸楚。兒既長，楚人目爲海王三。紹興間猶存。〔註 17〕

　　從「楚人」二字可知海王三即楚州山陽縣人，其父航海到泉州貿易在北宋末年。南宋以後的楚州已經不見有如此遠航貿易的記載，

三、南宋楚州的衰落

　　兩宋之際，楚州在戰爭中從繁華走向衰敗。楚州很多民眾在戰亂中逃亡

〔註 14〕　〔宋〕余靖：《武溪集》卷六，《影印文淵閣四庫全書》第 1089 冊，商務印書館（臺北）。

〔註 15〕　〔韓國〕陳泰夏：《高麗宋朝之間使臣路程考》，林天蔚、黃約瑟編：《古代中韓日關係研究》，香港大學亞洲研究中心，1987 年。另參〔韓國〕朴玉傑：《宋代商人來航高麗與麗宋貿易政策》，黃時鑒主編：《韓國傳統文化・歷史卷》，學苑出版社，2000 年。宋晞：《宋商在宋麗貿易中的貢獻》，宋史座談會編《宋史研究集》第十一輯，1979 年。朴文列有陳泰夏一文以外的相關論文 14 篇。

〔註 16〕　〔清〕王文誥輯注、孔凡禮點校：《蘇軾詩集》卷二六，北京：中華書局，1982年，第 1378～1379 頁。

〔註 17〕　〔宋〕洪邁撰、何卓點校：《夷堅志》，北京：中華書局，1981 年，第 787 頁。

他鄉，〔註18〕伴隨戰火的還有鼠害和水旱等天災，「乾道七年（1171年）四月十五日光州觀察使、高郵軍駐劄、御前武鋒軍都統制兼知楚州陳敏言：『本州去年因黑鼠傷稼，兼秋間水旱，農民飢饉，蒙下通州撥米五千碩，又下總領所支米一萬碩，以通州水路遙遠，止就揚州解到米一萬碩賑糶，本州戶口既繁，食用日廣，賑糶官米已經不多，欲望再撥米一萬，付本州賑糶。』詔令本路常平司將通州未撥米五千碩疾速連科撥應副。」〔註19〕由於民力已經極大損毀，所以次年「十一月八日詔楚州乾道七年分紬絹等並免起，以知楚州趙磻老言兩經兵擾故也。」〔註20〕

從加藤繁到當今的很多學者誤以爲南宋初在楚州北神鎮（淮安市楚州區城北）設榷場，〔註21〕查其所引《建炎以來繫年要錄》卷一四五紹興十二年（1142年）五月乙巳條只說到：「後又置場於光州、棗陽、安豐軍花靨鎮，而金人亦於蔡、泗、唐、鄧、秦、鞏、洮州、鳳翔府置場，凡棗陽諸場皆以盱眙爲準。」〔註22〕《宋史‧高宗本紀》紹興十二年五月：「置淮西、京西、陝西諸路榷場。」淮西即指安豐軍、光州榷場，京西即指棗陽榷場，《宋史食貨志補正》指出此事亦見於《宋史‧食貨志》和《宋會要》，〔註23〕可見南宋在楚州北神鎮沒有設立榷場。

南宋在淮東只設一個盱眙軍榷場，原來貿易繁盛的運河都會楚州受到很大的打擊，所以楚州城北的北神鎮成爲重要走私渡口。《中國通史》第五卷第八節《南宋經濟的發展》說：「榷場貿易以外，宋、金民間私相交易的數量極多。高宗紹興末年，楚州北神鎮、信陽軍齊冒鎮、安豐軍花靨鎮、棗陽等處，都是雙方民間貿易的地點。」按，該處史料出自《宋會要輯稿》：「（紹興二十九

〔註18〕周運中：《南宋時期的淮揚移民》，《尋根》2007年第1期。

〔註19〕〔清〕徐松輯：《宋會要輯稿》食貨五八之八，北京：中華書局，1957年，第5825頁。

〔註20〕《宋會要輯稿》食貨六四之三四，第6116頁。按李之亮著《宋兩淮大郡守臣易替考》（巴蜀書社，2001年）第104頁引《淮安府志》：「趙磻老，知楚州」將趙磻老繫於紹熙二年、三年，誤。

〔註21〕加藤繁：《宋金貿易論》，《史學雜誌》1937年1月號。全漢昇：《宋金間的走私貿易》，《歷史語言研究所集刊》第十一本，1943年。漆俠、喬幼梅：《中國經濟通史‧遼金西夏經濟卷》，經濟日報出版社，1998年，第455頁。又見上揭傅衣凌：《宋元之際江淮海商考》，文中誤棗陽爲棗陰。

〔註22〕〔宋〕李心傳：《建炎以來繫年要錄》，《影印文淵閣四庫全書》第327冊，臺北：商務印書館。

〔註23〕梁太濟、包偉民：《宋史食貨志補正》，杭州大學出版社，1994年，第818～819頁。

年）九月七日右正言王淮言：臣伏覩去年敕書累降，指揮禁止沿淮私渡博易物
色，訪聞兩淮之間尚多私相貿易之弊，如楚州之北神鎮、楊家寨，淮陰縣之磨
盤，安豐軍之水寨，信陽軍齊冒鎮及花靨、棗陽舊有権場，去處不可勝計，……
不可不慮也，詔令逐州通本路帥、憲覺察措置。」〔註24〕《中國通史》所引有
誤，這裡的「舊有権場」指安豐軍、棗陽等地権場，不能和楚州的三個地名連
讀。楊家寨應即羊家寨（今阜寧縣羊寨鎮），爲南宋著名的民間軍寨，和淮北
來往頻繁。〔註25〕民國《阜寧縣新志》卷十九《古蹟》記載咸豐二年（1852
年），北羊寨居民挖掘沙岡，發現金朝「大定泉」一窖。大定通寶或大定元寶
鑄造於大定十八年（1178年，宋孝宗淳熙五年），金章宗明昌元年（1190年，
宋光宗紹熙元年）以後幣制混亂，銅錢外流或被儲藏，金朝罷鑄銅錢，限制民
間使用，發行銀幣，推廣交鈔。〔註26〕羊寨在雍正十年（1732年）阜寧建縣
前屬山陽縣，羊寨發現的這些金朝大定錢很可能就是羊寨居民走私貿易所得。

　　北神鎮在楚州城北，原爲邗溝入淮河的末口，後建有北辰堰，因爲在山
陽縣城北，所以叫北辰（即北斗星）。南方話裏辰讀作神，所以又寫作北神。
北辰堰爲船隻盤渡之處，所以興起了北神鎮。

　　朝廷雖然三令五申，但是楚州走私依然興旺，所以孝宗隆興二年（1164
年）十二月十八日，「詔盱眙軍依舊建置権場，淮東安撫周淙、知盱眙軍胡
昉言：『舊制以客人販薑貨雜物，至場博易，多至楚州北神鎮私渡過淮，遂
行下瓜洲、揚州、邵伯、高郵、寶應、楚州、淮陰、龜山稅場各置走歷二道，
往來交傳至本場博易，……盱眙知軍帶專一措置沿淮公事務，務禁絕楚州北
神鎮及濠州接界等處私渡之弊。』詔戶部先次支降錢五萬貫，餘並從之。」〔註
27〕又光宗紹熙元年（1190年）「二月二十三日詔，省罷楚州北神鎮稅務，所
有長河客船物貨，令於在城都省務投稅，其鎮官仍舊差注管幹煙火酒務職事
（注：以淮東安撫漕臣言北神鎮柴網船，以採捕爲名，往往夾帶違禁之物過
界，官中利於稅錢，只在草布之屬收稅，竊慮引惹事，故有是命）。」〔註28〕
北神鎮外的打柴、捕魚船往往夾帶貨物和黃河（淮河）以北的金人私自貿易，

〔註24〕《宋會要輯稿》食貨三八之三七，第5485頁。
〔註25〕關於羊家寨，參見拙文《元末大起義與南宋兩淮民間武裝》，《元史及民族與
　　　　邊疆研究集刊》第二十輯，上海古籍出版社，2008年，待刊。
〔註26〕漆俠、喬幼梅：《中國經濟通史‧遼金西夏經濟卷》，第439～446頁。
〔註27〕《宋會要輯稿》食貨三八之三九——四○，第5486頁。
〔註28〕《宋會要輯稿》食貨一八之一九，第5117頁。

南宋邊臣貪圖稅錢，不予查禁，但是中央政府害怕處理不當，引發軍政糾紛，所以乾脆撤銷北神鎮的稅務機關，合併入楚州的「在城都省務」。

南宋政府之所以害怕捉拿走私商，就是因為很多商人武裝能夠引發戰事，比如宿遷縣（今江蘇宿遷市）人魏勝。《建炎以來繫年要錄》卷一九二：「紹興三十有一年，八月辛丑朔。忠義人魏勝復海州。勝素無賴，私渡淮為商。至是，率其徒數百人至海州，自稱制置司前軍，大兵且繼至，海州遂降。（熊克《小歷》云李寶子公佐挾歸正官魏勝得海州，今從徐宗偃《兩淮紀實》）。」據《宋史》卷三六八《魏勝傳》，收復海州的確實是魏勝，李公佐及李寶海軍後來到達。由於南宋不敢抗金，致使海陸兩軍聯合收復的海州再次淪陷，楚州的經濟恢復喪失了寶貴機會。

楚州沿海人民也利用海路，做起邊貿。淳熙十一年正月知楚州章沖因所轄鹽城縣人陳侃「打造海船軍器，下海興販」，斷為徒罪，又上奏乞求加重判罪，周必大五月八日上奏以為陳侃是民兵首領，事關邊防，應當從輕。南宋政府要籠絡兩淮民間武裝，所以不敢深究。〔註29〕當時楚州通過海上走私貿易的人肯定不止陳侃一家，海路私貿相當於北神鎮更加便利，海船可以裝運更大更多的物品，所以陳侃等人敢於從事軍器等大宗交易。

到了宋寧宗嘉定七年（金宣宗貞祐二年，1214年），金朝在蒙古強攻下遷都南京（今開封市），華北一片混亂，山東民間武裝蜂起，紛擾反覆於宋、金、蒙三方之間。《宋史》卷四七六《李全傳》：

> 有沈鐸者，鎮江武鋒卒也，亡命盜販山陽，誘致米商，斗米輒售數十倍，知楚州應純之償以玉貨，北人至者輒舍之。又說純之以歸銅錢為名，弛度淮之禁，來者莫可過。安兒之未敗也，有意歸宋，招禮宋人。定遠民季先者，嘗為大俠劉祐家廝養，隨祐部綱客山陽，安兒見而說之，處以軍職。安兒死，先至山陽，寅緣鐸得見純之，道豪傑願附之意。

沈鐸、季先是兵士出身，從投機商起家，又充當山東民間武裝和知楚州之間的掮客，最後變為民間武裝首領。《李全傳》又說：「嘉定十二年，山東來歸者不止，權楚州梁丙無以贍。（季）先懇丙請預借兩月，然後帥所部五千並良等萬人往密州就食。」季先要轉移楚州的民間武裝去密州就食，可見

〔註29〕〔宋〕周必大：《文忠集》卷一四七《問陳侃》，《影印文淵閣四庫全書》第1148冊。

楚州和密州之間航運便捷。沈鐸從鎮江到楚州，無疑通過運河來往。《宋史》卷一七五《食貨上三》：「嘉定兵興，揚、楚間轉輸不絕，濠、廬、安豐舟楫之通亦便矣，而浮光之屯，仰饋於齊安、舒、蘄之民；遠者千里，近者亦數百里。」可見，南宋末年因為戰爭而使漕運恢復。

《李全傳》：「膠西當登、寧海之衝，百貨輻湊，(李) 全使其兄福守之，為窟宅計。時互市始通，北人尤重南貨，價增十倍。(李) 全誘商人至山陽，以舟浮其貨而中分之，自淮轉海，達於膠西。福又具車輦之，而稅其半，然後從聽往諸郡貿易。」因為楚州、膠西商路長期遭禁，加上戰爭摧殘了北方民力，所以李全要「誘」商人到山陽縣貿易。

傅衣凌在《宋元之際江淮海商考》文中說：「據上所說，我們知李全原為出沒於山東島嶼的海盜，實即北方的走私商人。至其降宋，依我的推測，當出於北方商人為要求通商自由的一種政治企圖。」此說恐有誤，依據《李全傳》：

（1）李全出身「濰州北海（治今濰坊市）農家子」，在磨旗山投靠楊四娘子，看不出他出身海盜的任何證據。南宋周密《齊東野語》卷九說：「李全，淄州人，第三。以販牛馬，來青州。有北（永）〔沂〕州牛客張介，引至漣水。時金國多盜，道梗難行，財本浸耗，遂投充漣水尉司弓卒。」〔註30〕這裡說李全經過沂州牛商引介，販牛到漣水縣，說明不是通過海路經商。

（2）李全抗金失利，南宋招納山東民間武裝為「忠義軍」，「於是有旨依武定軍生券例，放錢糧萬五千人，名忠義糧。於是東海馬良、高林、宋德珍等萬人輻湊漣水，鐸納之，(李) 全與劉全俱起羨心焉。」當時山東百姓要麼參軍，要麼被殺，所剩不多，加之災荒，沒有糧食，「此數人者，出沒島嶼，寶貨山委而不得食，相率食人」，李全降宋完全是為了吃飯，並不是通商。當時的忠義軍首領大多是這樣想法，不過其他人的野心沒有李全大。

（3）李全讓李福守衛膠西，並不是他自己直接經商，而是強行對來往商人收一半的高稅，以支持他的暴軍。從山陽到密州的商路，唐代以來就一直存在，正是因為南北戰爭才遭到破壞，其中本身就有李全一夥的因素，李全又去誘導商人，不是出於愛護商人的考慮，而是要掠奪其財產。

李全和歷史上很多偉大的農民起義軍領袖不同，他沒有任何政治理想，反覆無常，更不是什麼商人。李全的叛亂給楚州其他廣大地區帶來極大災難，

〔註30〕〔宋〕周密：《齊東野語》，北京：中華書局，1983 年。

楚州從北宋的「淮東都會」變為南宋的「北疆重鎮」，經過此次災難及隨後的宋元戰爭，再變為「蕪城」。元代雖然恢復，不久在元末戰爭中再度荒廢。直到明清時才進入長期的新繁榮，撫今追昔，尤其深感國家統一和社會安定的重要性。

明代後期到清咸豐五年，由於黃河干流被固定在今濱海縣入海，山陽縣東境迅速擴展，1732年東境析置阜寧縣，1941年再析濱海縣，淮安離海洋日益遙遠，而黃河故道又淤廢不可通航，淮安變成了一個封閉的內陸城市。今天，隨著新長鐵路的通車以及淮連、淮揚等鐵路的興建，連雲港、鹽城等地將恢復為淮安的海港，運河之都淮安將重新攜手海洋，創造新的輝煌。

金湖縣黎城鎮源自高麗王城

　　唐高宗總章元年（668年）九月，唐滅高麗國。此前經過隋文帝、隋煬帝、唐太宗、唐高宗長達七十年的六次高麗戰爭、一次百濟戰爭，終於先後滅百濟、高麗，唐朝基本掌控了朝鮮半島。這中間，中國付出了高昂的代價，不僅有戰爭的直接代價，還有因爲征高麗導致隋朝滅亡引發的次生代價。

一、高麗移民遷到高黎王城

　　總章二年（669年）四月下詔：

> 　　高麗之民多離叛者，敕徙高麗戶三萬八千二百於江淮之南，及
> 山南、京西諸州空曠之地，留其貧弱者，使守安東。〔註1〕

　　高麗人被唐朝遷徙到江淮之南和山南、京西，多達三萬戶，也就是說有十多萬人。而在前一年，唐朝統計高麗一共六十九萬戶，可見遷入唐地的高麗人就超過二十分之一。不過，這其中很多人的祖先本來就是漢人，在戰國秦漢遷入朝鮮半島，或者在兩晉南北朝時期戰亂中逃奔或被劫掠到朝鮮半島。

　　唐朝人經常說江淮之南，泛指東南地區。但是江淮最靠近朝鮮半島，應有很多朝鮮人遷入江淮。

　　今江蘇省金湖縣城黎城鎮，原名高黎王城，很可能來自高麗王城，就是此次唐朝內遷高麗人所居之地。

　　南宋祝穆《方輿勝覽》卷四六寶應州：

> 　　高黎王城，在縣西八十里。金牛城，在縣東十五里。石鱉城，
> 在縣西八十里，本石鱉縣……《荀羨傳》曰：「羨鎮淮陰，屯田於東

〔註1〕司馬光：《資治通鑒》卷二百一。

陽之石鱉。」《通典》載，宋因晉，以山陽爲重鎮，曰：「北對清泗，
臨淮守險，有陽平石鱉，稻田豐饒。」蓋歷代皆屯田於此，舊志隸
山陽，非是。

明代《大明一統志》卷十二揚州府：

> 石鱉城，在寶應縣西八十里，鄧艾所築，隋初嘗置石鱉縣，尋
> 省入安宜縣。高黎王城，在寶應縣西南八十里，相傳宋治平間，高
> 黎王置此城。金牛城，在寶應縣東南一十五里，相傳宋熙寧間，王
> 將軍置此城。四面土色皆黃，形狀如牛。

嘉靖《惟揚志》卷十：

> 寶應高黎王城，在縣西南八十里侯村鄉，宋治平間，有高黎王
> 置此城。高一丈，周圍一里十四步。金牛城，在寶應縣東南一十五
> 里孝義鄉，宋熙寧間，有王將軍置此城。四面土色皆黃，形狀如牛，
> 故名城。高三尺，廣三尺，長一里。

另外嘉靖《寶應縣志略》卷一《古蹟》也有相同的記載，因爲本地的宋
元方志不存，所以明代的地方志其實是抄錄更早的方志。《方輿勝覽》是建陽
所刻的地理文學參考用書，所以抄錄不全。

北宋治平、熙寧時，本地沒有戰爭記載，所以此時設城，可能是傳說的
誤會，可能是整修唐代的城。

高黎王城，僅有一里周長，是個很小的城，正符合安置高麗移民的規格，
在北宋之前出現，又不見於唐代之前文獻，出現年代正是唐代。

二、武則天時代高黎王城附近的水利與屯田

高黎王城，靠近石鱉屯，從三國開始到南北朝都是屯田之所，高麗移民
安置的地方最好在屯田之地。

金湖縣是 1960 年才從寶應、高郵兩縣析出立縣，主要是湖沼葦蕩，西南
接近丘陵。因爲荒地較多，所以歷代在此屯田。唐代安置高麗移民，這裡也
是首選佳地。

據《新唐書》卷四一《地理志五》楚州寶應縣記載，武則天證聖年間（695
年）開白水塘、羨塘，開置屯田，長慶中（821～824 年）開興白水塘屯田，
發青、徐、揚州之民鑿青州涇、徐州涇、大府涇，竹子涇亦長慶中開。有人

認為青州涇就是今天洪澤縣的潯河，讀音接近。〔註2〕這些地方都在今金湖和洪澤縣交界處，說明這裡直到唐代中期，還有很多荒地，可以屯田，還有北方青州、徐州流民。唐朝前期，經過隋末的戰亂，金湖縣的人口更少，荒地更多，更需要屯田。隋末的江淮是重要戰場，導致這裡人口更少。

高麗人在高宗總章二年（669年）遷入，到了武則天證聖年間（695年），已有25年，正好繁衍了一代人，所以有興修水利的必要。

唐朝遷入的高麗人很多，但是唯有金湖縣有高麗王城，說明此處或許有很多高麗王族。因為這裡在淮南、山南、京西三個安置區中，距離高麗最近，所以有很多高麗人，包括王族。也可能是貴族安置地，但是天長日久，出現附會，總之是高麗人安置地。

據說當地俗語說：「先有高家墩，後有黎城鎮。」唐代人記載高麗王正是姓高，今金湖縣附近還有很多高姓村落，黎城鎮南有高家莊、小高莊、高家前莊，西北有高莊，城西戴樓鎮有兩個高莊，又有高家庵、高家河，東南金南鎮有高莊、高家莊，閔橋鎮有高莊，東部銀集鎮有高莊，北部呂良鎮有高圩、高莊，陳橋鎮有高集。〔註3〕高姓是金湖縣的大姓，很可能源自高麗人。

三、唐代揚州的海外交通

洛陽出土的強偉墓誌和近年陝西發現的唐遜墓誌都說到，貞觀二十一年（647年），任命唐遜為揚州道造船大使，為征高麗而造船千艘。劍南、江南等地為征高麗而造的船，都要經過揚州，所以揚州與高麗之間的海路非常繁忙。

唐代中期的揚州到高麗有航路，《新唐書》卷九三《李勣傳》附《徐敬業傳》說徐敬業起兵反抗武則天失敗：「將入海逃高麗，抵海陵，阻風。」海陵縣城在今江蘇泰州，但是唐代的海陵縣範圍很大，包括今天的興化、泰興和東臺、大豐西部，還有南通、如皋、如東等地。

阿拉伯人伊本·胡爾達茲比赫（820或825～912）的《道里邦國志》記載唐代中國有四大港城：Lūqīn、Khānfū、Khānjū、Qāntū，各臨一條大河。從Lūqīn到Khānfū是4日程，從Khānfū到Khānjū是8日程，Khānfū與Khānjū物產相同。從Khānjū到Qāntū是20日程，Qāntū的河裏有鵝、鴨，Qāntū的

〔註2〕徐士傳：《黃淮磨認》，淮陰市水利局、淮陰市地方志辦公室，1988年，第49～62頁。

〔註3〕金湖縣地名委員會：《江蘇省金湖縣地名錄》，1983年，第17、18、20、27、29、31、39、47、48、67、83、98、135、146、168頁。

對面就是新羅（Shila）國。〔註4〕顯然，Qāntū 就是江都，證明揚州與新羅有航路。揚州自古以多鵝、鴨聞名，唐代姚合《揚州春詞》之三詩云：「有地惟栽竹，無家不養鵝。」圓仁《入唐求法巡禮行記》說揚州海陵縣（今泰州）：「白鵝白鴨，往往多有，人宅相連……水路之側，有人養水鳥，追集一處，不令外散，一處所養，數二千有餘，如斯之類，江曲有之矣。竹林無處不有，竹長四丈許爲上。」〔註5〕

日本的文武朝遣唐使，大寶元年（唐武則天大足元年，701 年）從楚州鹽城縣進入中國。光仁朝第一次遣唐使，寶龜九年（唐代宗大曆十三年，778 年）到達揚州海陵縣，恒武朝天應元年（唐德宗建中二年，781 年）回國，第四舶從楚州鹽城縣出發，另有三艘從常熟、海陵縣（治今泰州）出發。

仁明朝遣唐使，承和六年（唐文宗開成四年，839 年）回國，從楚州出發，很可能也在淮河口或鹽城縣。乘坐的是從楚州租來的新羅人的船，船上有楚州的水手，兩年後回到楚州。

日本承和十年（唐武宗會昌三年，843 年），新羅人張公清等人從楚州出發，到達日本，搭載日本學問僧圓載的弟子仁好等二人。十三年（唐武宗會昌六年，846 年），李鄰德等人的船從日本出發，到達楚州，搭載圓仁的弟子性海。〔註6〕據圓仁記載，唐代楚州有新羅坊，是新羅人聚居地，海州宿城（在今連雲港連雲區宿城街道）有新羅村。〔註7〕

唐憲宗元和十三年（819 年）七月，以李夷簡爲淮南節度使，《唐大詔令集》卷五三《李夷簡淮南節度同平章事制》：

> 念淮海斯爲奧壤，走商賈之化財，引舟車之體挽。凡所經理，事非一隅。控制之難，於今尤切。是用錫命，俾爲藩宣。式加師長之名，不改平章之務。萬邦表率，丞相正之。可銀青光祿大夫、檢校尚書右僕射、同中書門下平章事、兼揚州大都督府長史、充淮南節度副大使、知節度使事，管內營田觀察處置、押新羅、渤海兩蕃等使。

〔註4〕〔阿拉伯〕伊本・胡爾達茲比赫著、宋峴譯注、郅溥浩校訂：《道里邦國志》，北京：中華書局，1991 年，第 71～72 頁。

〔註5〕周運中：《中國南洋古代交通史》，廈門大學出版社，2015 年，第 233 頁。

〔註6〕〔日〕木宮泰彥著、胡錫年譯：《日中文化交流史》，北京：商務印書館，1980 年，第 62～122 頁。

〔註7〕〔日〕圓仁著、小野勝年校注、白化文、李鼎霞、許德楠修訂校注：《入唐求法巡禮行記》，花山文藝出版社，2007 年，第 136 頁。

　　可見此時新羅、渤海的國使主要從揚州進入中國，渤海國使先經新羅，再到揚州，或許也要經過楚州到揚州。

　　高黎王城，應該是高麗移民安置中心，所以形成今天的金湖縣城黎城鎮。唐代在此安置高麗移民時，大概未曾想到，一千多年後，這裡成爲縣城。黎城鎮在唐代之前的歷史不得而知，至少可以追溯到唐代的高麗王城。唐代的高麗移民，現在已經融入中華民族。但是發掘這段歷史，對於我們今天促進中國和朝鮮半島的友誼仍有意義。

南唐北通契丹之罌油港考

　　五代十國時期，南唐與契丹之間多有交往。關於南唐與契丹之間的交往路線，史料記載其南唐使者公乘鎔起航地爲「罌油」。有學者認爲罌油不見於史書記載，應是楚州的草書形訛。[註1] 實際上，這種依字體變形推導的改字之法並非古地名考證中的首選之法。除此之外，楚州不是南唐最北之地，南唐最北境是楚州之北的海州，按理罌油應在海州境內。我即以此爲切入點，考察罌油的實際所在，並在此基礎上梳理相關航海路線。

一、南唐與契丹交往的史料記載

　　陸游《南唐書》卷十八記南唐與契丹的交往說：「烈祖昇元二年，契丹主耶律德光，及其弟東丹王，各遣使以羊馬入貢，別持羊三萬口，馬二百匹來鬻，以其價市羅紈差藥，烈祖從之，於是翰林院進《二丹入貢圖》，詔中書舍人江文蔚作贊……粵六月，契丹使梅里捺盧古、東丹使兵器寺少令高徒煥，奉書致貢……四年，遣使獻馬百匹，於是烈祖遣通事舍人副四方館事歐陽遇，借鴻臚少卿，使契丹，假道於晉，高祖不可，遇及境而復。元宗嗣位，遣使者公乘鎔航海繼好，既至而契丹主兀欲被殺。」又記載公乘鎔亦以蠟封帛書，其詞曰：「臣鎔自去年六月離罌油，七月至鎮東關，遣王朗奉表契丹，九月，乃有番官夷離畢部牛車百餘乘及鞍馬，治路置頓，十月，至東京，留三日，契丹主遣閤廄使王廷秀稱詔勞問，兼述泰寧王、燕王九月同行大事。兀欲即世，母妻並命，又遼東以西，水潦壞道，數百里車馬不通，今年正月，

〔註 1〕李漫：《何處是「罌油」：契丹～南唐茶葉之路及其起點的考訂》，《國家航海》第十五輯，上海古籍出版社，2016年。

方至幽州。」〔註2〕

　　李昇升元二年（938年）、三年（939年）之事，《遼史》卷三《太宗紀上》記天顯十三年（938年）：「庚寅，晉及太原劉知遠、南唐李昇各遣使來貢。」九月：「庚申，遣直里古使晉及南唐。」則是南唐先遣使，因為前一年契丹扶持石敬瑭，進兵中原，取代後唐。所以南唐受到震動，而且此時交往契丹可以經過後晉之地，比較方便。《遼史》卷四《太宗紀下》又記會同元年（939年）六月：「辛卯，南唐來貢……（七月丁卯）梅里了古使南唐。」梅里了古即梅里捺盧古，二年（940年）：「正月乙巳，以受晉冊，遣使報南唐、高麗……（五月乙巳）南唐遣使來貢。」三年（941年）：「（三月）乙未，晉及南唐各遣使來覲……（四月）乙丑，南唐進白龜……（八月）壬寅，遣使南唐……（乙巳）南唐遣使求青氈帳，賜之……冬十月辛丑，遣克郎使吳越、略姑使南唐……十一月己巳，南唐遣使奉蠟丸書言晉密事。」因為南唐漸為晉所阻，所以用蠟丸書告發後晉。四年（942年）：「（正月）丙子，南唐遣使來貢……秋七月癸亥，南唐遣使奉蠟丸書……八月癸巳，南唐奉蠟丸書……（十二月）庚寅，南唐遣使奉蠟丸書。」六年（944年）三月：「戊子，南唐遣使奉蠟丸書。」

　　李璟遣使之事，《遼史》卷五《世宗紀》天祿二年（948年）記：「夏四月庚辰朔，南唐遣李朗、王祚來慰且賀，兼奉蠟丸書，議攻漢。」四年（950年）：「三月戊戌朔，南唐遣趙延嗣、張福等來賀南征捷。」則在公乘鎔之前，即有多次遣使。公乘鎔出使之事，《遼史》卷五《世宗紀》記天祿五年（951年）六月辛卯朔：「南唐遣蔣洪來，乞舉兵應援。」卷六《穆宗紀上》記天祿五年（951年）：「九月癸亥，世宗遇害……冬十一月，漢、周、南唐各遣使來弔。」應曆二年（952年）：「正月戊午朔，南唐遣使奉蠟丸書，及進犀兕甲萬屬……三月癸亥，南唐遣使奉蠟丸書。丁卯，復遣使來貢……（五月）壬午，南唐遣使來貢……（三年）三月庚辰朔，南唐遣使來貢，因附書於漢，詔達之……（五年十月）庚寅，南唐遣使來貢……（七年）二月辛酉，南唐遣使奉蠟丸書……（六月丙辰朔）南唐遣使來貢。」〔註3〕因為此次是乞遼出兵，所以攜犀兕甲數萬，後又頻繁至遼。因為後周顯德四年（957年），佔領南唐的江北之地，南唐稱臣，所以南唐很難再與遼交往。但遼仍遣使到南唐，葉隆禮《契丹國志》卷五記應曆九年（959年）：「秋九月，遼帝遣其舅使於南唐，中國疑

〔註2〕　〔宋〕陸游：《南唐書》，《五代史書彙編》第九冊，杭州出版社，2004年，第5605～5606頁。

〔註3〕　〔元〕脫脫等撰：《遼史》，北京：中華書局，1974年，第41～74頁。

憚，泰州團練使荊罕儒募刺客，使殺之。南唐夜宴遼使於清風驛，酒酣，起
更衣，久不返，視之，則失其首矣。自是遼與唐絕。」後周派人刺殺遼使，
此後遼與南唐不再遣使。

二、騪油與鷹遊山

其實南唐使者的起航地騪油，就是著名的鷹遊山，也即今連雲港市東北
的東西連島。東西連島是晚出地名，古代稱爲鷹遊山。此島原來分爲兩島，
後來中間形成沙堤，聯結爲一島。所以出現東連島、西連島之名，又總稱爲
東西連島。嘉慶《海州志》卷十一《山》：「嚶遊山，一名鷹遊山……《顧志》：
去孫家山十五里，群鷹常集其上，山南黃窩等處與之相對，人呼爲鷹遊疊。《陳
志》：兩山夾水，爲南北海船避風處，高一千八十丈……東連島，《崔志》：即
鷹遊山東島。西連島，《崔志》：即鷹遊山西島，民居稠密，漁舟多泊於此。」
《崔志》即清代崔應階《雲台山志》，說明東西連島是清代出現地名。〔註4〕

東西連島與雲台山之間的海峽，古代稱爲鷹遊門。雲台山原來也是海島，
《山海經》稱爲鬱洲。康熙五十年（1711年）前後才與大陸聯結。崔應階《雲
台山志》卷一說：「康熙庚寅、辛卯（五十年）間，海漲沙田，始通陸路。」
〔註5〕嘉慶《海州直隸州志》卷二十《海防三》也說：「康熙四十年後，海漲
沙淤，渡口漸塞。至五十年忽成陸地，直抵山下矣。」〔註6〕東西連島是連雲
港東北的大島，也是南唐境內最北的大島，所以南唐的使者自然從此地出發。
東西連島向北就是山東海域，南唐的使者要儘量繞過山東半島，或者儘量少
在山東半島海域停留，所以必須從東西連島出發。

海州屬於南唐，是南唐最北一州。《舊五代史》卷一百三《漢隱帝紀下》
後漢乾祐三年（950年）正月：「戊申，密州刺史王萬敢奏，奉詔領兵入海州
界，至荻水鎮，俘掠焚蕩，更請益兵。」荻水鎮即今日照南端的荻水村，說
明南唐海州的北境即今連雲港與日照的邊界。南唐也有東海縣，《江南餘載》
卷下：「（魏進忠）遂配東海縣。」〔註7〕

〔註4〕仲其臻等整理：《嘉慶海州直隸州志》，南京大學出版社，1993年，第531～
532頁。
〔註5〕〔清〕崔應階重編、吳恒宣校訂：《雲台山志》，《中國方志叢書》華中地方第
468號，成文出版社，1983年，第71頁。
〔註6〕仲其臻等整理：《嘉慶海州直隸州志》，第883頁。
〔註7〕〔宋〕佚名：《江南餘載》，《五代史書彙編》第9冊，第5120頁。

從南唐入北宋的樂史所作《太平寰宇記》卷二二海州東海縣：「嚶遊山，在縣東北一百三里海中，去崖二十里，高二里。其山周回浮海中，群鳥翔集，嚶嚶然自相喧眈。」〔註8〕東海縣城在今連雲港市南城鎮，其東北一百多里海中的嚶遊山即後世的鷹遊山。樂史原是南唐人，《太平寰宇記》的材料主要來自宋代之前的書籍，所以嚶遊山之名無疑在南唐時已經出現。

連雲港東西連島位置圖

明代建文四年（1402 年）出使中國的朝鮮使者金士衡、李茂、李薈等根據元末明初蘇州人李澤民《聲教廣被圖》和台州人清濬《混一疆里圖》繪製了《混一疆里歷代國都之圖》。此圖的中國部分反映很多元代情況，圖上在東鄒山、齋堂山之東，畫有鴌遊島，其東又有車牛島。東鄒山即今連雲港東南的灌雲縣東陬山，齋堂山即今膠南之南的齋堂島，車牛島即今東西連島東北的車牛山島，所以鴌遊島無疑就是鷹遊山，也即東西連島，不過圖上稍有錯誤。此圖在山東半島東南寫有：「至元三十年海道創。」說明圖上海島地名與

〔註8〕〔宋〕樂史撰、王文楚等點校：《太平寰宇記》，北京：中華書局，2007 年，第 463 頁。

元代海運有關，鷹遊山也是元代海運所經之地。

元初至元辛卯（二十八年，1291 年）朱晞顏《鯨背吟集》自序說：「觀千艘之漕餉，勢若龍驤。受半載之奔波，名如蝸角。」首篇爲《鹽城縣》，後又有《沙門島》、《萊州洋》、《遼陽》、《直沽》等，說明這組詩是他參與漕糧海運所寫。第四首《鶯遊山》云：「崖倚波濤頂接空，黃鶯遊處樹成叢。莫言山上人希住，多少樓臺煙雨中。」說明元代海運確實經過鶯遊山，島上人口雖少，但是也有樓臺，可能是指廟宇。

三、漢唐時期的鷹遊山海路

鷹遊山在漢代就很重要，1987 年、1998 年，東西連島上的羊窩頭、蘇馬灣分別發現了兩塊新莽始建國四年（12 年）四月朔乙卯的郡縣界石刻。羊窩頭石刻文字是：「東海郡朐〔與〕琅邪郡櫃〔爲〕界。朐北界〔盡〕□因諸山，山〔南〕水以北（可能有一行字損壞）櫃，西直況〔其〕。〔朐〕與櫃分高□〔爲〕界，東各承無極。」蘇馬灣石刻文字說：「東海郡朐與琅邪郡櫃爲界，因諸山以南屬朐，水以北屬櫃，西直況其。〔朐〕與櫃分高〔陌〕（或〔桓〕、〔伯〕）爲界，東各承無極，始建國四年四月朔乙卯，以使者徐州牧治所書造。」

調查報告認爲，兩個石刻可能出自一人手筆。〔註9〕這是東海郡和琅邪郡的界石，山南是東海郡朐縣（治今連雲港市），水北是琅邪郡櫃縣（治今山東膠州市南），西面是況其縣（治今江蘇贛榆縣）。分界的山很可能就是石刻所在的東西連島，我已指出，此時海上不僅有海曲縣人呂母的武裝，還有臨淮郡人瓜田儀的武裝。所以要在東西連島設立界標，明確海防範圍。〔註 10〕我以爲高□也在東西連島，很可能是高梳。其字既然近陌、桓，則很可能是梳。今東西連島最高峰是大梳尖山，因爲類似梳杆得名。之所以把界線定在東海郡朐縣最北的東西連島，因爲此時琅邪郡海域的民間武裝勢力很大，而朐縣相對穩定。所以在東西連島設碑分界，其實是希望朐縣嚴守海道，防止琅邪郡的民間武裝南入東海郡。

《後漢書》卷十《張步傳》說琅邪郡不其縣人張步起兵，佔據齊地。建武三年（27 年），劉永封其爲齊王，但是張步投降劉秀，「八年夏，步將妻子

〔註 9〕 連雲港市文管會辦公室、連雲港市博物館：《連雲港市東連島東海琅邪郡界域刻石調查報告》，《文物》2001 年第 7 期。

〔註 10〕 周運中：《居延漢簡新莽臨淮海賊考》，《金塔居延遺址與絲綢之路歷史文化研究》，甘肅教育出版社，2014 年，第 214～219 頁。

逃奔臨淮，與弟弘、藍欲招其故眾，乘船入海，琅邪太守陳俊追擊斬之。」
這說明從臨淮郡到琅邪郡的海路便利，否則張步不會冒險。

東漢末年戰亂，很多山東人從海路南奔江淮，經過東西連島與雲台山一帶，唐代封寅考證：

> 密州之東，臨海有二山。南曰大朱，北曰小朱……漢末，崔炎
> 於高密從鄭玄學，遇黃巾之亂，泛海而南，作《述初賦》，其序云：
> 「登州山以望滄海。」據其處所，正相合也。大朱東南海中有句遊
> 島，去岸三十里，俗云句踐曾遊此島，故以名焉。《述初賦》又云：
> 「朝發兮樓臺，回盼於句榆，朝食兮島山，暮宿兮鬱州。」鬱州，
> 今海州東海縣，在海中。《晉書》石勒使季龍討青州刺史曹嶷，嶷欲
> 死保根餘山，然則句榆、根餘當是一山，亦聲之訛變耳。〔註11〕

東漢末年，崔琰離開不其縣（治今青島市北）避難，從州山（今小珠山）登船，經句榆到鬱州島（雲台山），句榆應是今靈山島，今離岸 11 千米，在大珠山東方。

酈道元《水經注》卷三十《淮水》說：「（游水）又逕胸山西。山側有胸縣故城。秦始皇三十五年，於胸縣立石海上，以為秦之東門。崔琰《述初賦》曰：倚高艫以周眄兮，觀秦門之將將者也。東北海中有大洲，謂之鬱洲，《山海經》所謂鬱山在海中者也。言是山自蒼梧徙此，雲山上猶有南方草木。今鬱州治。故崔季珪之敘《述初賦》，言鬱州者，故蒼梧之山也，心悅而怪之，聞其上有仙士石室也，乃往觀焉。見一道人獨處，休休然不談不對，顧非己所及也。即其《賦》所云：吾夕濟於鬱洲者也。」〔註12〕

東晉初年，石趙攻打青州，刺史曹嶷遷入根餘山（即句榆島），當時一定還有很多百姓到膠東島嶼，還有一些人繼續南航到東晉境內。

劉宋泰始四年，北魏佔領淮北，北人南奔，青州、冀州僑置到了鬱洲島（今連雲港雲台山）。《南齊書》卷二十八《劉善明傳》說劉善明任僑青州、冀州刺史，又說：「泰始初，虜暴淮北，（劉）僧副將部曲二千人東依海島。太祖在淮陰，壯其所為，召與相見。」〔註13〕劉僧副所在的海島很可能就是

〔註11〕〔唐〕封寅撰、趙貞信校注：《封氏聞見記校注》，北京：中華書局，2005 年，第 72 頁。

〔註12〕〔北魏〕酈道元撰、楊守敬、熊會貞疏、段熙仲點校：《水經注疏》，江蘇古籍出版社，1989 年，第 2563～2565 頁。

〔註13〕〔梁〕蕭子顯撰：《南齊書》，北京：中華書局，1972 年，第 523 頁。

鬱洲島、鷹遊山一帶，所以很快到淮陰投奔蕭道成。

《南齊書》卷五十四《高逸傳》說平原人明僧紹：「隱長廣郡嶗山，聚徒立學。淮北沒虜，乃南渡江……僧紹弟慶符為青州，僧紹乏糧食，隨慶符之鬱洲，住弇榆山，棲雲精舍，欣玩水石，竟不一入州城。」〔註14〕鬱洲即云台山，我以為弇榆山很可能是鷹遊山，讀音很近。說明鷹遊山之名不僅在南北朝時期已經出現端倪，而且是海路所經，有很多山東人南遷至此。

唐開成四年（839年）四月初五，日本僧人圓仁從楚州（今淮安）淮河口出海去山東，路過鬱洲島（今雲台山）北部，南行越山，二十里到宿城村，看到此處有新羅人居住，又遇到新羅人的船從密州開往楚州。〔註15〕圓仁等人最初停泊地在今宿城之北二十里，就是雲台山和東西連島之間的海峽，說明鷹遊門確實是南北航路所經。

四、明清鷹遊山的海路

明代的鷹遊山既是海防要地，又是海運所經之地。永樂七年（1409年）：「上聞倭寇犯東海千戶所，退依鷹遊山。勅總兵官豐城侯李彬等曰：為將出奇制勝之道，在於臨敵隨機應變，此寇逗遛海濱，正授死之時，爾等宜乘機運謀，以立奇功。並勅都指揮羅文、李敬，皆用心提備，乘機剿殺。勅責備倭總兵官安遠伯柳升不奮力擒賊，且敕豐城侯李彬都督費瓛並力剿捕。總兵官安遠伯柳升奏，率兵至青州海中靈山，遇倭寇交戰，賊大敗，斬及溺死者無筭，遂夜遁。即同平江伯陳瑄，追至金州白山島等處。浙江定海衛百戶唐鑒等，亦追至東洋朝鮮國義州界，悉無所見，上勅升等還師。」〔註16〕

閩縣知縣仇俊卿說：「茲以海道之要害切，於江北者言之，狼山當江海之吭，而廖角、掘港皆揚之東南界也。胸山據淮海之首，海州鷺遊山皆淮之東北境也。中包泰興之周家橋、鹽城之射陽湖、山陽之雲梯關、廟灣等處，此皆沿海衝要之區，寇盜可以停舶出沒之處，乃據守所當先者也。」〔註17〕

〔註14〕〔梁〕蕭子顯撰：《南齊書》，第 927 頁。

〔註15〕〔日〕圓仁著、小野勝年校注、白化文、李鼎霞、許德楠修訂校注：《入唐求法巡禮行記》，花山文藝出版社，2007 年，第 136 頁。

〔註16〕〔明〕王士騏：《皇明馭倭錄》卷二，《續修四庫全書》編纂委員會編《續修四庫全書》第 428 冊，上海古籍出版社，2002 年，第 300～301 頁。

〔註17〕〔明〕王鳴鶴：《登壇必究》卷十《直隸江南兵防官考》，《續修四庫全書》第 960 冊，第 402 頁。

　　鷹遊山還是明代崇明水師北巡之地，康熙《崇明縣志》卷一：「嘉靖中，東倭內犯，巡撫林潤特聘參軍鄭若曾，輕舸徧巡，相度形勢，著有《高廖二嘴圖》，而形勢始詳。隨後巡撫翁大立，題立水師汛地，南會哨於洋山，北會哨於鶯遊山。出嘴會剿，禦賊上游。我兵始握勝籌，實得力於此圖，詳《江南經略》一書。」卷五《汛地考》：「北鶯遊山，北寇竊發，必由此山拋泊，然後分餂入犯。故制定江淮會兵於此，世爲蘇屬七總水師北巡汛地。崇禎中，海寇顧榮匿此，蘇松道程峋會諮淮撫史可法，窮剿就撫。凡出師會哨，蘇松七總水師，南取齊於崇明排沙洪，北取齊於崇明營前沙洪。以上汛地今廢。」〔註18〕

　　崇明水師將領確實曾經追擊海盜，直到鶯遊山，乾隆《武進縣志》卷九：「蔣之俊，天啓壬戌武進士，授應天標營守備，攝吳淞奇兵營。汪子清聚眾焚掠，之俊以五十人一日夜追百八十里，擒之。崇禎戊午防海兵數千，挾刃鼓譟，及蘇盤門。之俊馳諭兵民俱輯，遷劉家河游擊。署金山參將，時海寇劉心宇恣橫，上官疏，請移之俊守崇明。冒險出洋，抵山東鶯遊山，焚盜艘而還。命以都司僉書攝崇明縣，務廉靖愛民。以事謫羅木營守備，病免。壬午命守昌平，卒於官。」此處說山東鶯遊山，大概是指到鶯遊山之北海域，靠近山東。

　　雍正《山東通志》卷二十：「康熙四十五年，登州鎮設前後水師營，五十三年裁後營水師官兵。留前營，分駐登膠（游擊駐膠州，守備駐登州府）。定爲南北二汛，雍正十二年，又分爲南北東三汛（初定南汛自江南鶯遊山起，至成山頭，與北汛會旗。北汛自成山頭起，西至直隸交界祁河口止。北至北隍城島九十里，與奉天水師營汛分界。十二年更定南汛自鶯遊山，東至馬頭嘴，與東汛會旗。東汛自馬頭嘴，北至成山頭，與北汛會旗。北汛仍照舊分汛。」

　　萬曆《淮安府志》卷三海州：「鷹遊山，在海中，其平山一十五里，今海運所經也。」〔註19〕

　　萬曆四十八年（1620年）漕糧海運：「行至鶯遊山遭風，原幇米七萬二千一百餘石。其漂損者，以四萬石計。」〔註20〕

　　梁夢龍的《海運新考》卷上《海道新圖》畫出鶯遊山，《試行海運五》：

〔註18〕康熙《崇明縣志》，《稀見中國地方志彙刊》第1冊，中國書店，1992年。
〔註19〕萬曆《淮安府志》，《天一閣藏明代方志選刊續編》第八冊，上海書店，1990年，第282頁。
〔註20〕〔明〕畢自嚴：《度支奏議》新餉司卷十八《覆登撫孫元化議改島餉運道疏》，《續修四庫全書》第485冊，第384頁。

「隆慶五年七月初九日，據分巡海右道潘副使稟帖，據委官寧海衛指揮劉崇儒報稱，米船五隻，已過鷹遊山、齋堂島等處。」《海道口岸》：「鷹遊山，此山在安東衛東南百里。山嘴有石，石衝水，水旋，船應避，不可入旋中。」《海道里數》：「高公島至鷹遊山三十里，鷹遊山至虛溝所十五里。」《海道日程》：「自淮安上船，一日可至鷹遊山，此山一晝夜可至齋堂島。」〔註21〕

隆慶五年（1572年）：「都御史王宗沐建議海運，尚書張守直復准，立海運總，設官置船。歲運糧壹拾貳萬石，至天津。六年，本官復條議船料，本部會同工部議准，各該巡撫漕運衙門專委糧儲道……自淮安府開船至八套口計三百餘里，係河道，可為壹程。自八套口開船至鷹遊山，約貳百肆拾里，用東南風，壹日可到，為壹大程。如風不便，玖拾里可投五丈河。又西北壹百餘里，可投狹口灣泊，容船伍百餘隻。自鷹遊山起，東北遠望琅琊山前投齋堂島灣泊。」〔註22〕

崇禎十三年（1640年）海運：「七月報，中書沈廷揚自座沙船二隻，於淮安城下出淮，至海口開洋。至鷹遊山，初六日，趁風行。十一日，過成山。十五日，至天津。自淮至津三千四百里，除守候外，實行十日到。」〔註23〕

嘉慶《海州直隸州志》卷二九：「鎮海寺，趙一琴《續志》：在鷹遊山，俗名廟前灣，為舟楫避風所。寺當山北，岡巒迴複，林樾森環。《李志》：康熙四十九年僧隱山結草其上，其徒普受字天庚者嗣之。戒律精嚴，自積香火貲。於乾隆二十七年，重建殿宇廊廡幾百餘間，徒眾日多，遂為叢林。按寺在鷹遊東西兩島之間，由孫家山渡海而至。嘉慶九年知州唐仲冕禱雨輒應，有句云：為求法雨親浮海，喜見慈雲滿布山。紀其實也。」〔註24〕今廟前灣在東西連島之中，此廟在清代中期香火旺盛，說明此時來往的商船很多。

清代還有琉球國八重山群島的官員回沖繩島時漂流到鷹遊山，湯貽汾《琴隱園詩集》卷二十三《鷹遊拯溺行為禹門作》詩云：「鷹遊山高一千八十丈，猿猱膽落不能上。連東連西煙霧連，自古無人闢榛莽。颶風忽挾海帆入，攀

〔註21〕〔明〕梁夢龍：《海運新考》，《四庫全書存目叢書》編纂委員會編《四庫存目叢書》史部第274冊，齊魯書社，1996年，第337、342、348、349頁。

〔註22〕〔明〕張學顏：《萬曆會計錄》卷三十五《海運》，《續修四庫全書》第832冊，第632頁。

〔註23〕〔明〕溫璜：《溫寶忠先生遺稿》卷八《庚辰北征日記》，《四庫禁燬書叢刊》編委會編《四庫禁燬書叢刊》集部第83冊，北京：北京出版社，1997年，第428頁。

〔註24〕仲其臻等整理：《嘉慶海州直隸州志》，第1171頁。

木緣藤呼救急。二十三人共號泣，堠卒走告官，官急來相援。其船頭銳腹則寬，其人椎髻冠黃冠。一翁禮貌恭，言語苦不通。授以筆札書粗工，乃知翁是琉球八品職，戍八重山代歸國，天吳夜鬥饞蛟窟，舵折檣摧行不得。二十三人共拜官，官視其狀心惻然。掃除賓館急授餐，好官豈惜囊中錢。晨夕相依快遊燕，樂且忘歸別猶戀。聖主懷柔一德心，海波無此深情深。二十三人歸共說，海外家家頌生佛。眼前拯溺復何人，世上風濤無盡日。」〔註25〕

　　此外還有大量明清地圖特別是海防圖，畫出鷹遊山。因為讀者很容易在地圖上找到，本文不再贅述。

　　由上可見，南唐北通契丹的礬油海港是今連雲港東北部的東西連島，古稱鷹遊山。漢代以來，鷹遊山因其地理位置重要而成為南北海路所經；自明至清，鷹遊山既是海防要地，又是海運所經之處。

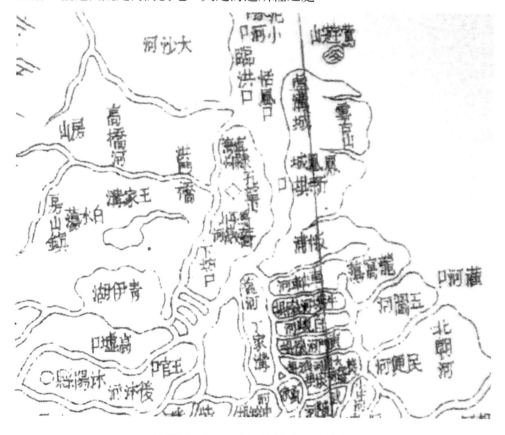

乾隆內府輿圖上的海州鷹遊山

〔註25〕〔清〕湯貽汾：《琴隱園詩集》，《續修四庫全書》第 1502 冊，第 273～274 頁。

第四篇　嶺南篇

歐洲最早記載的越南與中國航路

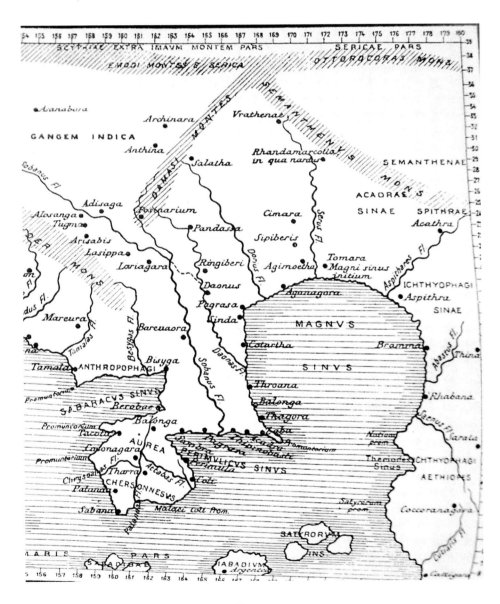

　　歐洲人對中國航路的最早詳細記載，見於古希臘著名地理學家托勒密的《地理志》，時間約是西元 150 年。但是托勒密的資料來自更早的古希臘商人，所以這段記載的形成時間更早，約在西元 1 到 2 世紀，相當於中國的東漢。

　　此時中國也有大秦（羅馬）商人從海路來華的記載，正好吻合。《後漢書》卷九十六《南蠻西南夷列傳》：「永寧元年，撣國王雍由調復遣使者詣闕朝賀，獻樂及幻人，能變化吐火，自支解，易牛馬頭。又善跳丸，數乃至千。自言我海西人。海西即大秦也，撣國西南通大秦。明年元會，安帝作樂於庭，封雍由調爲漢大都尉，賜印綬、金銀、綵繒各有差也。」撣國即今緬甸東北部的撣邦，西南通大秦，指海路到羅馬。同書卷九十八《西域傳》：「至桓帝延熹九年，大秦王安敦遣使自日南徼外獻象牙、犀角、玳瑁，始乃一通焉。其所表貢，並無珍異，疑傳者過焉。」大秦王安敦即羅馬王 Marcus Aurelius Antonius，在 162～165 年東征安息，但是沒有遣使入華記載。可能是大秦民間商人，而非使節。安帝永寧元年（120 年）到桓帝延熹九年（164 年），來的只有西方的幻人（魔術師）和商人，說明由南洋進入中國的西方人很少。

　　有人懷疑此處的大秦是法顯所說印度南部的達嚫（Daksina），其實《史記》等書已記載幻人來自西域，孫吳時的大秦商人也是來自西域而非印度。因爲達嚫在內陸山地而非沿海，法顯說達嚫道路艱難，很難到達。〔註1〕

　　托勒密《地理志》稱中國北方爲賽里斯（Seres），南部爲秦奈（Thina），秦奈的東部、南部爲未知地，西爲印度，北爲賽里斯。賽里斯是中國的北部，秦奈是中國的南部。秦奈源自支那（Cina），這是沿用古名。

　　西方人航海，過了黃金半島（馬來半島），向東到秦奈的路上，要經過阿斯彼特拉河（Aspithra）、布拉馬城（Bramma）、阿姆巴斯特河（Ambastes）、拉巴納城（Rhabana）、賽諾斯河（Senus）、諾雄角（Notion）、泰利奧德斯灣（Theriodes）、沙特爾角（Satyr）、科提亞里斯河（Cottiaris）、卡提卡拉城（Cattigara），內陸有科科拉城（Coccora-Nagara）。

　　在托勒密的地圖上，過了黃金半島，向東是 Sinvs 灣（支那灣），再東部的海岸線向南，其實應該是向北。因爲當時西方人還很不熟悉東方，所以把越南的海岸線畫反了。也有可能是因爲比例尺不同，所以西方人在把不同地

〔註1〕〔晉〕法顯撰、章巽校注：《法顯傳校注》，北京：中華書局，2008 年，第117 頁。

區的地圖拼接為一幅圖時，把今天的廣西、海南、越南之間的海灣放大，造成托勒密地圖上的中國海岸方向錯誤。古人的世界地圖都是由很多地圖拼接而成，拼接時難免出現各種錯誤。雖然如此，這幅地圖還是非常珍貴。因為直到唐代，西方才又出現大量記載中國的地理志。歐洲進入黑暗的中世紀後，文化相對衰落，因此東方地圖奇缺。直到文藝復興時代，托勒密的地圖仍然對歐洲人產生重要影響。此時西方人仍然主要通過阿拉伯人的地理志和馬可波羅等人的少量著作瞭解東方，直到 16 世紀西方人才得到一些最新的中國地圖。而且托勒密記載的東方地理在一些方面長期不變，本身就有超長時段的價值。

托勒密說，在這一地區的北部有 Semankhnoi 山脈和同名的民族，其南是 Akadrai，其次是 Aspithra 人，其次是海灣中的 Ambastai 人，其次是以魚肉為食物的秦奈人，又說秦奈海灣中住著以魚為生的埃塞俄比亞人。〔註2〕

一、Semankhnoi 是色芒 Seamang 人

根據分子人類學研究，Y 染色體 D 型一系是最早從非洲進入東亞的現代智人，最遲在 5 萬年前就從東非走出，沿著亞洲南部海岸，一路向東，到達東南亞，佔據東南亞和東亞的很多地方。因為那時還在冰期，海平面很低，所以東南亞的諸多島嶼和海洋那時還是亞洲大陸的一部分。

現在 D 型一系在亞洲已經寥寥可數，留在東南亞的被稱為矮黑人，或者尼格利陀人（Negrito），西班牙語義為黑色。馬來人稱為 Orang Alsi，義為原住民。他們的外貌很接近現在非洲黑人，保留走出非洲時的樣子。身材矮小，頭髮捲曲，皮膚髮黑。

現在東南亞的矮黑人分為四支：

1. 西北有泰國南部的曼尼族（Mani），住在泰國南部邊境山區，此地主要是馬來人地區。

2. 在其南部，馬來半島的中部山地有色芒人（Semang）人，據說馬來語的 Semang 指欠債者，但是現代人在上萬年前就遭遇到矮黑人，此時肯定沒有債務，原來不可能用債務命名此族，所以我懷疑 Semang 原來專指此族，因為

〔註2〕〔英〕H. 裕爾撰、〔法〕H. 考迪埃修訂、張緒山譯：《東域紀程錄叢》，雲南人民出版社，2002 年，第 4～5、157 頁。〔法〕戈岱司輯錄、耿昇譯：《希臘拉丁作家遠東古文獻輯錄》，北京：中華書局，1987 年，第 44～45 頁。

欠債者比較卑微，所以這個詞在後來才引申出欠債者的意思。

3. 菲律賓有海膽人（Aeta），南宋趙汝适《諸蕃志》的三嶼（今菲律賓呂宋島）條說：「窮谷別有種落，號海膽，人形而小，眼圓而黃，虬髮露齒，巢於木顛，或三五成群，全伏榛莽，以暗箭射人，多罹其害，投以瓷碗，則俯拾，欣然跳呼而去。」〔註3〕馬來語的 hitam 是黑色，海膽來自馬來語的黑色。

4. 緬甸南部的安達曼群島，現屬印度，因為冰期結束，與世隔絕，所以保留的原始文化比較多。而泰國、馬來西亞的矮黑人改說馬來語或孟語，或者融入馬來人。

托勒密說，越南的南部有 Semankhnoi 山、Semankhnoi 人，無疑是上古時期的 Semang 人，現在越南的南部已經被同化。這片山區，無疑是今越南林同省的山區，這是越南的南部最大最高山區。古代在這一帶有未被同化的 Semang 人，位置符合。

元末泉州海商汪大淵《島夷志略》賓童龍：「次日胡麻、沙曼……諸番，無所產，舶亦不至。」〔註4〕此處的沙曼，疑即 Semang 人，說明元末的賓童龍（今藩朗）附近還有此族。

現在越南的林同省有 Koho 族，族名似乎與托勒密所說的 Semankhnoi 的 khnoi 有關。越南的平福省有 Stieng 族，昆嵩省有 Sedang 族，不知是否源自 Semang 族，現在已屬南亞語系的孟高棉語族民族。

二、Akadrai、Aspithra

過了這片山地，向北去中國的路上，有 Aspithra 江，有 Akadrai 城，其實就是今越南慶和省芽莊（Nha Trang）。

因為芽莊的古代地名是古笪，唐代南海航路最詳細的記載是《新唐書》卷四十三下《地理志七下》賈耽所記的廣州通海夷道：

> 廣州東南海行，二百里至屯門山，乃帆風西行，二日至九州石。又南二日至象石。又西南三日行，至占不勞山，山在環王國東二百里海中。又南二日行至陵山。又一日行，至門毒國。又一日行，至古笪國。又半日行，至奔陀浪洲。又兩日行，到軍突弄山。

〔註3〕〔宋〕趙汝适著、楊博文校釋：《諸蕃志校釋》，北京：中華書局，2000年，第144頁。

〔註4〕〔元〕汪大淵著、蘇繼廎校釋：《島夷志略校釋》，北京：中華書局，1981年，第64頁。

古笪國，伯希和認爲是占城碑銘中的 Kauthara，今芽莊，古笪是漢語的音譯。〔註5〕Akadrai，讀音極近，就是前面多出一個 A，這是語言翻譯增加的音素，下文還要說到，Besatae、Bisades 人即 Ambastes、Ambastai，開頭也是多出一個 am，可能是類似的原因。

奔陀浪洲，即宋代賓童龍（Panduranga），即今越南藩朗。《新唐書・環王傳》誤作奔浪陀，《嶺外代答》占城國作賓瞳龍，《諸蕃志》作賓瞳龍國，《宋史・占城傳》作賓陁羅，《注輦傳》作賓頭狼，《大食傳》作賓同隴國，《雲麓漫鈔》作賓達儂，《島夷志略》作賓童龍，《明史・占城傳》作邦都浪。

芽莊在江口，又在林同省的大山東北，是古代航路上的要港，所以托勒密記載了這個港口。

三、Bramma 城、Ambastes 河、Ambastai 人

其北海岸有 Bramma 城，我以爲就是在今越南的富安省的省會綏和，因爲地處巴江口，Bramma 和巴江地名同源。今巴江中游的越南的嘉萊省境內，有地名巴姆拉，讀音接近。

巴江是越南的中部最大河流，其河口的綏和，很可能是元末汪大淵《島夷志略》的民多朗，《大南一統志》卷十富安省說，此地原爲沱浪之地，巴江又名沱浪江，沱浪讀音接近民多朗。〔註6〕

再往北，有 Ambastes 河、Ambastai 人，也有對應記載。古希臘商人約在西元 70 年成書的《厄立特里亞海航行記》說到中國邊境：

> 每年都有一群 Besatae 人聚集在中國邊境，他們個子矮，臉扁平，外貌平和，完全未開化。他們攜妻帶子，手挽看似藤葉的筐袋。他們在故土和中國之間的地區聚集，把籮筐當成草席鋪在地上，宴會數日後離開。於是當地人出來收集他們稱爲 perri 的細絲，他們把葉子疊成多層並揉成球，把細絲從草席裏戳出，於是分成三種：大的樹葉做出的稱爲大球 malabathron，小的是中球 malabathron，最小的是小球 malabathron。這些是印度人很重要的調料。〔註7〕

〔註5〕〔法〕伯希和著、馮承鈞譯：《交廣印度兩道考》，北京：中華書局，2003 年，第 235 頁。

〔註6〕周運中：《中國南洋古代交通史》，廈門大學出版社，2015 年，第 351～352 頁。

〔註7〕Paul Wheatley: The Golden Khersonese: Studies in the Historical Geography of the Malay Peninsula before A.D. 1500, Kuala Lumpur, University of Malaya Press, 1961, p.131.

　　這裡說 Besatae 人，在中國邊境貿易 malabathron，即今 malabathrun，產自印度馬拉巴爾海岸的肉桂皮。5 世紀的 Palladius 引用底比斯（Thebes）的學者記載說：

> 　　我注意到很多印度人用小船去 Axum 貿易，我試圖深入到收集胡椒的 Bisades 人之中，他們是矮小衰弱的人，住在石洞裏。因爲自然環境導致他們適應攀爬峭壁，這樣他們才能收集到樹上的胡椒，這是一種灌木。Bisades 人有畸形的大頭，他們不剃鬚，有平直的頭髮。〔註8〕

　　Besatae 人即 Bisades 人，即托勒密所說的 Ambastes 河流域的 Ambastai 人，在今越南的平定省、廣義省。

　　我認爲，就是中國古書記載的西屠人，西屠是 ambaste 末尾兩個音節的音譯。上古音的西屠是 sai-da，讀音極近。前面的 a 可能是轉寫增加的讀音，或者是翻譯省略的讀音，臺灣的泰雅族 Tayal 又名 Atayal。

　　西屠緊鄰漢朝境外，《太平御覽》卷七百九十引《異物志》曰：「西屠國在海外，以草漆齒，用白作黑，一染則歷年不復變。一號黑齒。」又引《交州以南外國傳》曰：「有銅柱表，爲漢之南極界，左右十餘小國，悉屬西屠。有夷民，所在二千餘家。」又引《外國傳》曰：「從西圖，南去百餘里到波遼，十餘國皆在海邊。從波遼國南去，乘船可三千里，到屈都乾國地。有人民可二千餘家，皆曰朱吾縣民，叛居其中。」

　　西屠國是漢朝邊界外的一個稍大的小國，漢朝最南部的象林縣在今會安，則西屠國在今越南的廣南省之南。

　　酈道元《水經注》卷三十六《溫水》：

> 　　昔馬文淵積石爲塘，達於象浦，建金標爲南極之界。俞益期《箋》曰：馬文淵立兩銅柱於林邑岸北，有遺兵十餘家不反，居壽泠岸南，而對銅柱。悉姓馬，自婚姻，今有二百戶。交州以其流寓，號曰馬流。言語飲食，尚與華同。山川移易，銅柱今復在海中，正賴此民以識故處也。《林邑記》曰：建武十九年，馬援樹兩銅柱於象林南界，與西屠國分漢之南疆也。土人以其流寓，號曰馬流，世稱漢子孫也。

　　馬流、波遼，讀音極近，就是同名異譯，在今藩朗。其北到西屠，正是千餘里，有十幾個小國，其實是十幾個小海港。

〔註 8〕Paul Wheatley: The Golden Khersonese, p.134.

四、Rhabana 城、Senus 河

再往北，有 Rhabana 城、Senois 河，又作 Saenus 河，也即賽里斯河，是中國人所居，故名。

Rhabana，應是林邑，林的上古音是 lam，今粵語、閩南語保留古音，Rhabana 的 Rhab 對應林 lam，b、m 都是唇音，極近。ana，對應邑，上古音是 ap，或有訛誤。象林和林邑的關係不明，林邑未必是象林的俗稱。

《太平御覽》卷七九零引《南州異物志》：「狼咽國，男無衣服，女橫布帷。出與漢人交易，不以晝市，暮夜會。俱以鼻嗅金，則知好惡。」狼咽，我以為就是林邑 lam-ap，讀音極近。《南州異物志》一般認為東漢楊孚所作，說明林邑之名早有，未必是象林的俗稱。

《水經注》卷三六《溫水》引《林邑記》：「建國起自漢末初平之亂，人懷異心，象林功曹姓區，有子名連，攻其縣，殺令，自號為王。值世亂離，林邑遂立。後乃襲代，傳位子孫。三國鼎爭，未有所附。吳有交土，與之鄰接，進侵壽泠，以為疆界。自區連以後，國無文史，失其纂代，世數難詳，宗胤滅絕，無復種裔。外孫范熊代立，人情樂推。後熊死，子逸立。」

林邑建國在東漢晚期，其早期都城典沖即原象林縣治（在今茶蕎 Trà Kiệu），占人又有梵語名 Simhapura（獅城）。《水經注》說：「其城西南際山，東北瞰水，重漸流浦，周繞城下。東南漸外，因傍薄城，東西橫長，南北縱狹，北邊西端，回折曲入。」此地在沙洲上，與今茶蕎地形吻合。〔註9〕

五、Notion 是盧容、Theriodes 是朱吾

其北的 Notion 角，應是盧容角，讀音極近，盧容縣在象林縣之北，在今越南順化。《水經注》卷三六《溫水》引康泰《扶南記》：「從林邑至日南盧容浦口，可二百餘里，從口南發往扶南諸口，常從此口出也。」盧容是重要海港，所以托勒密記載。

托勒密地圖上的 Notion 角之北，就是 Theriodes 海灣，所謂以魚為生的埃塞俄比亞人，亨利·裕爾早已指出其實是誤會。

西漢在盧容縣之北，是朱吾縣，李賢注《續漢書·郡國志五》日南郡朱吾縣引《交州記》曰：「其民依海際居，不食米，止資魚。」以魚為生的埃塞

〔註9〕 〔法〕鄂盧梭：《占城史料補遺》，《西域南海史地考證譯叢》第二編，北京：商務印書館，1995 年，第 120～147 頁。

俄比亞人就是朱吾人，上古音的朱吾是 tjio-nga，讀音接近 theriodes，訛爲埃塞俄比亞 Ethiopia。

朱吾縣人是海洋民族，所以竟又遷徙到屈都乾國。《太平御覽》卷七百九十引《外國傳》曰：「從西圖，南去百餘里到波遼，十餘國皆在海邊。從波遼國南去，乘船可三千里，到屈都乾國地。有人民可二千餘家，皆曰朱吾縣民，叛居其中。」我已經指出，屈都乾國在今馬來西亞的龍運 Dungun，屈的上古音是 kiuət，即從泰米爾語進入馬來語的城市 Kota。〔註10〕

在今越南的平順省北部，除了被南侵的越南人擠到內陸的占人（Cham）外，還有 Churu 族，也是南島語系民族，Churu 的讀音很接近朱吾，很可能就是朱吾族的殘留。

六、Cottiaris、Cattigara、Coccora-Nagara

再北的 Cottiaris 河口有 Cattigara 城，法國學者拉古伯里指出 Cattigara 就是交趾的上古音 Kiao-ti。

我認爲此說可信，gara 是梵語城市 nagara 的缺訛，Coccora-Nagara 可以證明。泰米爾語是 nakaram，泰盧固語是 nagaraṃ。Cattigara 是交趾，也即西漢交趾郡治，在今河內。

Cottiaris 河，也是交趾河，則 aris 是河，泰米爾語的河流恰好是 āṟu，梵語、泰盧固語是 nadi，說明這個地名源自泰米爾語。

Coccora-Nagara，即 Coccora 城，應是 Cora 的訛誤。在今河內西北 15 千米有古螺（Co-Loa）城址，傳說是甌雒國安陽王建造，在西元前 3 世紀。城址現存在地面上有三重夯土城牆，外有護城河。城址可以採集到秦漢時期的繩文筒瓦、板瓦等，內城有東山文化陶器、銅鼓等。已有學者指出，此城的形態接近江蘇常州的春秋淹城。〔註11〕

Co-Loa 讀音非常接近 Cora，我認爲，這個城很可能也即西漢交趾郡的苟漏縣城，苟漏的讀音也很接近。根據前人研究，苟漏縣城正是在河內的西北部，位置也很符合。因爲這個城是越南最早的都城，非常重要，所以托勒密的《地理志》也記載了。

〔註10〕周運中：《中國南洋古代交通史》，廈門大學出版社，2015 年，第 115 頁。
〔註11〕吳春明：《東山文化與「甌駱國」問題》，《從百越土著到南島海洋文化》，北京大學出版社，2012 年，第 156 頁。

　　由此可見，托勒密記載的歐洲人最早中國航路地名，基本可以破解，告訴我們沿線的重要民族、港口。值得注意的是，西方人稱整個越南海岸爲秦奈國，稱黃金半島（馬來半島）之東是 Sinvs 灣，也即中國灣。而且在越南的最南部有 Serus 河，在中部也有 Saenus 河，都是賽里斯，說明越南海岸有不少中國人的僑居地。

　　西方人當時所知的中國南方知識還很有限，侷限於北部灣。唐代西方人仍然稱廣州爲支那，稱長安爲摩訶支那（Maha-Cina），即大支那。中印度高僧般刺蜜帝：「展轉遊化，達我支那（印度國俗呼廣府爲支那，名帝京爲摩訶支那），乃於廣洲制旨道場居止。」漢代西方人所知的秦奈即支那，其實也侷限於華南，不是中國的中原。

　　林邑是在東漢末年才從中國的邊境獨立，但是譚其驤主編《中國歷史地圖集》卻在第二冊東漢順帝永和五年（140 年）的圖上就畫出獨立出去的林邑國，〔註12〕此圖不確，林邑在漢朝中期不可能獨立。

　　漢朝邊界之外的小國，其實也很重要，《漢書‧地理志》最末記載中國到印度的航路，開頭說：「自日南障塞、徐聞、合浦，船行可五月，有都元國。」航路從日南障塞開始，障塞之外的民族其實都在貿易鏈上。歐洲人記載 Besatae 人貿易桂皮，就是證明。中國人記載的狼㖞人與漢人貿易，也是證明。障塞之外的港口，都有華商，所以我們應該重視這段航路的中西對比考證。

〔註12〕譚其驤主編：《中國歷史地圖集》第二冊，中國地圖出版社，1982 年，第 41、63 頁。

韋楚望墓誌所見唐朝潮州海外貿易

西安近年發現的唐代墓誌中，有一方大中五年（851年）潮州刺史韋楚望墓誌，全文如下：

> 唐故潮州刺史京兆韋公墓誌銘並序
>
> 彌生鄉貢進士令狐壽撰
>
> 天子憂遠民，每命二千石，必御便殿。煦顏錫本色衣，而後遣之，有以見聖朝恤民之旨。上元年，府君出刺潮陽，潮直番禺，遠帝城八千里。府君喜得奉上意，不憚鱷魚溪灘之險，若適近地。比至理所，益刻苦爲政。南海俗尚鬻子息取利，官賤估得，沒爲贓，獲土産丹砂、水銀、珠玉、雜貨。官欺海民，理未期，即成猗頓業。府君撫精竭慮，清靜潔白。海路歌謠，編戶蘇息，而府君俸錢無餘。乃爲韶州、循州假守。嗚呼！海嶠之民，受福也多。府君之家，丁禍也甚。大中四年八月十三日，府君夫人卒於循州官舍，享年四十四。府君中海上毒瘴得疾，九月十七日繼薨於循州，享年六十六。以大中五年十月二十九日合葬京兆府萬年縣小趙村，祔於先塋，禮也。旅櫬雙旐，間關萬里。頑豔悽愴，況親舊乎！府君諱楚望，字宣遠，其先京兆人也。二十五代祖賢，父子佐漢業。八代祖世珍，仕後魏爲侍中，號爲西眷。曾祖諱令賓，皇洺州長史。大父諱震，皇溫州刺史。烈考諱屺，皇虢州刺史，贈右散騎常侍。常侍娶安西都護郭幼賢女。府君以門子蔭授宣州溧陽主簿，以衛佐充麟勝觀察推官，以評事充涇原觀察推官，以監察轉參謀。除陝州靈寶縣令，知鹽鐵埇橋院，拜鄠縣令。授左贊善大夫，

除潮州刺史。其佐侯第也，入參籌畫，出領伍符；理靈寶也，造倉廩
於河次，置候館於道左。欒櫨疊設，成之子來。及宰相鄭公肅觀察陝
郊，兩涉殊考，借留一年。時久不雨，哀斂之吏搜刮鄉里，以答取爲
能。府君獨捍廉使，請撿死苗。廉使益重，百姓益愛。及自埇上除鄠
縣，靈寶之民日東其首，祖餞於道。皆曰父母，孰忍西去。畿甸軍人
橫恣，以府君之清慧，斂手喪氣，不敢奸法，其當官也如此。夫人京
兆杜氏，封南陽縣君，華陰縣令孝輔之曾孫，贈吏部郎中清之孫，黃
州刺史義符之女，睦州壽昌縣令崔君稷之外孫。夫人修蘋蘩，鼓琴瑟
有年矣。男五人：曰迴、曰遘、曰逞、曰還、曰迪，皆修立孝謹。遘
嗣殿中季父，早亡。女二人繼殤，二人尚未許嫁。將葬，外祖母裴夫
人泣告小子曰：吾家全盛時，伯仲五人顯赫，聯取進士第。伯氏入朝
爲御史，季弟爲拾遺殿中，不謂衰薄。手足凋墜，伶俜存立，止吾一
身。唯不熟吾家事，宜識其墓。府君猶子鄠縣尉芙，實襄其事，垂涕
請銘。銘曰：韋氏之先，顯顯綿綿。在漢中葉，先輔帝業。魏之侍中，
大建家法。於惟府君，操植松筠。參畫製錦，明習有聞。夫人克嚴，
柔淑宜家。昔也和鳴，親戚喧嘩。今也同穴，里巷吁嗟。杜陵之隈，
終南之北。重泉永固，貞石不泐。刻銘於茲，識府君與夫人之德。

外甥鄉貢進士柳庭實書〔註1〕

　　前人已經考述韋楚望的生平，〔註2〕但是未能注意其中涉及唐代潮州海外
貿易的內容，主要是其中這一段話：「南海俗尙鬻子息取利，官賤估得沒爲贓，
獲土產丹砂、水銀、珠玉、雜貨。官欺海民，理未期即成猗頓業。府君撫精
竭慮，清靜潔白。海路歌謠，編戶蘇息。」海民、海路，說明這一段話主要
涉及潮州沿海百姓的海外貿易。

一、潮州海外貨物的來源

　　我們知道，潮州不以出產丹砂、水銀、珠玉等聞名，不僅現在礦產調查
很難找到，唐代潮州土產記載也沒有。唐代李吉甫的《元和郡縣圖志》潮州

〔註1〕西安市文物稽查隊：《西安新獲墓誌集萃》，文物出版社，2016，第216～217
　　　頁。原書錄文，未能識出陝字，本文補出。
〔註2〕白豔妮：《新見〈唐潮州刺史韋楚望墓誌〉考釋》，《文博》2016年第6期，第
　　　75～80頁。

說：「開元貢：蕉葛布、蚺蛇膽、鮫魚皮、甲香、靈龜散。元和貢：細蕉布、甲香、鮫魚皮、水馬。」〔註3〕杜佑的《通典·食貨六》記載各地貢品說：「潮陽郡：貢蕉十疋、蚺蛇膽十枚、鮫魚皮十張、甲香五斤、石井、銀石、水馬，今潮州。」〔註4〕這兩部書的成書年代都是元和間，正是韋楚望經歷的年代。

所以此處所說唐代潮州的丹砂、水銀、珠玉，都應是從海外貿易獲得的貨物。丹砂是硫化汞，又名朱砂。水銀是液態汞，中國的汞礦主要分布在貴州、湖南、重慶、陝西、廣西等地，廣東的汞礦很少。我們注意到，《通典》卷六又說：「普寧郡：貢朱砂二十斤、水銀二十斤，今容州。」另外會稽郡（越州）、靈溪郡（溪州）貢朱砂，越州、溪州、容州都產朱砂，容州還是《通典》記載各地貢品唯一同時提到朱砂、水銀的地方。

容州雖然不靠海，但是離海不遠，而且唐代的容管經略使管轄廉州，治今合浦縣，所以容州有出海口。合浦是中國古代最著名的珍珠產地，漢代的合浦郡就以出產珍珠著名。結合容州的丹砂、水銀和其出海口廉州的珍珠，我們不難推測，唐代潮州的丹砂、水銀、珍珠很可能來自廣西沿海。

陶弘景《本草經集注》：「涪陵是涪州，接巴郡南，今無復採者。乃出武陵，西川諸蠻夷中，皆通屬巴地，故謂之巴沙。《仙經》亦用越沙，即出廣州臨漳者，此二處並好，惟須光明瑩澈為佳。」〔註5〕臨漳是越州的臨漳郡，據《宋書》卷三十八《州郡志四》原屬廣州，在今廣西合浦。

古代越南以出產丹砂聞名，《晉書》卷七十二《葛洪傳》說：「欲練丹以祈遐壽，聞交阯出丹，求為句漏令。帝以洪資高，不許……帝從之。洪遂將子姪俱行。至廣州，刺史鄧嶽留不聽去，洪乃止羅浮山煉丹。」

陶弘景《真誥》卷十四說：「衡山中有學道者張禮正、治明期二人……中患丹砂之難得，俱出廣州為沙門，是滕含為刺史時也。遂得內外洞徹，眼明身輕，一日行五百里。」《太平御覽》卷六百六十九引《真誥》作：「患丹砂之難，得俱出廣州為道士。」應是道士，說明很多人為了求得丹砂，來到廣州，此處的廣州或許是指嶺南。〔註6〕

〔註3〕〔唐〕李吉甫撰、賀次君點校：《元和郡縣圖志》卷34，北京：中華書局，1983，第895頁。

〔註4〕〔唐〕杜佑：《通典》卷6，北京：中華書局，1984，第36頁。

〔註5〕《新修政和證類本草》卷一注引

〔註6〕王承文：《漢晉嶺南道教「丹砂靈藥」考》，《秦漢史論叢》第七輯，中國社會科學出版社，1998年，第132～147頁。

　　唐代從廣西沿海到潮州有一條商路，這是珍貴的史料。因爲隋唐時期，中國到海外的商路改從海南島東南直接到越南，所以廣西在海外交通中的地位衰落，關於唐代廣西海上貿易的資料很少。但是韋楚望墓誌告訴我們，唐代廣西的商品仍然通過海路輸出潮州。

　　唐代李吉甫《元和郡縣圖志》的嶺南道缺失數州，我們通過北宋初年樂史《太平寰宇記》可知，雷州土產有烏藥、海桐皮、葛布，化州也產珍珠。所以雷州半島的土產和潮州、廣西，有相通之處。

　　韋楚望墓誌說到珠玉，不僅有珍珠，還有玉。今廣西陸川出產一種蛇紋石玉，稱爲陸川玉。陸川靠近容縣，所以潮州輸入的玉或許也來自廣西。

　　至於雜貨，則很可能是各種嶺南沿海的熱帶產品，即北方人俗稱的南貨。廣西的邊疆多深山老林，出產的熱帶生物商品比廣東豐富，古籍有很多記載，本文不再贅述。

　　唐代潮州購入如此多的丹砂、水銀、珠玉、雜貨，恐怕不是爲了本地消費，可能是轉運到北方，也可能是再加工爲藥品等。因爲我們看到唐代潮州貢品有蚺蛇膽、水馬（海馬）、甲香、靈龜散，都是藥品。由南唐入北宋的樂史，所編《太平寰宇記》潮州：「土產：水馬、甲香、鮫魚皮、海桐皮、蕉布布、千金釣藥、烏藥、地黃。」〔註7〕千金釣藥、烏藥、地黃等，也是藥品。由於中國東南沿海缺乏丹砂、水銀、珠玉等物產，所以潮州輸入這些商品。可能還予以加工，銷往潮州的內陸或北方。

　　杜佑《通典》記載潮州進貢的石井，對比嶺南其他地方的貢品，可知是石斛的訛誤，石斛也是藥材。唐宋地理志記載的嶺南其他地方貢品，也有烏藥、甲香等，本文不再贅列。關於甲香，已有考證。〔註8〕

二、廣西和潮州之間的海路

　　廣西到潮州要經過雷州半島，現在雷州半島和海南島的主要方言是閩語。前人一般認爲雷州半島和海南島的閩語是宋元時期福建人大規模南遷形成，福建人南遷要路過潮州和海陸豐，這些地方的沿海現在也說閩語。但是我們如果結合唐代廣西和潮州商路來看，這條閩人南遷的道路在唐代就很興

〔註7〕〔宋〕樂史撰、王文楚等點校：《太平寰宇記》卷158，北京：中華書局，2007，第3035頁。

〔註8〕周運中：《台州大陳島：從唐代閩商基地到現代臺灣北門》，《海洋文明研究》第一輯，中西書局，2016，第147頁。

盛。這條閩人南遷的海路，不是宋代才有。

現存的唐代史料雖然沒有明確廣西和潮州之間的海路，但是有廣州、安南貿易路過雷州半島的記載。唐代劉恂《嶺表錄異》卷下說：「每歲廣州常發銅船，過安南貿易，路經調黎（原注：地名，海心有山，阻東海濤險而急，亦黃河之西門也），深闊處或見十餘山，或出或沒，篙工曰：非山島，鰍魚背也……交趾回人，多捨舟，取雷州緣岸而歸，不憚苦辛，蓋避海鰍之難也。」〔註9〕

而唐代已經開通了揚州、越州到恩州（今陽江）的商路，《太平寰宇記》恩州說：

> 天寶元年改爲恩平郡，乾元元年復爲恩州，州內有清海軍，管戍兵三千人。按《投荒錄》云：「恩州爲恩平郡，涉海最爲蒸濕，當海南五郡泛海路，凡自廣至勤、春、高、潘等七州，舊置傳舍。此路自廣州泛海，行數日方登陸，前所謂行人憚海波，不由傳舍，故多由新州陸去。今此路惟健步出使與遞符牒者經過耳。既當〔海〕中五州要路，由是頗有廣陵、會稽賈人船循海東南而至，故吳越所產之物，不乏於斯。」〔註10〕

房千里《投荒錄》作於唐文宗時（826～840 年），恩州在今廣東陽江，有很多來自揚州、越州的商船，因爲地當去海南五州要道，所以設置清海軍，這就印證了元稹所說江浙商品通過海路銷往華南。

揚州還開闢了到嶺南的漕糧官運航線，《舊唐書》卷十九說，唐懿宗咸通三年（862 年），南蠻陷交趾，徵兵赴嶺南，湘、灕溯運，功役艱難，軍屯廣州乏食。潤州（鎮江）人陳磻石詣闕上書：「臣弟聽思曾任雷州刺史，家人隨海船至福建，往來大船一隻，可致千石，自福建裝船，不一月至廣州。得船數十艘，便可致三萬石至廣府矣。」於是以磻石爲鹽鐵巡官，往揚州楊子院專督海運。於是康承訓之軍皆不闕供。

郎士元《送陸員外赴潮州》詩云：「楚地多歸信，閩溪足亂流。今朝永嘉興，重見謝公遊。」〔註11〕似乎是指先從江淮到福建，再到潮州。可能是走海路，說明潮州和中原之間有海路。

〔註 9〕 〔唐〕劉恂著、魯迅校勘：《嶺表錄異》，廣東人民出版社，1983，第 28～29 頁。

〔註 10〕 〔宋〕樂史撰、王文楚等點校：《太平寰宇記》卷 158，第 3037～3038 頁。

〔註 11〕 《全唐詩》卷 248，北京：中華書局，1960，第 2782 頁。

　　所以從技術手段來看，唐代廣西和潮州之間的航運完全可以通行，在當時屬於中等距離航線。

三、奴僕經營海外貿易的習俗

　　韋楚望墓誌說：「南海俗尙鬻子息取利，官賤估得沒爲臧，獲土產丹砂、水銀、珠玉、雜貨，官欺海民，理未期即成猗頓業。府君撫精竭慮，淸靜潔白。海路歌謠，編戶蘇息。」鬻子息取利就是放高利貸，息是利息，臧是奴僕，還不起高利貸的人就要變成奴僕。官民買來奴僕，利用他們從事海外貿易。官員從中獲得很多財富，而韋楚望則兩袖淸風。

　　此處所說的海民，很可能是疍民。唐代的嶺南漢化不深，還有很多疍民。唐代皇甫湜《韓文公神道碑》說：「洞究海俗，海夷陶然遂生。鮮魚稻蟹，不暴民物。掠賣之口，計庸免之，來相計直，輒以錢贖。」〔註 12〕說明唐代潮州確實有很多販賣奴僕的行爲，唐代張讀《宣室志》卷四《韓愈》引此句爲：「洞獠海夷，陶然自化。」〔註 13〕而南宋《方輿勝覽》潮州風俗引此句爲：「洞夷海獠，陶然遂生。」〔註 14〕不管是海夷，還是海獠，說明潮州海上居民主要是疍民。

　　嶺南奴隸販賣在六朝就有記載，《梁書》卷三三《王僧孺傳》說蕭梁時，王僧孺：「尋出爲南海太守，郡常有高涼生口及海舶每歲數至，外國賈人以通貨易。舊時州郡以半價就市，又買而即賣，其利數倍。」高涼生口是從高涼郡（治今陽江）販到南海郡（治今廣州）的奴隸，當時的高涼郡人主要是俚人。

　　還有很多唐代嶺南人利用高利貸收買奴僕的記載，韓愈爲柳宗元所撰《柳子厚墓誌銘》說柳州：「其俗以男女質錢，約不時贖，子本相侔，則沒爲奴婢。子厚與設方計，悉令贖歸。其尤貧力不能者，令書其傭，足相當，則使歸其質。」〔註 15〕男女指子女，子本相侔就是利息達到本錢。柳宗元《童區寄傳》說：「越人少恩，生男女必貨視之，自毀齒已上，父兄鬻賣，以覬其利，不足

〔註 12〕〔唐〕皇甫湜：《皇甫持正集》卷 6，《影印文淵閣四庫全書》第 1078 冊，臺北：商務印書館，1987，第 95 頁。

〔註 13〕〔唐〕張讀撰、蕭逸校點：《宣室志》，上海古籍出版社，2012，第 28 頁。

〔註 14〕〔宋〕祝穆撰、祝洙增訂、施和金點校：《方輿勝覽》卷 36，北京：中華書局，1993，第 644 頁。

〔註 15〕〔唐〕韓愈：《韓昌黎全集》卷 32，中國書店，1991，第 407 頁。

則取他室，束縛鉗梏之，至有須鬢者，力不能勝皆屈爲僮。」〔註16〕《太平廣記・蠻夷四・南海人》引《南海異事》說：「南海貧民，妻方孕，則詣富室，指腹以賣之，俗謂指腹賣。或己子未勝衣，鄰之子稍可賣，往貸取以鬻，折杖以識其短長，俟己子長與杖等，即償貸者。鬻男女如糞壤，父子兩不戚戚。」〔註17〕這裡說的是先賣鄰居的子女，再等自己子女長大，償還鄰居。

《舊唐書》卷一百五十四《孔巢父傳》附《孔戣傳》：「先是帥南海者，京師權要多託買南人爲奴婢，戣不受託。至郡，禁絕賣女口。先是準詔禱南海神，多令從事代祠。戣每受詔，自犯風波而往。韓愈在潮州，作詩以美之。」韓愈爲孔戣所撰《唐正議大夫尙書左丞孔公墓誌銘》說：「嶺南以口爲貨，其荒阻處，父子相縛爲奴，公一禁之。」〔註18〕

這種用奴僕或養子經營海外貿易的習俗，明代也見於閩南。晚明泉州人何喬遠《閩書・風俗》論述福建各地風俗，說：「海澄有番舶之饒，行者入海，居者附貲。或得竇子棄兒，養如所出，長使通夷，其存亡無所患苦。」〔註19〕乾隆《龍溪縣志》卷十《風俗》說：「生女有不舉者，間或假他人子爲子，不以竄宗爲嫌。其在商賈之家，則使之挾貲四方，往來冒霜露。或出沒巨浸，與風濤爭頃刻之生，而己子安享其利焉！」〔註20〕

漳州府海澄縣即明代興起的月港，原屬龍溪縣。這一帶人往往用養子從事海外貿易，這種習俗的根源是這一帶很多人去海外不回，海船上的人也往往結成父子關係，所以盛行養子之風。養子是從奴僕中挑出的優秀者，其實多數爲主人經營海外貿易的人還是奴僕。鄭芝龍最早起家，就是得到了養父李旦的信任，幫助李旦經營海外貿易，在李旦死後利用了李旦的遺產，黃宗羲《賜姓始末》說：「初，芝龍之爲盜也，所居爲泉州之東石，其地濱海。有李習者往來日本，以商舶爲事，芝龍以父事之，習授芝龍萬金寄其妻子。會習死，芝龍乾沒之。」

可以想見，在海外貿易盛行的地方，利用奴僕或養子經營海外貿易的習俗，很早就已形成。由於唐宋時期閩南的史料較少，所以我們不知明代之前

〔註16〕　〔唐〕柳宗元：《柳河東集》卷17，上海古籍出版社，2008，第307頁。
〔註17〕　〔宋〕李昉等編《太平廣記》卷483，北京：中華書局，1961，第3980頁。
〔註18〕　〔唐〕韓愈：《韓昌黎全集》卷33，第416頁。
〔註19〕　〔明〕何喬遠：《閩書》，福建人民出版社，1994，第946頁。
〔註20〕　乾隆《龍溪縣志》，《中國方志叢書》華南地方第90號，成文出版有限公司，1967，第105頁。

的閩南是否有這種習俗。而潮州和閩南地域鄰近，風俗接近，宋元時期的閩南航海已經非常發達，所以這種習俗或許在更早時期的閩粵沿海已經形成。

　　總之，韋楚望墓誌中涉及唐代潮州海外貿易的資料非常寶貴，不僅補充了史書的缺憾，告訴我們唐代潮州輸入的貨物。我們還可以考證出這些商品的來源與商路，發現唐代廣西和潮州之間的貿易關係。另外墓誌中還記載唐代潮州人利用奴僕進行海外貿易，也可以印證明清閩南人利用奴僕或養子進行海外貿易的習俗可能有久遠的傳統。

天威徑的開鑿與近岸航路

唐懿宗咸通元年（860年）十二月，安南人攻陷唐朝的交州（治今河內），都護李鄠逃奔武州（今越南海防之北）。咸通二年（861年）正月，懿宗下詔發邕管（在今廣西）及鄰道兵救安南。六月，癸丑，以鹽州防禦使王寬為安南經略使，七月，南詔占邕州（治今南寧）。九月，遣神策將軍康承訓率禁軍及江西、湖南之兵赴援。

咸通三年（862年）二月，以前湖南觀察使蔡襲代王寬，仍發許、滑、徐、汴、荊、襄、潭、鄂等道兵各三萬人授襲以禦之。嶺南舊分五管，廣、桂、邕、容、安南皆隸嶺南節度使。蔡京奏請分嶺南為兩道節度，從之。五月，敕以廣州為東道，邕州為西道，又割桂管龔州（治今廣西平南）、象州（治今廣西象州），容管藤州（治今廣西藤縣）、岩州（治今廣西浦北縣北〔註1〕）隸邕管。尋以嶺南節度使韋宙為東道節度使，以蔡京為西道節度使。五月，征諸道兵赴嶺南，詔湖南水運，自湘江入澪渠（靈渠），江西造切麵粥以饋行營。十一月，南詔帥群蠻五萬寇安南，都護蔡襲告急，敕發荊南、湖南兩道兵二千，桂管義徵子弟三千，詣邕州受鄭愚節度。敕蔡襲屯海門鎮（今越南海防），鄭愚分兵備禦。十二月，襲又求益兵，敕山南東道發弩手千人赴之。時南詔

〔註1〕 前人或以為岩州在今廣西貴港之南，見郭聲波：《試解岩州失蹤之謎——唐五代嶺南道岩州、常樂州地理考》，《中國邊疆史地研究》2000年第3期。岩州是唐高宗調露二年（680年）析鬱林、橫、貴、牢、白五州地置，元和年間為黃洞蠻所陷，在廉州大廉縣（今廣西合浦）置行岩州。南漢乾亨二年（918年）避劉岩諱改常樂州，益以廉、羅二州地。宋開寶五年（972年），廢入廉、辯二州。我認為岩州靠近廉州，應在今浦北縣之北。此處多山，所以《新唐書·地理志七上》說岩州在岩岡之北得名，貴港之南少山。

已圍交趾，蔡襲嬰城固守，救兵不得至。

咸通四年（863年）正月，南詔陷交趾，蔡襲左右皆盡，徒步力戰，身集十矢，欲趣監軍船，船已離岸，遂溺海死。詔諸道兵悉召還，分保嶺南西道。四月，以康成訓爲嶺南西道節度使，發荊、襄、洪、鄂四道兵萬人與之俱。六月，廢安南都護府，置行交州於海門鎮，以右監門將軍宋戎爲行交州刺史，以康承訓兼領安南及諸軍行營。七月，復置安南都護府於行交州，以宋戎爲經略使，發山東兵萬人鎮之。

咸通五年（864年）正月，容管經略使張茵兼當交州事，益海門鎮兵滿二萬五千人。四月，南詔寇邕管，秦州經略使高駢率禁軍五千赴邕管。七月，高駢爲安南都護、容管經略使。

咸通六年（865年）七月，高駢治兵於海門，未進。監軍李維周惡駢，欲去之，屢趣駢使進軍。駢以五千人先濟，約維周發兵應援。駢既行，維周擁餘眾，不發一卒以繼之。九月，駢至南定，峰州（治今越南富壽省越池）蠻眾近五萬，方獲田，駢掩擊，大破之，收其所獲以食軍。監陣敕使韋仲宰將七千人至峰州，高駢得以益其軍，進擊南詔，屢破之。捷奏至海門，李維周皆匿之，數月無聲問。上怪之，以問維周，維周奏駢駐軍峰州，玩寇不進。

咸通七年（866年）六月，駢大破南詔蠻，殺獲甚眾，遂圍交趾城。十月，城且下，會得王晏權牒，已與李維周將大軍發海門。駢即以軍事授韋仲宰，與麾下百餘人北歸。先是，仲宰遣小使王惠贊，駢遣小校曾袞入告交趾之捷。至海中，望見旌旗東來，問遊船，云新經略使與監軍也。二人謀曰：「維周必奪表留我。」乃匿於島間，維周過，即馳詣京師。上得奏，大喜，即加駢檢校工部尚書，復鎮安南，駢至海門而還。〔註2〕

因爲南詔人來自內陸，所以不擅海戰，唐軍得以據守紅河入海口的海門鎮，蔡襲最終在海門戰死。這是安南的海門，不是廣西的海門。又在海門置行交州，高駢從海門進軍，也是安南的海門。南定縣在河內之東，緊鄰海門鎮，從海門鎮進入，正是首先要攻克南定。

唐代在海岸的據點海門，需要得到北方海運來的糧食。《舊唐書·懿宗紀》說：「咸通八年三月，高駢奏：南至邕管，水路淊險，巨石梗途，令工人開鑿訖，漕船無滯者。降詔褒之。」此處說的是安南與邕管之間的航路，

〔註2〕《資治通鑑》卷二五〇。《舊唐書·懿宗紀》。

而《舊唐書·高駢傳》：「又以廣州饋運艱澀，駢視其水路，自交至廣，多有巨石梗途，乃購募工徒，做法去之。由是舟楫無滯，安南儲備不乏，至今賴之。」《新唐書·高駢傳》：「由安南至廣州，江漕梗險，多巨石，駢募工劚治，由是舟濟安行，儲餉畢給。又使者歲至，乃鑿道五所，置兵護送。其徑青石者，或傳馬援所不能治。既攻之，有震碎其石，乃得通，因名道曰天威云。」此二條說的是從安南與廣州之間的航路。我以爲，應以本紀爲準，自傳一般錯誤更多。

高駢開通天威徑的最詳細的記載，是《全唐文》卷八〇五《天威徑新鑿海派碑》說：「今天威徑者，自東漢馬伏波欲剪二徵，將圖交趾，煎熬饋運，間闊滄溟，乃鑿石穿山，遠避海路。及施功用，死役者不啻萬輩，竟不遂其志……（高駢）遂命攝長吏（史）林諷（訊）、湖南軍都將餘存古等，部領本將兵士並水手等一千餘人，往天威徑而疏鑿之……自咸通九年四月五日起，手操持鍬鋪，豐備資糧，銳斧剛鑿，刊山琢石。是石堅而頑，盤而厚，並手揭折，叢力鑴槌。逾月之間，似欲開濟。但中間兩處，值巨石嶄嶄焉，繚互數丈，勁硬如鐵，勢不可減。鑿下刃卷，斧施柄折。役者相顧，氣沮手柔，莫能施其巧矣。至五月二十六日當畫，忽狂雲興，怒風作，窺林若瞑，視掌如瞽。俄有轟雷磷電，自勵石之所，大震數百里。役者皆股栗膽動，掩聰蔽視。移時而四境方廓，眾奔驗視，其艱難之石，倏而碎矣。或有磊磊者，落落者，約人而不能舉，俱爲雷之攫拏，擲於兩峰耳。又其西堅確之石，至六月十一日後，大震如初。霆雷之赫怒迅烈，復愈於東之所震者。眾復驗之，是日以磨泯若有所失，旁之盤陁也者，亦碎裂數十丈。又其西復值巨石，亦不可措手。工人息攻，皆仰恃穹昊，意有所待。復興雲，雷又大震。巨石乃隳裂，有泉迸出，味如甘醴……遂使決泄一派，接引兩湖（潮）。中間合流，無纖阻窒。經過卒校，梯溟漲而不艱危。趲運倉儲，棹舟航而無覆沒。凡涉交趾履險之處，昔如履冰。宋洞沙之鏵觜，耕其淪漣。女漚灣之石頭，湧其沸騰。大蒙神之山腳，蹴其洶湧。舟人所歷，毛髮自寒。今則安流坦途，不復經斯險矣。」可見天威徑在山中，不在海上，本來就是爲了避海運之險。現在一般認爲天威徑在今防城港市西南的江山半島，也即潭蓬村與潭西村之間的古運河，現在石刻還有咸通九年三月七日、湖南軍、元和三年等字。

高駢《過天威徑》：

豺狼坑盡卻朝天，戰馬休嘶瘴嶺煙。

歸路嶮巇今坦蕩，一條千里直如弦。〔註3〕

可見天威徑很長很直，而且在山嶺之中，應是今潭蓬運河。

顧雲《天威行》：

蠻嶺高，蠻海闊，去舸回艘投此歇。

一夜舟人得夢間，草草相呼一時發。

颶風忽起雲顛狂，波濤擺掣魚龍僵。

海神怕急上岸走，山燕股栗入石藏。

金蛇飛狀霍閃過，白日倒掛銀繩長。

轟轟砢砢雷車轉，霹靂一聲天地戰。

風定雲開始望看，萬里青山分兩片。

車遙遙，馬闐闐，平如砥，直如弦。

雲南八國萬部落，皆知此路來朝天。〔註4〕

此處也說青山分開，天威徑應在山上，也證明天威徑是今防城港市西南山中的潭蓬運河。

崔致遠《補安南錄異圖記》：「然後使雷公電母，鑿外域朝天之路，山靈水若，偃大洋沃日之波（安南經崦口，天威神功所開，播在遠邇）。遂得絕蠻諜之北窺，紓漢軍之南戍。」此處說天威徑是為了外國朝貢，忘記其本來是為了運糧給軍隊。說防止間諜北窺，也是文學之辭。崔致遠《天威徑》詩云：「鑿斷龍門猶勞身，擘分華嶽徒稱神。如何劈開海山道，坐令八國爭來賓。」《崦口徑》詩云：「濟物能迴造化心，驅山偃海立功深。安南真得安南界，從此蠻兵不敢侵。」崦口徑是另外一項工程，似乎靠近安南。

五代到宋的孫光憲《北夢瑣言》卷二：「安南高駢奏開本州海路。初交趾以北距南海，有水路，多覆巨舟。駢往視之，乃有橫石隱隱然在水中，因奏請開鑿以通南海之利。」宋人以為天威徑在海上，下文還說到王審知整修閩江口的甘棠港，誤以為二者類似，其實不同。

周去非《嶺外代答》卷一《天威遙》：

〔註3〕《全唐詩》卷五九八，第6921頁。

〔註4〕《全唐詩》卷六三七，第7302頁。

　　欽之士人曾果，得唐人天威遙碑，文義駢儷，誠唐文也。碑旨
言：安南靜海軍地皆濱海，海有三險，巨石矻立，鯨波觸之，晝夜
震洶。漕運之舟，涉深海以避之。少爲風引，遵崖而行，必瓦碎於
三險之下。而陸有川遙，頑石梗斷焉。伏波嘗加功力，迄不克就。
厥後守臣屢欲開鑿，以便漕運。錐鵰一下，火光煜然。高駢節度安
南，齋戒禱祠，將施功焉。一夕大雨，震電於石所者累日，人自分
淪沒矣。既霽，則頑石破碎，水深丈餘。旁有一石猶存，未可通舟。
駢又虔禱，俄復大爾震電，悉碎餘石，遂成巨川。自是舟運無艱，
名之曰天威遙。退而求諸傳，載天威遙事略同，但不若是詳爾。

　　此處誤把天威徑稱爲天威遙，實屬大誤，前人已經指出，遙不是地名通
名，唐人稱爲徑，而且周去非在下一條《天分遙》說：

　　欽江南入海，凡七十二折。南人謂水一折爲遙，故有七十二遙
之名。七十二遙中，有水分爲二川。其一，西南入交址海。其一，
東南入瓊廉海。名曰天分遙。人云，五州昔與交址定界於此，言若
天分然也。令交址於天分遙已自占，又於境界數百餘里吳婆灶之東
以立界標，而採捕其下，欽人舟楫少至焉。

　　其實應是天分徑，所謂欽州七十二遙，從古至今都是七十二徑，現在欽
州南部還有牛皮徑、高徑、火筒徑、瓦徑等地名，統稱爲七十二徑，今防城
港西南有交址徑。不過周去非記載的天威徑碑，非常珍貴，其中提到爲了躲
避海運開鑿，證明天威徑確實是陸上運河。

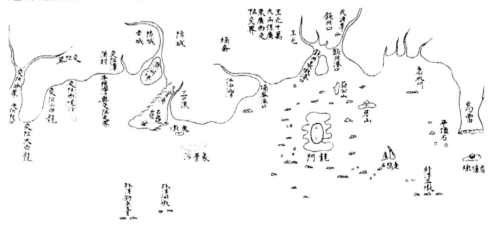

陳倫炯《海國聞見錄·沿海全圖》的欽州、防城段

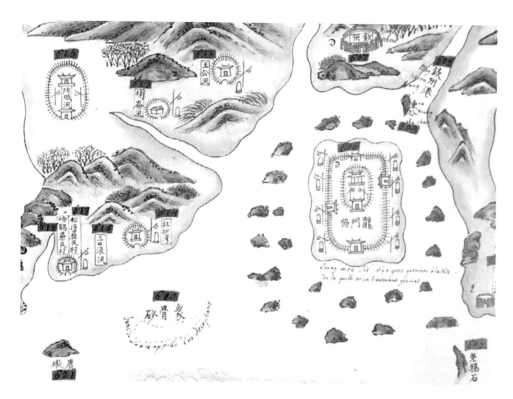

法國國家圖書館藏清代《粵東海圖》的欽州龍門港七十二徑〔註5〕

　　前引王承文之文雖然指出元代越南人黎崱《安南志略》卷九有《天威徑新鑿海碑》，明代李文鳳《越嶠書》卷十七有《天威涇廳（新）鑿海碑記》，但是仍然在全文中把天威徑稱爲天威遙，因爲他沒有結合地方志與地圖考察欽州的帶徑字的地名通名，所以有此失誤。天威遙的名字本來不通，而且天威遙會使人誤以爲是指天威遙遠，效果豈非適得其反？

　　察看地圖，潭蓬運河比繞道江山半島之南，節省的路程似乎不多，而在山中鑿河，代價很大。但是潭蓬運河確實可以躲避風浪，《元和郡縣圖志》卷三八陸州華清縣：「官井山，在縣東五十里。相傳越王過海，泊船於此，爲無淡水，因鑿石爲井，因號焉。」越王渡海是傳說，官井之名或許來自官軍經過，華清縣在寧海縣東南一里，其東五十里在今廣西東興江平鎮南部沿海。

　　而且戰時從揚州運糧可能是一時之舉，安南平定，長期依靠的還是廣西運糧，所以從欽州最近。唐宣宗大中元年（847 年），李商隱爲桂州（治今桂

〔註 5〕謝國興、陳宗仁主編：《地輿縱覽——法國國家圖書館所藏中文古地圖》，中央研究院臺灣史研究所，2018 年，第 202 頁。

林）剌史鄭亞所作《爲滎陽公論安南行營將士月糧狀》：「又當管去安南三千餘里，去年五月十五日發遣，八月二十日至海門，遭惡風漂溺官健一十三人，沉失器械一千五百餘事。其年十二月六日，差綱某等般送醫茶錢米，今年五月八日至烏雷，又遭颶風，打損船三隻，沉失米五百餘石，見錢九十貫。其月十八日至崑崙灘，又遭颶風，損船一隻，沉失米一百五十石，至今姜士贄等尚未報到安南。」〔註6〕唐僖宗《乾符二年南郊敕》說咸通五年（864 年）：「梧州十萬石米，停儲數載之後，方令盤送邕、交。」〔註7〕梧州在今廣西，說明很多糧食是從廣西的西江流域向南運輸，可能經過欽州。

或許還有一種可能，今江山半島原名白龍尾，古人認爲白龍在海中興風作浪，所以開鑿運河，切斷山體，是斷了白龍的龍脈。高駢本人篤信道教，所以他很可能聽信道士的話。如果在沙洲平原地帶開挖很寬的運河，有時確實能影響洋流的運行。但是天威徑在山間開鑿，寬度不大，所以不能影響洋流。如果高駢是因爲道士的觀點而開鑿天威徑，則違背科學。

清朝光緒十四年（1888 年）設防城縣，1957 年在其西部分設十萬大山僮族瑤族自治縣，1958 年十萬大山自治縣改名爲東興自治，防城縣併入東興各族自治縣。1978 年東興縣城遷往防城鎮，1993 年設防城港市，設防城區和港口區，1996 年分設東興市。東興縣城回遷到防城縣，源自海運支持越南。根據今天防城港市博物館的展覽公開介紹，1968 年 4 月 29 日，中國援越海運戰備工程指揮部在廣州軍區成立。6 月 12 日，籌備人員進駐東興縣防城公社。1969 年，建成 2000 噸級浮碼頭。1972 年 5 月到 1974 年 4 月，中國和越南的129 艘船，向越南運送了 16.19 萬噸物資，其中乾貨和油料 14.68 萬噸。唐代防城港的天威徑（今潭蓬運河）因爲安南的戰爭而開挖，當代防城港市的再度興起也是因爲在越南發生的戰爭。

〔註 6〕《全唐文》卷七七二，第 8052 頁。
〔註 7〕宋敏求編：《唐大詔令集》卷七二，北京：中華書局，2008 年，第 403 頁。

從吳葉限故事看唐代廣西和南洋的交往

唐代段成式的《酉陽雜俎》是一部重要的典籍，前人研究中外交通史時非常關注，不過前人關注的是其中的域外生物記載，美國博物學大家勞費爾（Berthold Laufer）的名著《中國伊朗編》從中汲取了很多重要史料。[註1]

段成式《酉陽雜俎》續集卷一《支諾皋上》有一則非常有趣故事，對於研究海外交通史也很重要，全文如下：

> 南人相傳，秦漢前，有洞主吳氏，土人呼為吳洞。娶兩妻，一妻卒。有女名葉限，少惠，善陶金，父愛之。末歲，父卒，為後母所苦，常令樵險汲深。時嘗得一鱗，二寸餘，赬鬐金目，遂潛養於盆水。日日長，易數器，大不能受，乃投於後池中。女所得餘食，輒沉以食之。女至池，魚必露首枕岸，他人至不復出。其母知之，每伺之，魚未嘗見也。因詐女曰：「爾無勞乎，吾為爾新其襦。」乃易其弊衣。後令汲於他泉，計里數百也。母徐衣其女衣，袖利刃行向池。呼魚，魚即出首，因斤殺之，魚已長丈餘。膳其肉，味倍常魚，藏其骨於鬱棲之下。逾日，女至向池，不復見魚矣，乃哭於野。忽有人被髮粗衣，自天而降，慰女曰：「爾無哭，爾母殺爾魚矣，骨在糞下。爾歸，可取魚骨藏於室，所須第祈之，當隨爾也。」女用其言，金璣衣食隨欲而具。及洞節，母往，令女守庭果。女伺母行遠，亦往，衣翠紡上衣，躡金履。母所生女認之，謂母曰：「此甚似姊也。」母亦疑之。女覺，遽反，遂遺一隻履，為洞人所得。母歸，

〔註1〕〔美〕勞費爾著、林筠因譯：《中國伊朗編》，北京：商務印書館，1964年。

但見女抱庭樹眠，亦不之慮。

其洞鄰海島，島中有國名陀汗，兵強，王數十島，水界數千里。洞人遂貨其履於陀汗國，國主得之，命其左右履之，足小者履減一寸。乃令一國婦人履之，竟無一稱者。其輕如毛，履石無聲。陀汗王意其洞人以非道得之，遂禁錮而栲掠之，竟不知所從來。乃以是履棄之於道旁，即遍歷人家捕之，若有女履者，捕之以告。陀汗王怪之，乃搜其室，得葉限，令履之而信。葉限因衣翠紡衣，躡履而進，色若天人也。始具事於王，載魚骨與葉限，俱還國。其母及女，即為飛石擊死，洞人哀之，埋於石坑，命曰懊女冢。洞人以為禖祀，求女必應。陀汗王至國，以葉限為上婦。一年，王貪求，祈於魚骨，寶玉無限。逾年，不復應。王乃葬魚骨於海岸，用珠百斛藏之，以金為際。至徵卒叛時，將發以贍軍。一夕，為海潮所淪。成式舊家人李士元聽說，士元本邕州洞中人，多記得南中怪事。

段成式是聽他舊日的家人李士元講到這個故事，李士元是邕州的洞中人，也就是今天所說的壯族，所以這個故事非常可信。

吳葉限的故事，非常類似歐洲的灰姑娘故事，所以楊憲益認為就是從歐洲傳到中國，所以出現在廣西沿海。他認為，灰姑娘的名字是 aschenl，就是英文的 ashes，梵文的 asan，就是葉限的語源。[註2]

我認為，即使其中有些內容是從域外傳來，也不能說這個故事全部來自域外，因為其中東方的細節成分太多，遠遠超過歐洲的灰姑娘故事。而且歐洲的灰姑娘故事是幾百年前才有記載，時間較晚，我們也可以說歐洲的灰姑娘故事很可能來自中國的吳葉限故事。吳葉限故事，據段成式說是在秦漢時，或許這個時間顯得太早了，是古人講故事時常見的附會。但是即使早到隋唐或南朝，也比歐洲故事早了一千多年。而且葉限的限，中古音是 han，現在中國南方話都是 han，所以葉限和 asan 根本不能對應。現在中國華南人說官話時，有時會把限讀成 san，但是這僅是偶然情況，不能看成通例。限字在現代漢語標準讀音是 xian，這是宋元以後才在北方話出現的讀音，如果灰姑娘的故事源自東方，或許是很晚才傳到西方。

〔註 2〕楊憲益：《中國的掃灰娘故事》，《譯餘偶拾》，濟南：山東畫報出版社，2006年，第 64～66 頁。

一、吳洞和陀汗國

　　吳葉限故事的地點靠近邕州（治今南寧），唐代的邕州管轄廣西的西南部很多州，稱爲邕管。故事中說到吳葉限，因爲一條大魚，得到金銀財寶。說明這個故事的地點靠近沿海，應在廣西的南部沿海。

　　故事的具體地點吳洞，雖然難以考證，但是應該可信，因爲在廣西的南部，吳姓原來是大姓，證據有以下三點：

　　1.《宋書》卷三八《州郡志四》廣州寧浦郡，有吳安縣，說：「《吳錄》無。」似乎不是因爲孫吳所設而得名，而是因爲吳姓而得名，寧浦郡在今廣西橫縣，吳安縣也在附近。

　　2.《南齊書》卷十四《州郡志上》越州有吳春俚郡，馬門郡又有鍾吳縣。這兩個縣的位置不可考，但是越州的地方很小，侷限在廣西東南沿海到雷州半島一帶，所以應在其中。鍾也是南方姓氏，參照當時嶺南地名通例，鍾吳縣的名字源自大姓鍾、吳。六朝時期嶺南類似的大姓合成地名，還有越州永寧郡杜羅縣、廖簡縣、龍蘇郡龍蘇縣等。越州主要在今廣西沿海和湛江、茂名一帶，前人認爲永寧郡在今廣東茂名，龍蘇郡在今廣西浦北縣。〔註3〕杜、羅、廖、簡、龍、蘇等，都是現在廣西的大姓，所以應是姓氏合成地名。因爲南朝依靠南方土著酋長統治地名，所以用他們的姓氏作爲郡名。南方漢地也有類似命名法，斯坦因敦煌文書2052號《新集天下姓氏族譜一卷並序》記載晚唐郡姓，宜春郡首姓是袁，鄱陽郡首姓爲饒，豫章郡姓有洪。宜春郡即袁州，鄱陽郡即饒州，豫章郡即洪州。袁州源自袁姓，饒州源自饒姓，洪州源自洪姓。

　　3. 現在廣西還有不少吳姓，南寧有吳圩機場，北部灣的吳姓也有很多，據新聞報導，2014 年 1 月 13 日，欽州、北海、防城港的 5000 多名吳氏宗親在靈山縣舉行北部灣吳氏宗祠落成典禮。

　　吳春、鍾吳，顯然都是源自吳姓。俚郡是俚人的郡，說明吳姓確實是少數民族，所以廣西沿海確實很可能有吳洞。

　　再看陀汗國，其實就是唐代的陀洹國，《新唐書》卷二二二下《南蠻傳下》說：

　　　　墮和羅，亦曰獨和羅，南距盤盤，北迦羅舍弗，西屬海，東眞

〔註 3〕譚其驤主編：《中國歷史地圖集》，北京：中國地圖出版社，1982 年，第四冊第 31 頁。

臘。自廣州行五月乃至。國多美犀，世謂墮和羅犀。有二屬國，曰
曇陵、陀洹。曇陵在海洲中。

　　陀洹，一曰耨陀洹，在環王西南海中，與墮和羅接，自交州行
九十日乃至。王姓察失利，名婆那，字婆末。無蠶桑，有稻、麥、
麻、豆。畜有白象、牛、羊、豬。俗喜樓居，謂爲干欄。以白氎、
朝霞布爲衣。親喪，在室不食，燔屍已，則剔髮浴於池，然後食。
貞觀時，並遣使者再入朝，又獻婆律膏、白鸚鵡，首有十紅毛，齊
於翅。因丐馬、銅鐘，帝與之。

洹讀 huan，汗讀 han。陀洹、陀汗，讀音極近，就是一國。墮和羅即墮羅
缽底國，在今泰國中部，佔有泰國最富庶的湄南河平原，是泰國歷史上的著
名古國。陀洹是其屬國，在其東南。

　　因爲陀洹在環王國（即占城國）西南，而且眞臘經常和陀洹、環王打仗，
《新唐書》同卷眞臘國說：「世與參半、驃通好，與環王、乾陀洹數相攻。」
乾陀洹即耨陀洹之形誤，下文還要說到。這說明陀洹非常強大，吳葉限故事
說陀汗國：「兵強，王數十島，水界數千里。」可見筆記和正史的記載完全可
以印證，說明這個故事有很多可信成分。

　　關於陀洹的位置，黎道綱先生認爲墮羅缽底都今佛統，南面的曇陵即宋
代的登流眉，在今碧武里府、巴蜀府，其實是在地峽，不是海島。陀洹在今
巴眞府，即漢代的都元國，其東是眞臘。〔註4〕

　　我在《中國南洋古代交通史》一書曾經提出陀洹在今尖竹汶，〔註5〕現在對
照吳葉限故事說陀汗國有數十個海島，證明了我的推斷，因爲巴眞府在曼谷東
北，古代鄰近海灣，但是這一帶根本找不到數十個海島。而我認爲陀洹在泰國
東南角到柬埔寨西南角，這一帶正是有數十個海島。其中最大的六個島是閣昌
島、閣骨島、閣公島、龍島、龍松倫島、富國島，而泰國灣西部的海島數量少
很多，所以陀汗國只能在泰國灣的東南部。其實泰國灣的西部是墮羅缽底的另
一個屬國曇陵國，所以不可能是陀洹國所在。關於陀洹國的位置，下文再細說。

　　吳葉限故事說明，陀汗國和廣西沿海有貿易往來，而《新唐書》說陀洹
國和交州的航程是九十天，交州（在今越南）緊鄰廣西，也能相互印證。因

〔註4〕〔泰〕黎道綱：《墮羅缽底的名稱與疆域辨》，《泰境古國的演變與室利佛逝之
　　　　興起》，北京：中華書局，2007 年，第 26～37 頁。
〔註5〕周運中：《中國南洋古代交通史》，廈門大學出版社，2015 年，第 92、208 頁。

為唐代最著名的港口是廣州、泉州、揚州、明州等，漢代最興盛的交州、合浦等地已經衰落。但是陀汗國、陀洹國的兩則記載出現了交州、廣西，說明非常可信。

其實唐代的交州、廣西海外貿易地位雖然不及漢代，但也有一些海港。馮承鈞說過，唐代義淨《大唐西域求法高僧傳》、《續高僧傳》、《宋高僧傳》所記唐代南海僧人四十人，多從廣州出海，其次是交州，偶有合浦及欽州烏雷山。目的地或為室利佛逝，或為師子國，或為印度東岸諸國。中間停泊有占波、郎迦戌、訶陵、末羅瑜、羯荼、裸人國等地。〔註6〕

義淨《大唐西域求法高僧傳》卷上說，義朗律師去印度：「既至烏雷，同附商舶。掛百丈，陵萬波。越舸扶南，綴纜郎迦戌。」〔註7〕他從中國烏雷出發，經過扶南、郎迦戌到印度。扶南在今柬埔寨，郎迦戌即狼牙修，在今泰國南部的北大年府。〔註8〕烏雷在今欽州市南部的烏雷村，在犀牛腳鎮的海角。唐代曾經在此設烏雷縣，說明這裡仍然是一個重要海港。

李吉甫《元和郡縣圖志》卷三十八陸州烏雷縣：「在本州東水路三百里，總章元年置在海島中，因烏雷州為名。大曆三年，與州同移於安海縣理。」烏雷縣在烏雷州，應是烏雷洲，即烏雷島，其實是半島，即今欽州東南的烏雷村。因為陸路不通，所以說在海中。烏雷縣原來是陸州的治所，大曆三年（768 年）移到了安海縣，在今越南芒街東北邊境的海岸。2017 年 10 月 13 日，我隨欽州學院的諸位老師到烏雷村考察，看到了伏波廟。乘船到了烏雷村外的香爐墩島，考察了清代的烏雷炮臺。據欽州博物館的朋友說，唐代的烏雷縣城很可能就在烏雷村旁的高地。

另外，吳葉限的故事表明陀洹和中國的貿易往來，而《新唐書》記載陀洹進貢的婆律膏、白鸚鵡，都是來自印度尼西亞，說明陀洹的海外貿易非常發達。總之，以上四個方面可以證明吳葉限故事有很多可信成分。

二、陀汗國、陀洹國的位置再考

下面我們再重新論證陀洹國的位置，《新唐書》卷二二二下《南蠻傳下》

〔註6〕馮承鈞：《中國南洋交通史》，上海古籍出版社，2005 年，第 44 頁。

〔註7〕〔唐〕義淨撰、王邦維校注：《大唐西域求法高僧傳》，北京：中華書局，1988 年，第 72 頁。

〔註8〕黎道綱：《〈梁書〉狼牙修考》，《泰境古國的演變與室利佛逝之興起》，第 117 ～122 頁。

說哥羅國：「東南有拘蔞蜜，海行一月至。南距婆利，行十日至。東距不述，行五日至。西北距文單，行六日至。與赤土、墮和羅同俗。」

黎道綱先生敏銳地發現了文單通海路的記載，根據是同卷說：「陸眞臘，或曰文單。」文單的都城即今萬象（Vientiane），〔註 9〕我們一般認為文單是一個內陸國，所以黎道綱先生的發現確實很重要，但是他認為文單的海港在泰國尖竹汶府的帕涅古城，發現了佛寺遺址和大量 1400 年到 900 年前的宗教文物，很可能是這一帶的都城。〔註 10〕這些文物的時間大致正是在唐代，陀洹國在宋代已經衰落。

我在《中國南洋古代交通史》一書中曾經認為，尖竹汶的古城正是陀洹國的都城，現在我仍然堅持這個觀點。因為如果文單國的勢力延伸到尖竹汶，則文單國也即陸眞臘延伸到了水眞臘的南部，則水眞臘、陸眞臘無法區分。

我認為黎道綱先生的發現很重要，但是不如把他的兩個觀點對調一下，也即陀洹國應在今尖竹汶府，而他所說文單國的港口，對調到他所說的陀洹國的地點巴眞府。

如果陀洹國的都城在尖竹汶府，則其國境在泰國東南角到柬埔寨的西南角，這一帶和眞臘隔有一道荳蔻山脈，所以陀洹國才能在山海之間立國，阻擋眞臘的勢力。如果陀洹國在巴眞府，則其向東通往眞臘的地方，全是平原，無法阻擋眞臘的勢力。

如果陀洹國在巴眞府，距離墮羅鉢底太近，無法立國，也不符合《新唐書》的記載，因為《新唐書》說從廣州到墮和羅五個月，而交州到陀洹國三個月，如果除去交州到廣州的時間，則墮和羅到陀洹國至少還有一個月的航程。所以陀洹國不可能在巴眞府，否則太近。

所以陀洹國必定在今泰國東南角到柬埔寨的西南角，而通往文單國的港口，應該在今巴眞府，這一帶在墮羅鉢底的東部，當時還是海灣。其東北部是一些小國，《唐會要》卷一百：「多蔑，居大海之北，周回可兩月行。南至海西俱遊國，北波刺國，東眞陀洹國……戶口極眾。置三十州。又役屬他國。」

〔註 9〕 黃盛璋：《文單國考——老撾歷史地理新探》，《歷史研究》1962 年第 5 期。黃盛璋：《賈耽路程「驪州通文單國道」地理與對音》，《歷史地理》第五輯，上海人民出版社，年。收入黃盛璋：《中外交通與交流史研究》，合肥：安徽教育出版社，2002 年，第 369～426 頁。

〔註10〕 〔泰〕黎道綱：《文單國港口尖竹汶》，《泰境古國的演變與室利佛逝之興起》，第 79～88 頁。

我認為，多蔑國在海灣之北的平原，國土很大，奴役他國，無疑就是墮羅缽底（Davaravati）之異譯。其北是波剌，東北是拘蔞蜜。貞觀五年（631年）隨林邑來的婆利，貞觀十六年同曇陵、參半來的婆羅，應是泰國的這個婆利（波剌），不是在婆羅洲的婆利（今文萊）。在今泰國的婆利應是連接拘蔞蜜與墮羅缽底的咽喉，則在今柯叻府（Korat）。〔註11〕

因為在今巴真府到文單之間，還有一些小國，所以文單國通過這些小國，能夠通往海洋。但是文單國的勢力，不會遠到陀洹國，因為距離太遠，而且陀洹國和文單國之間的小國勢力不強，而陀洹國的勢力較強。

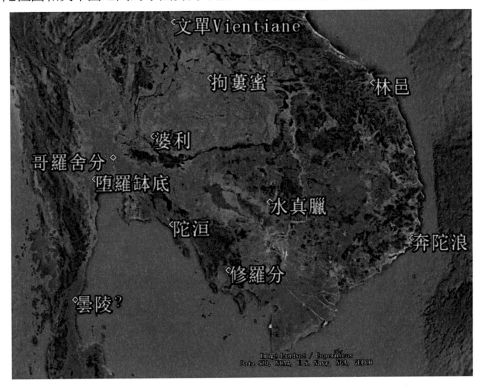

真臘與墮羅缽底一帶

三、陀洹國的經濟地位與廣西貿易

陀洹國進貢到唐朝的婆律膏，來自婆律國，即今蘇門答臘島西北部，今仍有地名巴魯斯（Barus），源自馬來語的西部 batat。因為蘇門答臘島在印度尼西亞的西部，此地又在蘇門答臘島的西部，所以稱為 barat，音轉為 barus。

〔註11〕周運中：《中國南洋古代交通史》，第 211 頁。

我曾經在《中國南洋古代交通史》一書中指出，此地即《太平御覽》卷七八七引孫吳康泰《扶南土俗》的蒲羅中國，也即《隋書》赤土南面的婆羅娑，也即《新唐書》卷二二二下赤土西南的婆羅國，也即唐代義淨《南海寄歸內法傳》、《大唐西域求法高僧傳》的婆魯師。元代泉州海商汪大淵《島夷志略》第 98 條羅婆斯即婆羅斯之倒誤，也即《鄭和航海圖》的班卒。〔註12〕

陀洹國進貢的白鸚鵡，頭上有十根很長的紅毛，美國著名學者謝弗（Edward Hetzel Schafer）曾經指出，陀洹國進貢的這種白鸚鵡，是印度尼西亞東部的塞蘭島和安汶島出產。〔註13〕也即鮭色鳳頭鸚鵡（Cacatua moluccensis），體毛主要是白色，頭上有紅色的冠羽，有時還會豎起，顯得很長。

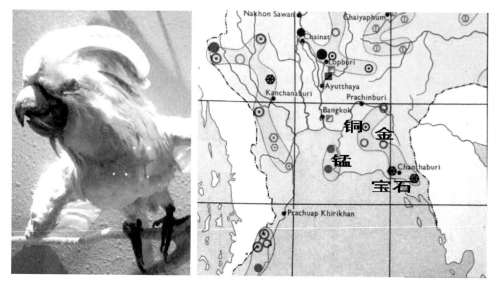

鮭色鳳頭鸚鵡、泰國中部礦產地圖〔註14〕

正是因為陀洹國的南部，已經接近湄公河三角洲，所以佔據了海外貿易的有利位置，所以才能得到來自蘇門答臘島和安汶島的稀有特產。所以此國一度非常強大，和中國有密切往來。

〔註12〕 周運中：《中國南洋古代交通史》，第 138、195、387 頁。
〔註13〕 〔美〕謝弗著、吳玉貴譯：《唐代的外來文明》，中國社會科學出版社，1995 年，第 225～227 頁。謝弗誤以為陀洹國在馬魯古群島，其實是在泰國。
〔註14〕 礦產地圖上的漢字為本文添加，原圖出自 Atlas of South-east Asia, London: Macmillan&Co., Ltd, 1964.

陀汗國王對金履非常感興趣，其實也不是亂編。因為我們查看泰國和柬埔寨的礦產地圖，可以發現，陀洹國缺乏至關重要的鐵礦、銅礦，但是在其國境西北部，在今泰國尖竹汶府、春武里府、巴真府一帶，有不少金礦，還有寶石礦。〔註 15〕因為陀洹國有金礦和寶石礦，所以很想發展黃金工藝品，所以陀汗國對金履很感興趣。因為陀洹國缺乏鐵礦、銅礦，不利於製造兵器，所以更加依賴發展貿易和手工業。

因為陀洹國的疆界到達湄公河三角洲，所以漢代的都元國很可能與陀洹國有關，黎道綱先生認為是一國，我認為也有可能，因為讀音非常接近。前人曾經提出都元國在今湄公河三角洲，〔註 16〕我也認同這個觀點。〔註 17〕至於漢代的都元和唐代的陀洹的具體關係，因為史料太少，還不能確知。

陀洹，又名耨陀洹。耨，應是詞頭的地名通名，可有可無。我曾經破解漢代的都昆又名屈都昆的原因，因為屈是 kota 的音譯，上古音的屈是 kiuət，韻尾是 t，所以 kota 正好譯成屈。泰米爾語的 kota 是城堡，現在馬來語的 kota 是城市，源自泰米爾語。現在馬來西亞、印度尼西亞的地名詞頭常見 kota，因為是地名通名，所以可以加上，也可以不加，所以都昆又名屈都昆。馬來語是南島語系語言，主賓結構倒置，所以 kota 放在城市地名的前面。〔註 18〕

同樣，我認為耨的上古音是 nok，所以耨陀洹的耨其實就是現在泰國洛坤的詞頭 nakhon，全名是那空是貪瑪叻 Nakhon Si Thammarat，洛坤是那空的簡稱，nakhon 來自梵文城市 nagara。因為耨就是城，所以自然可有可無。真字，是辱的形訛，乾陀洹的乾可能是形訛。

耨字反映了陀洹國的印度化，所以陀洹國的國王姓察失利，名婆那，字婆末。察失利婆那婆末是梵文 Çriprabhuvarman，不是國王的姓、名、字，這是翻譯的誤解。陀洹國人以白氎、朝霞布為衣，就是來自印度的棉布衣。棉花是從印度東傳，關於棉花的東傳，本文無法展開。

王青提出，陀洹國在蘇門答臘島的 Tamilan，也即《島夷志略》的淡洋，即今 Tamian，因為室利佛逝的王號是 Çriprabhuvarman，所以陀洹國是其屬國。又說吳葉限故事來自歐洲，又說耨是馬來語的 lot，真是 zon，都是指地區。又

〔註 15〕 Atlas of South-east Asia, London: Macmillan&Co., Ltd, 1964.
〔註 16〕 蔣國學：《〈漢書·地理志〉中的都元國應在越南俄厄》，《東南亞研究》2006 年第 6 期。
〔註 17〕 周運中：《中國南洋古代交通史》，第 92 頁。
〔註 18〕 周運中：《中國南洋古代交通史》，第 115 頁。

說東南亞的一些島以洞爲名，比如勿里洞島、蘇門答臘島的直落勿洞。又說李寄斬蛇故事也是來自西方，東方很多類似龍穴遇險故事都在來自西方。〔註19〕

我認爲這些看法值得商榷，陀洹國不可能在蘇門答臘島，因爲東南亞的很多王號本來就是來自印度的通名，各國都可以使用，所以不能用王號來考證位置。陀洹和 Tamlian 的讀音也完全不符合，陀的韻尾不是 m。位置更不符合《新唐書》的記載，上文已經說過，陀洹在今泰國、柬埔寨一帶，不可能在今印度尼西亞。耨的古音，韻尾是 k，不是 t。地區一詞，雖然也是地名通名，但是顯然不及城字更爲專門。至於印度尼西亞的勿里洞（Belitung）、直落勿洞（Telukbetung）的洞，都是用漢語的洞字去音譯 tung，和漢字的洞字完全無關。《鄭和航海圖》還有古力由不洞，在今泰國西南的布坦（Butang）群島，古力由是 culao 的音譯，不洞是 butang 的音譯。〔註20〕越南語的 culao 是島，泰國南部原來是孟人居住地，孟人所說的語言和越南語同屬南亞語系孟高棉語族，所以在泰國的西南部也有類似的地名。洞和 tang 的讀音接近，現在閩南語的洞經常讀成 tang。

東方本來就有蟒蛇、鱷魚，歐洲反而沒有。所以李寄斬蛇故事是中國原產，歐洲的斬龍故事其實是來自其東方，埃及、印度等地原有蟒蛇、鱷魚，比較靠近歐洲。李寄斬蛇的故事，其實是反映東漢末年到孫吳時期，漢人大量進入閩西北，建立郡縣，清除越人原來崇拜的蟒蛇，所以故事中說的是孫吳新設的將樂縣尉之女李寄斬殺越人崇拜的蟒蛇，我在《中國南洋古代交通史》一書已有論證。〔註21〕何況王青的文章最後一節是論證中國的一些故事傳入西方，既然也有不少故事是從中國傳入西方，那麼吳葉限故事爲何不能是源自中國呢？雖然吳葉限故事的傳播過程因爲缺乏資料，現在還難以確知。但是從東方西傳的可能最大，這個問題不是本文的重點，有待繼續研究。

總之，段成式所記的廣西吳葉限故事，雖然在筆記小說之中，但是有非常珍貴的史料價值。唐代中期，廣西沿海的貿易地位已經不能和漢朝相比，相關的中外關係史料很少。而吳葉限故事不僅記載了廣西沿海和陀汗國的來往，是此時中國和泰國、柬埔寨交往的重要史料。還記載了陀汗國有很多海

〔註19〕 王青：《「灰姑娘」故事的轉輸地——兼論中歐民間故事流播中的海上通道》，《民族文學研究》2006 年第 1 期。

〔註20〕 海軍海洋測繪研究所、大連海運學院航海史研究室編製：《新編鄭和航海圖集》，人民交通出版社，1988 年，第 69 頁。

〔註21〕 周運中：《中國南洋古代交通史》，第 34 頁。

島，是一個比較強大的國家，補充了正史中未記載的陀洹國資料，印證了我提出的陀洹（陀汗）國在今泰國東南沿海到柬埔寨西南沿海的觀點。

　　吳葉限的故事說到廣西的金鞋到了陀洹（陀汗）國，吳葉限也做了國王的貴婦，說明唐代廣西和陀洹（陀汗）國有貿易。正史記載，陀洹（陀汗）國有婆律膏和紅頭白鸚鵡，來自蘇門答臘島和印度尼西亞東部，說明陀洹（陀汗）國的海外貿易非常發達。陀洹（陀汗）國王尊崇吳葉限，很可能是國王爲了開發本國的金礦，製作商品，促進海外貿易，所以請吳葉限來傳授工藝。吳葉限故事反映中國的工藝技術南傳到東南亞的史實，說明歷史上中國的工藝技術確實對東南亞產生了較大的影響。

水仙與廣州、荊州到中原的商路

　　水仙花約是在唐代是從西亞輸入中國，唐代段成式《酉陽雜俎》卷十八《廣動植之三》說：「捺祗，出拂林國。苗長三四尺，根大如鴨卵。葉似蒜葉，中心抽條甚長。莖端有花六出，紅白色，花心黃赤，不結子。其草多生夏死，與薺麥相類。取其花壓以爲油，塗身，除風氣。拂林國王及國內貴人皆用之。」

　　勞費爾指出，拂林國即羅馬 Rome，波斯人讀作 From，漢語譯爲拂林，出水仙的拂林是東羅馬帝國。傳說古希臘的美少年納西瑟斯（Narcissus）被自己在水中的影子迷倒，死後化爲水仙花。水仙的阿拉伯語是 narjis，波斯語是 nargi，捺祗是 narji 或 nargi 的音譯。〔註1〕

　　唐代西方人沿著絲綢之路大量來到中國，水仙花在此時到達中國。段成式的子姪輩有段公路，所著嶺南地理志《北戶錄》睡蓮條，孫光憲續注曰：「從事江陵日，寄住蕃客穆思密，嘗遺水仙花數本，摘之水器中，經年不萎。」

　　孫光憲曾在南平國的江陵府（今荊州）任官，《宋史》卷四百八十三說孫光憲：「字孟文，陵州貴平人。世業農畝，惟光憲少好學。遊荊渚，高從誨見而重之，署爲從事。歷保融及繼冲，三世皆在幕府，累官至檢校秘書監兼御史大夫，賜金紫。慕容延釗等救朗州之亂，假道荊南，繼冲開門納延釗，光憲乃勸繼冲獻三州之地。太祖聞之甚悅，授光憲黃州刺史，賜齋加等。在郡亦有治聲。乾德六年，卒。時宰相有薦光憲爲學士者，未及召，會卒。光憲博通經史，尤勤學，聚書數千卷，或自抄寫，孜孜讎校，老而不廢。好著撰，自號葆光子，所著《荊臺集》三十卷，《鞏湖編玩》三卷，《筆傭集》三卷，《橘齋集》二卷，《北夢瑣言》三十卷，《蠶書》二卷。又撰《續通曆》，紀事頗失

〔註1〕〔美〕勞費爾著、林筠因譯：《中國伊朗編》，第252～253、262頁。

實，太平興國初，詔毀之。子謂、讜，並進士及第。」說明水仙花確實是由外國傳入，約在五代十國時期首次出現漢化的名字水仙。

蕃客的名字穆思密，很可能就是現在東歐與法國的常見人名馬克西姆，源自拉丁語 maximus，意思是偉大，穆的中古音接近 mok。東羅馬人常用此名，穆思密很可能是東羅馬人，這就與段成式所說的拂林國吻合。

有人認為穆思密是從陸路來到中國，我認為更有可能是從海路。因為五代時陸路已經不通暢，而且五代時從華南到中原的商路正是經過荊州。

歐陽修《新五代史》卷《南平世家》說：「荊南地狹兵弱，介於吳、楚，為小國。自吳稱帝，而南漢、閩、楚皆奉梁正朔，歲時貢奉，皆假道荊南。季興、從誨常邀留其使者，掠取其物，而諸道以書責誚，或發兵加討，即復還之而無愧。其後南漢與閩、蜀皆稱帝，從誨所向稱臣，蓋利其賜予。俚俗語謂奪攘苟得無愧恥者為賴子，猶言無賴也，故諸國皆目為高賴子。」因為南漢、楚到中原的商路經過荊州，所以穆思密很可能是從廣州來到荊州。

後　記

　　本書所收已發表的文章，按其發表時間排列如下：

　　1.《唐宋楚州的運河與海洋》，在 2008 年 9 月 24～25 日江蘇淮安的第二屆運河之都學術研討會發表。

　　2.《港口體系變遷與唐宋揚州盛衰》，在《中國社會經濟史研究》2010 年第 1 期刊出。

　　3.《鑒眞東渡行程新考》，在 2011 年海洋出版社的《中國民間海神信仰與祭海文化研究》刊出。

　　4.《南唐北通契丹之罌油港考》，在 2016 年的《國家航海》第 17 輯刊出。

　　5.《唐代海外貿易中的核桃、水仙與翡翠》，在 2016 年 12 月 23～24 日泉州海外交通史博物館的海上絲綢之路歷史上的移民與貿易學術研討會發表。收入本書時，分爲兩篇。

　　6.《西漢揚州海上絲路與嶺南荃布考》，在 2017 年《揚州文化研究論叢》第 20 輯刊出。

　　7.《歐洲最早記載的越南與中國航路》，在 2017 年 10 月 19～21 日防城港市博物館的「海絲尋蹤——華僑華人與海洋文化」學術研討會發表。

　　8.《唐代揚州波斯人李摩呼祿墓誌研究》，在《文博》2017 年第 6 期刊出。

　　9.《唐代東南近海長程航線與港口新考》，在 2017 年出版的《絲路文化研究》第二輯刊出。此文在 2014 年 6 月已經寫出，當時就給我的幾個學生講過，內容包括本書中的《天威徑的開鑿與近岸航路》一篇。

　　10.《隋唐五代北方海港與近海航路新考》，在《中國港口》2018 年增刊（中國港口博物館館刊）第 2 期刊出。

11.《從吳葉限故事看唐代廣西和南洋的交往》，在 2019 年《元史及民族與邊疆研究集刊》第 35 輯刊出。

以上文章在收入本書時，有一些修改。本書所收的其餘文章，都是近年最新寫出。

感謝淮安市方志辦杜濤先生，邀請我 2008 年去淮安參會，並贈送給我不少研究著作。感謝上海海事大學時平教授、揚州大學孔祥軍教授，推介發表拙文。感謝已故的揚州大學李尚全教授在為《絲路文化研究》組稿時，向我邀稿。感謝上海中國航海博物館、泉州海外交通史博物館的朋友們，幫助發表拙文。感謝南京大學楊曉春老師，十多年來給我各方面幫助。感謝防城港博物館何守強館長，邀請並帶領我和北海、欽州的朋友們在 2018 年 10 月實地考察唐代的天威徑（今潭蓬運河）。

感謝我的家人和親友們多年來對我的幫助，感謝花木蘭文化事業有限公司的同仁們再次幫助我出書。

周運中 2019 年 9 月於廈門